Ein Schlüsselereignis gab es nicht. Eher kam eins zum anderen: Die Krimi-Sucht als Teenager, die Faszination für Rot- und Blaulicht-Themen, die ersten Besuche im Gericht. Dann aber war er da: Der Wunsch, Gerichtsreporterin zu werden.«

Uta Eisenhardt erzählt in ihrem ersten Buch von den lustigsten, skurrilsten und bizarrsten Fällen aus dem Gerichtsalltag.

Uta Eisenhardt lebt in Berlin und ist seit 2003 Gerichtsreporterin. In der stern.de-Kolumne »Icke muss vor Jericht« berichtete sie jede Woche aus dem Amtsgericht Berlin-Tiergarten, dem größten Deutschlands.

Weitere Informationen, auch zu E-Book-Ausgaben, finden Sie bei www.fischerverlage.de

Uta Eisenhardt

Es juckt so fürchterlich, Herr Richter!

Die skurrilsten und schrillsten Fälle
aus dem Gerichtsalltag

Fischer Taschenbuch Verlag

MIX
Papier aus verantwortungsvollen Quellen
FSC
www.fsc.org
FSC® C083411

Originalausgabe
Veröffentlicht im Fischer Taschenbuch Verlag,
einem Unternehmen der S. Fischer Verlag GmbH,
Frankfurt am Main, September 2011

Satz: Fotosatz Amann, Aichstetten
Druck und Bindung: CPI – Clausen & Bosse, Leck
Printed in Germany

ISBN 978-3-596-19026-3

Vorwort

Ein Schlüsselerlebnis gab es nicht. Eher kam eins zum anderen: Die Krimi-Sucht als Teenager, die Faszination für Rot- und Blaulicht-Themen, die ersten Besuche im Gericht. Dann aber war er da: Der Wunsch, Gerichtsreporterin zu werden. Es dauerte Jahre, bis er sich erfüllte.
Warum so lange? Neulinge haben es schwer: Jedes Medium beschäftigt in der Regel nur einen Journalisten mit dieser Aufgabe und diesen dann über Jahrzehnte hinweg. Mein erster Auftrag im Sommer 2003 war demzufolge eine Urlaubsvertretung, die sich zur kontinuierlichen Mitarbeit entwickelte. Endlich hatte ich ein Schlupfloch in den kleinen Kreis der Gerichtsreporter gefunden.

Viele der hier versammelten Fälle erlauschte ich für die stern.de-Kolumne »Icke muss vor Jericht« im Amtsgericht Berlin-Tiergarten. Es ist das größte Amtsgericht Deutschlands. Wöchentlich finden hier etwa tausend Prozesse statt.
Doch wo wird gerade ein interessanter Fall verhandelt? Die Antwort auf diese Frage muss der Gerichtsreporter immer wieder neu herausfinden, denn mehr als den Namen des

Angeklagten und das Delikt, gegen das er verstoßen haben soll, erfahre ich im Vorfeld eines Prozesses zumeist nicht.

Meine »Lieblingsdelikte« sind falsche Verdächtigungen, vorgetäuschte Straftaten, Verstöße gegen Natur- und Umweltschutz, Freiheitsberaubungen, Amtsanmaßungen und Missbrauch von Notrufen. Weniger ergiebig sind Unterschlagungen, Schwarzfahrten, Falschaussagen, Unterhaltspflichtverletzungen, Titelmissbrauch und Unfallfluchten.

Bei Beleidigungen, Diebstählen, Körperverletzungen und Betrügereien kann man Glück haben. Oft genug aber verstecken sich hinter diesen Delikten nur die üblichen Vorkommnisse wie Beschimpfungen von Polizeibeamten, Ladendiebstähle, Kneipenschlägereien und Bestellbetrügereien – das alltägliche Brot der Amtsrichter, das einer von ihnen mal treffend als »Kloppen und Klauen« bezeichnete.

Auf gut Glück sucht man Dutzende Säle auf – »Dörfer abklappern« nennt es eine Kollegin – treppauf, treppab, über die vier Etagen des gründerzeitlichen Hauptgebäudes mit dessen vier Nebengebäuden.

Man besucht viele, viele Verhandlungen, notiert die Personalien der Angeklagten, hört, was ihnen vorgeworfen wird und was sie dazu sagen, um viel zu oft festzustellen, dass diese Geschichte niemand lesen möchte.

Verheißt ein Prozess interessant zu werden, kann er noch aus diversen Gründen ausfallen: Meist scheitert er an fehlenden Angeklagten oder Zeugen, manchmal auch, weil Richter kurzfristig erkranken oder Verteidiger fehlen. Zuweilen vertagt man sich, weil im Prozess deutlich wird, dass der Angeklagte nur verurteilt werden kann, wenn zuvor ein psychiatrischer Gutachter dessen Schuldfähigkeit beurteilt hat. Einmal war eine zweiundsiebzigjährige Ladendiebin, die die Justiz seit siebenundfünfzig Jahren beschäftigt hatte, kurz vor der Verhandlung verstorben: Ein »absolutes Verfahrenshindernis«, das zwingend zur »Verfahrenserledigung« führt, wie es die Juristen ausdrücken.

Manche Geschichte scheitert erst in letzter Sekunde, wie die von den zwei Türstehern, die von einem persönlichkeitsgestörten Betrüger an der Nase herumgeführt worden waren. Dieser gaukelte den beiden stiernackigen Jungs einen lukrativen Job als Personenschützer vor. Weil es über Wochen nur beim Versprechen blieb, überreichte der Betrüger den beiden einen – längst stornierten – Reisescheck für einen Flug auf die Kanaren inklusive Hotel – natürlich seien auch die Freundinnen herzlich eingeladen. Lediglich 80 Euro wollte er dafür haben. Die beiden Jungs gaben ihm das Geld und freuten sich auf ihren unverhofften Urlaub. Als sie aber ihren Frauen das Reiseziel ihrer Reise im Internet zeigen wollten, konnten sie das Hotel nicht finden.

Die Geleimten wollten ihr Geld zurück: »Zum Nachdenken« sperrten sie ihren »Gönner« für fünfzehn Minuten in einen Kellerverschlag. Der Eingesperrte erklärte, sein Geld befände sich zu Hause. Zu dritt setzte man sich ins Auto. Während der Fahrt gestand der Betrüger nun kleinlaut, auch in seiner Wohnung kein Geld zu haben. Da schmissen die Betrogenen ihn aus dem Auto, mitten in der Pampa. Die Staatsanwaltschaft schrieb eine Anklage wegen Nötigung und Freiheitsberaubung.

Vor Gericht sollte das Opfer aussagen, das sich wegen diverser Betrügereien mittlerweile selbst in Haft befand. Doch zuvor vernahm der Richter dessen Betreuer. Plastisch schilderte dieser, wie er vorgehe, wenn sein Mandant ihm etwa erkläre, er sei beim Zahnarzt gewesen. Er verlange ein ärztliches Attest und führe zudem einen Kontrollanruf beim Arzt durch. »So arbeite ich mit ihm«, erklärte der Sozialarbeiter. Dem Gericht war nun klar, wie wertlos dieser Zeuge ist. Es verzichtete auf den Hauptakteur der Geschichte, die sich deshalb auch für mich erledigt hatte.

Wie groß ist dann die Freude, wenn man plötzlich und unerwartet Zeuge einer erzählenswerten Geschichte wird oder schräge Menschen vor Gericht erlebt. Dabei ähnelt kein Fall dem anderen. Zu unterschiedlich sind die jeweils Beteiligten, die kaleidoskopartig in immer neuen Konstellationen aufeinander treffen, mag der Rahmen, den die Strafprozessordnung für Gerichtsverhandlungen vorschreibt, immer gleich sein.
Das ist das Spannende an meiner Arbeit.

Viel Spaß beim Lesen wünscht Ihnen
Uta Eisenhardt

P. S.: Ich habe zwar keine Geschichte erfunden, mit wenigen Ausnahmen aber die Namen der Handelnden. Sollten sich dennoch Parallelen zu lebenden Personen ergeben, sind diese selbstverständlich nicht beabsichtigt.
Zuletzt weise ich noch auf folgendes hin: Die meisten der geschilderten Prozesse fanden vor dem Amtsgericht statt. Viele der Verfahren wurden eingestellt, etliche endeten mit einer Verurteilung. In diesem Fall können die Angeklagten eine höhere Instanz anrufen. Möglicherweise wurde dort die Angelegenheit gänzlich anders beurteilt. Sofern ich von einer abweichenden Entscheidung erfuhr, habe ich dies erwähnt.

Es juckt so fürchterlich, Herr Richter!

Nachts soll der dreifache Familienvater im hell erleuchteten Zimmer seiner Erdgeschosswohnung gestanden haben – vor dem Fernseher, aus dem stöhnende Laute kamen. Nackt sei der kleine, schmächtige Mann mit dem langen, lockigen Pferdeschwanz gewesen. Und er habe seinen Penis in einer Hand gehalten, die sich hin und her bewegte. Bei seiner Beschäftigung soll der Fünfunddreißigjährige den Nachbarinnen, die mit ihren Hunden draußen auf der Straße vorbeispazierten, provozierende Blicke zugeworfen haben.

»Manchmal hat er getanzt«, sagt Nachbarin Corinna. Sie will nur kurz ins Fenster von Erdal E. geschaut haben und sofort weiter gegangen sein. Auch Nachbarin Beate beobachtete den arbeitslosen Deutschtürken beim Spielen an seinem Geschlechtsteil.

»Die Gardinen waren beiseitegezogen, im Zimmer war die volle Beleuchtung an – er wollte gesehen werden«, sagt die U-Bahn-Zug-Fahrerin vor Gericht. Ob der Penis steif gewesen sei, möchte die blondierte, füllige Mittvierzigerin nicht beurteilen.

»Ich hatte das Gefühl, er zieht den lang.«

Zunächst amüsierte sie sich mit einer befreundeten Hundebesitzerin darüber. Doch eines Tages fühlte sie sich von ihrem Nachbarn mit dem Fahrrad verfolgt und bekam Angst. »Da hat er eine Grenze überschritten. Ich musste etwas unternehmen«, erklärt die Zeugin. Sie zeigte Erdal E. an. Der verklebte daraufhin seine Fenster mit Folie. »Seitdem war auch wirklich Ruhe.«

»Ich war mir nicht bewusst, dass ich beobachtet werde«, beteuert der Angeklagte. Sonst hätte er sich abgewandt. »Diese *exotische* Handlung«, wie er es nennt, habe er nicht begangen. Verschwörerisch beugt er sich zum Richtertisch. Er sage dies hier zum ersten Mal: »Ich habe seit sechs Jahren Probleme. Nach einem Besuch im Freibad sind da unten komische Sachen gewachsen.« Seitdem bitte ihn seine Frau, sich behandeln zu lassen. »Das muss operiert werden, damit die Dinger abgeschnitten werden.« Er habe jedoch Angst, »dass das dann nicht mehr funktioniert«. Darum sei er noch nicht beim Arzt gewesen. »Aber wenn Sie sagen, ich muss gehen, dann gehe ich!«, versichert er dem Richter. Der kann die Scheu vorm Arztbesuch nicht verstehen. Er könne den nicht anordnen.

Beschwörend redet der in Fahrt gekommene Mann auf den Juristen ein.

»Es juckt …, es juckt so fürchterlich, Herr Richter.« Es mache sich nicht ständig bemerkbar, aber manchmal müsse er sich so sehr kratzen, dass es bluten würde. »Das bringt einen zum Weinen, dieses Jucken.« Um seinen Körper zu betäuben, nehme er jeden Morgen eine Schmerztablette. Davon bekäme er mittlerweile Magenschmerzen und hätte bereits zehn Kilo abgenommen. Abends sei der Drang zum Kratzen am stärksten.

»Auf einmal kommt es – dann muss ich jucken. Und dann sieht es aus, als ob ich da was runterhole, als ob ich ›exotische‹ Sachen mache. Man sieht ja nicht, dass ich krank bin.«
Der Richter glaubt kein Wort. Warum schaute Erdal E. die Frauen an, als er sich kratzte?
Er habe nicht gewusst, dass ihn jemand beobachtet, antwortet der Angeklagte. Heute würde er sich ins Bad zurückziehen.
Der Richter bleibt skeptisch:
Und warum liefen während des Kratzens Pornos?
Er schaue abends lange Fernsehen. Spätnachts würden in den Privatsendern eben solche »komischen Sachen« laufen, so die Antwort.
Warum aber sei er dabei nackt gewesen, interveniert der Richter ein drittes Mal.
Er gehe nicht nackt in der Wohnung umher, sagt Erdal E. Er trage mindestens Unterhose und Shorts. Im Übrigen sei er noch nie einer Frau hinterhergelaufen, nicht einmal seiner eigenen Frau.
Der Angeklagte hält die Vorwürfe für eine Verschwörung seiner Nachbarinnen. Mit denen gäbe es immer wieder Streit wegen der Hunde, die sich seinen Kindern gegenüber aggressiv verhalten würden. Dann räumt er schließlich ein: »Meine Schuld ist, dass ich so eine Krankheit habe und rangegangen bin, ohne Licht auszumachen.« Ob der Richter ihn nicht doch zum Arzt schicken könnte?
»Ich will mich eigentlich behandeln lassen«, sagt Erdal E. »Aber jemand muss mich zwingen.« In diese Rolle möchte sich der Vorsitzende nicht drängen lassen. »Ihre Geschichte mit der Krankheit glaube ich Ihnen nicht.« Verzweifelt beteuert der Angeklagte: »Ich würde es Ihnen gern zeigen … Das ist so ein großes Ding!« Mit gequältem Lächeln lehnt der Richter die Offerte ab. Doch will er jetzt Erdal E. zum Arzt schicken,

damit er beim nächsten Verhandlungstermin ein Attest vorlegen kann.

Zehn Tage später ist es so weit: Ein Arzt diagnostizierte ein ausgeprägtes Penis- und Hodengeschwür. Trotzdem spricht der Richter den Kranken nicht frei. Wenigstens die provozierenden Blicke, welche die Nachbarinnen beschrieben, müssen mit 150 Euro Geldbuße geahndet werden, zugunsten von »Ärzte ohne Grenzen«. Zahlt der Angeklagte binnen eines halben Jahres, wird das Verfahren eingestellt. Erdal E. willigt ein, schimpft noch ein bisschen über seine Nachbarinnen und verlässt erleichtert den Saal.

Ein Büstenhalter sorgt für Ärger

Moabit hat aufgerüstet: Absperrgitter stehen vor dem Verhandlungssaal, drei Beamte regeln den Einlass. Das Gericht nimmt die Drohung ernst. »Hübschen Sie sich bei Bedarf auf, bewaffnen Sie sich mit Schminke, BHs und anderen beliebten Vermummungsaccessoires« stand da auf der Homepage von »Transgenialer CSD«, einer aufmüpfigen Schwesterorganisation der etablierten Christopher-Street-Day-Umzüge.

Fröhlich schwatzend und erwartungsfroh sitzen zahlreiche Schwule und Lesben im Gerichtssaal, der bis auf den letzten Platz gefüllt ist. Die Zuschauer – darunter einige Herren in schrillen Kleidern mit bunten Plüschfelltaschen – zeigen wenig Respekt vor der deutschen Justiz. Das spürt wohl auch der Richter.

»Das ist keine Spaßveranstaltung«, sagt er und droht, Ordnungsgeld zu verhängen.

Angeklagt ist Kamil K. Er soll sich im letzten Sommer während des Transgenialen CSD mit einer schwarzen Sturmhaube vermummt haben. Das Versammlungsgesetz verbietet aber »Aufmachungen, die geeignet sind, die Feststellung der Identität zu verhindern«.

Das Gericht bot ihm einen sogenannten »Strafbefehl« – so nennt man ein Urteil ohne Verhandlung – an: Mit Zahlung einer Geldstrafe von 300 Euro könnte das Verfahren erledigt werden. Doch Kamil K. lehnte ab.
Im lila schillernden Kleid, mit hochhackigen Schuhen und einer Perlenkette sitzt der fünfundvierzigjährige Hannoveraner vor dem Richter. Nur halbherzig hat er seine langen Haare nach oben gesteckt. Wirr fallen die Strähnen in ein geschminktes, bartschattiges und nachdenkliches Gesicht. Gegen die Kälte des Gerichtsgemäuers schützt ein schäbiger Damenmantel mit Plüschfellbesatz. Wie er denn heiße, will der Richter wissen.
»Kamila«, antwortet der Angeklagte mit fester Stimme.
Ob das sein offizieller Name sei.
»Für mich ist er offiziell, für die Behörden inoffiziell.«
Also gut, der Richter ist tolerant und verhandelt fortan gegen »Frau Kamila«. »Welchen Beruf üben Sie aus?«
Sie sei Künstlerin.
In welchem Bereich?
Beim Film, aber derzeit arbeite sie nicht.
Ob sie Kinder habe?
Noch nicht, lautet die selbstbewusste Antwort.

Gründlich hat sich Kamila auf ihren Solo-Auftritt vorbereitet, hat eine Rede geschrieben, an die sie sich dann doch nicht hält. »Weil mich das so maßlos aufregt.« Mehrfach hätte die Polizei an jenem verregneten Junitag »Stress gemacht«. Eine Teilnehmerin wurde festgenommen, weil sie sich einen Büstenhalter über das Gesicht gezogen und damit vermummt hatte. Wie blöd muss man eigentlich sein, um eine Frau im BH auf dem CSD festzunehmen, will sich Kamila, die als Moderatorin an der Demonstration teilnahm, gefragt haben.

In diesem Moment seien die typischen Requisiten einer politisch bewegten Tunte zum Einsatz gekommen, die sie stets bei sich führt, um »gesellschaftliche Missstände anzuprangern«. Zu diesen gehören Peitsche, Kondom, Trillerpfeife, Perücke und eben auch eine Sturmhaube – in der Szene »Hassi« genannt.

»Damit können wir sofort auf jede Situation reagieren und sie persiflieren«, erklärt Kamila dem Gericht. Sie zog sich damals also ihre Haube über den Kopf. Für dieses »Lächerliche-drei-Minuten-Häubchen-im-Gesicht« wurde sie angezeigt.

»Das ist wie ein Pawlowscher Reflex bei der Polizei: Sobald ein Sturmhäubchen rumflattert, stürzen sie sich drauf«, doziert die Angeklagte. Es ginge hier um eine Performance und nicht um eine Straftat. Im Übrigen sei so eine Sturmhaube völlig unbequem, die möchte man nicht den ganzen Tag tragen.

»Ich unterstelle der Polizei nicht Humorlosigkeit, sondern Böswilligkeit«, ruft sie empört. Kamila hat noch mehr zu sagen, unter anderem etwas zum schwulen Bürgermeister, der Berlin als arm, aber sexy bezeichnen würde.

»Für uns ist das nicht so lustig, immer bei ALDI einzukaufen.«

Vorsichtig unterbricht sie der Richter.

»Möchten Sie sich noch zur Anklage äußern?«

»Da müssen Sie sich etwas gedulden«, antwortet Kamila streng. »Ich habe selbst auch Zeit investiert, da müssen Sie schon warten!« Sie möchte nämlich den Polizisten noch wünschen, dass sie eines Tages in der rosa Hölle schmoren, »wo unsereins sie dann auspeitscht«. Kamila jedenfalls würde sich freisprechen und die Polizisten in die Kreuzberger »Rattenbar« zum Teetrinken einladen.

»Hinterher vielleicht noch putzen«, tönt es aus dem Publikum.

Die Zuschauer sind zufrieden mit Kamilas Vortrag und klatschen Beifall wie bei einer Theaterpremiere. Sie jubeln nochmals, als sie das Urteil vernehmen: Einhellig fordern Staatsanwalt und Verteidigerin den Freispruch, den der Richter dann auch verkündet. Zweifel an der Anklage seien angebracht, sagt der Staatsanwalt, schließlich trat Herr K. stundenlang unvermummt als Moderator auf. Nach diesen Worten verlässt der Polizeibeamte, der die Vermummung ursprünglich bezeugen wollte und auf dessen Aussage der Richter dann doch verzichtete, den Gerichtssaal. So kann er nicht mehr hören, wie der Vorsitzende Frau K. bescheinigt, die Vermummung habe im Einklang mit dem Demonstrationszweck gestanden und widerspräche nicht dem Versammlungsgesetz.

»Das ist ja lächerlich!«, ruft ein Zuschauer beim Verlassen des Verhandlungssaals, vor dem sich weitere Sympathisanten der Angeklagten versammelt haben. Einige Lesben ziehen sich die mitgebrachten Büstenhalter vor das Gesicht. Zufrieden zieht die Schar ins nächste Café und hinterlässt auf den Fluren des Moabiter Kriminalgerichts etliche bunte Federn, die ihre Boas verloren. Wie liegengebliebenes Konfetti zeugen sie von einer lustigen Veranstaltung.

Patient mit Nebenwirkung

Dr. Klaus-Jürgen K. kann seine Rolle als Angeklagter nicht leiden. Der helläugige Mann mit dem spitzen Kinn wirkt genervt und arrogant. Der Einundfünfzigjährige scheint gewohnt, anderen Menschen Anweisungen zu geben. Im Rechtfertigen dagegen hat er wenig Übung.

Der Zahnarzt soll nämlich einen Schmerzpatienten aus seiner Praxis geprügelt haben, indem er Samir S. zweimal mit der Faust ins Gesicht schlug, ihm die Knie in den Bauch rammte und mit Pfefferspray attackierte. Dadurch habe »der dreiundvierzigjährige Patient eine Kieferprellung, ein stumpfes Bauchtrauma und Augenbrennen erlitten«, steht in der Anklage.

Ja, es habe eine tätliche Auseinandersetzung gegeben, gibt Klaus-Jürgen K. zu. Kurz vor Mitternacht wäre der Türke zu ihm in die Praxis gekommen, während seines nächtlichen Notdienstes. Der Besucher gab an, seit mehreren Stunden unter heftigen Schmerzen zu leiden. Der Arzt untersuchte ihn und entdeckte tatsächlich einen lockeren Zahn. Diesen hätte er nur unter Betäubung an der Wurzel behandeln oder ziehen können. Als er das dem Patienten erläuterte, habe dessen Frau angegeben, ihr Mann werde bei Betäubungsspritzen immer ohnmächtig. Darum habe Samir S. den Vorschlag abgelehnt, was dem Doktor nicht unlieb war.

»In der Nacht noch eine Ohnmacht bekämpfen müssen, wollte ich nicht.«

Für Klaus-Jürgen K. war damit die Behandlung beendet. Das teilte er knapp dem nur dürftig Deutsch verstehenden Mann mit. Dieser drohte daraufhin, er werde den Arzt wegen unterlassener Hilfeleistung anzeigen. »Behandle mich jetzt weiter oder ich mach dich platt!«, soll er gefordert haben. Solche Worte habe er während seiner fünfundzwanzigjährigen Tätigkeit als Arzt noch nicht gehört, sagt der Angeklagte.

»Meine Deeskalationsstrategie war leider nur: ›Das will ich sehen!‹« Da habe ihn der Patient zweimal vor die Brust gestoßen. Der Arzt, ein großer, sportlicher Mann, will Angst bekommen haben.

»Das war ein riesiger Koloss.« Er habe ein Messer in der Tasche des Türken vermutet.

»Ich fühlte mich sehr bedroht.«

»Auch von der Frau?«, fragt die Richterin.

Ja, von der auch. Die habe zwar nicht eingegriffen, berichtet der Angeklagte, »aber es hätte gereicht, wenn mich die beiden zu Fall gebracht und sich auf mich gesetzt hätten. Für mich existiert kein Handlungsschema in solchen Situationen, ich bin nicht auf Nahkampf ausgebildet. Ich wollte nur weg und raus.«

Er habe den Patienten nicht mit der Faust geschlagen, ihm jedoch mehrfach die Knie in den Bauch gestoßen. Die hätten ihn danach noch zwei Tage lang geschmerzt. Samir S. stürzte in dem kleinen Behandlungszimmer zu Boden und verletzte dabei möglicherweise seinen Kopf an einer Stuhlkante.

»Weil ich nicht wusste, ob mir noch Gefahr droht, verpasste ich ihm einen Sprühstoß Pfefferspray – in Richtung Hinterkopf, nicht ins Gesicht«, erzählt der Arzt. Dann sei er zur Rezeption gelaufen und habe die Polizei rufen wollen. Sein Patient verließ die Praxis. Kurz darauf klingelten zwei Streifenpolizisten an seiner Tür, die der Türke draußen angesprochen hatte.

Die Richterin hört dem Arzt aufmerksam zu. Sie kann nicht verstehen, wie man einem Patienten lediglich mitteilt, die Behandlung sei beendet.

»Gab es keine andere Idee?«

Ja, er hätte ihm auch eine Schmerztablette geben können, sagt der Angeklagte. Bevor er dies hätte vorschlagen können, wäre er schon vom Patienten beschimpft worden.

Die Gegenversion existiert nur schriftlich, da der Zeuge der Anklage wegen des Glatteises nicht anreisen will. Seine Frau entschuldigt sich mit der Erkrankung des gemeinsamen Kindes. Daraufhin versucht die Richterin, Samir S. von der Polizei abholen zu lassen. Die trifft niemanden an.

»Das macht keinen guten Eindruck«, sagt die Richterin. Sie überlegt: Einem so unwilligen Zeugen läuft man lange hinterher. Sollte man das Verfahren nicht lieber einstellen? Problematisch bewerten Richterin und Staatsanwältin lediglich den Einsatz des Reizgases.

»Nur wenn Sie nochmals angegriffen worden wären, hätten Sie es einsetzen dürfen«, sagt die Anklägerin. Klaus-Jürgen K. sei daher nicht schuldlos und solle darum eine Geldbuße in Höhe von 900 Euro an einen Opferschutzverein zahlen. Das will der Verteidiger aber unbedingt verhindern, der Türke könne sonst Schmerzensgeld verlangen.

»Wenn der Geschädigte nicht kommt …«, an dieser Stelle brechen die Überlegungen der Staatsanwältin ab. Sie will nun auf die Geldbuße verzichten. Der Arzt habe nicht vorsätzlich gehandelt, sondern nur die eigene Haut retten wollen. Sein Opfer wurde nicht erheblich verletzt, wie die Polizisten bekunden. Die Richterin hatte sich zwar bereits beim Studium der Strafakte gefragt, warum der Arzt nicht sofort das Reizgas verwendete hatte, gesteht diesem aber zu: »Wer in so einer Situation steckt, reagiert nicht immer perfekt.«

Das Verfahren wird eingestellt – ohne Geldbuße. Nur seinen Anwalt muss der Angeklagte bezahlen.
»Es ist ungewöhnlich, wenn man in eine Praxis geht und niedergeschlagen wird«, begründet die Richterin ihre Entscheidung. »Aber es ist auch ungewöhnlich, wenn man als Notarzt angegriffen wird. Sie haben Ihre Tatbeteiligung nicht heruntergespielt. Sie hatten keinen Plan. Bei Notwehr ist das Strafrecht nicht kleinlich. Zwar darf man nicht mit Kanonen auf Spatzen schießen, aber wenn man glaubt, man muss sich verteidigen, darf man das.«
Nur seinen Pfefferspray bekommt Klaus-Jürgen K. nicht zurück. Undiplomatisch mault er: »Das brauche ich beim Joggen. Es gibt nun mal freilaufende Hunde!« Das Haltbarkeitsdatum sei doch sowieso abgelaufen, versucht die Richterin den wenig Einsichtigen zu trösten. Tatwerkzeuge können nun mal nicht zurückgegeben werden.

Naturfreundin auf dem Kriegspfad

Zehn Minuten sind bereits vergangen, seit der Richter die Strafsache »Astrid A.« hat aufrufen lassen. Noch fünf weitere Minuten ist er bereit, auf die Angeklagte zu warten; ansonsten will er die Angelegenheit für heute zu den Akten legen. In diesem Moment klopft es an der Saaltür.

»Oje, jetzt platz ick hier mitten rin!«, sagt ein kleines Persönchen, das seinen Kopf mit der dunklen, frechen Kurzhaarfrisur in den Raum steckt. »Aber ick hab' hier um 10.30 Uhr einen Termin!« Sie sei vor kurzem nach Brandenburg gezogen und habe die Zeit für die Anfahrt falsch eingeschätzt, sagt Astrid A.

Die Verhandlung kann beginnen, die Staatsanwältin der Neunundvierzigjährigen vorhalten, sie habe zwei Feldjäger als »Mörder«, »Nazis«, »Schwächlinge« »Blödmänner« und »Faschisten« tituliert.

Damals wohnte sie im Wedding, einem Berliner Problembezirk, erklärt die Angeklagte.

»Dit war wie im Ghetto.« Nirgends habe man Ruhe gefunden. »In meenem Haus haben Araber schwer Drogen vertickt.« Jeden Tag bekam sie im Kiez alles Mögliche zu hören, von

»Lutsch meinen Schwanz!« bis »Nazi-Fotze«. Sprach sie dann die Anwohner auf deren Koran-Verstöße an, hätten diese ihr gedroht: »Beleidige nicht Allah!« Bei Messerstechereien hätten Polizisten zu ihr gesagt: »Was sollen wir machen? Das ist nicht unsere Sache!« Darum habe sie Entspannung gesucht – im Volkspark Rehberge beim täglichen Spaziergang mit ihrem siebzehn Jahre alten Hund.

Nun dient dieser Park nicht nur der Erholung, sondern wird von der benachbarten Julius-Leber-Kaserne als Übungsgelände genutzt. So auch im Mai 2008. An diesem Morgen absolvierten die Soldaten einen 20-Kilometer-Marsch. Schilder wiesen ihnen den Weg. Eines bedeutete den Soldaten, im Kreis zu laufen. Das störte Astrid A.

»Für mich als Naturfreundin isses eene Beleidigung, wenn da so 'ne Plaste an die Bäume jepinnt wird.« Obendrein hielt sie die Markierung für überflüssig, »Da kann man nur im Kreis jehen. Da hätt' sich keena valoofen können!« Deshalb beschloss sie, das Schild zu entfernen. Sie wollte es gerade einpacken, da habe sie ein Zeitsoldat angesprochen.

»›Beschädigen Sie nicht die Bundeswehr!‹, sagte der zu mir und packte mich am Schlafittchen!«, erinnert sich Astrid A. »Dit war eene Demonstration von Jewalt – unglaublich!« Sie sei keine 1,60 m groß, »wenn da zwei Meter uff mich zukommen, krieg ick Angst!« Darum seien die Worte gefallen, die hier zur Debatte stehen.

»Vater verjib mir, ick wusste nich, wat ick tat! – Ja, ick hab ›Blödmann‹, ›Schwächling‹ und ›Nazi‹ jesacht!«, gesteht die Angeklagte. »Aber ›Mörder‹ nich und ›Faschist‹ sprech ick jenerell nich aus. Dit kommt von ›fasces‹. Dit is mir zu positiv besetzt. Da denk ick an Fackeln un an Lagafeuer.«

»Wieso akzeptieren Sie den Strafbefehl nicht?«, will die Staatsanwältin wissen.

»Ick lass mir doch nich irgendwelche Wörter in den Mund lejen!«, entgegnet die Angeklagte.
Nun müssen die Feldjäger aussagen. Zunächst jener Zwei-Meter-Mann, der die kleine Frau damals am Kragen gepackt hatte. Er habe höflich gefragt, warum sie das Schild entfernte, berichtet der Zeitsoldat. Astrid A. hält es kaum auf ihrem Stuhl. Sie reckt ihren Oberkörper nach vorne, schaut ihrem Widersacher ins Gesicht und kommentiert jeden seiner Sätze wie ein weiblicher Louis de Funès. Sie sagt »Oho!«, »Tss, tss!« und »Wie bitte?«
Der junge Mann berichtet, die Angeklagte habe damals nicht auf seine Fragen reagiert. Dass sie einfach weitergelaufen sei, erschien ihm wie eine Flucht.
»Ne Flucht!«, ruft die quirlige Frau aus, obwohl sie bereits mehrfach vom Richter ermahnt wurde. »Meen Hund kann weder sehn noch loofen! Ick flüchte und soll dit alte Tier zurücklassen? Ick bin vor zwanzig Jahren das letzte Mal jerannt, da werd ick doch bei dem nicht anfangen!«
»Frau A.!«, mahnt der Richter. »Sie haben ein Gedächtnis wie eine Achtzigjährige! Es ist ja nicht das erste Mal, dass Sie ein Problem mit Uniformträgern haben. Vielleicht haben Sie ja eine Phobie?«, fragt er und spielt auf eine sieben Jahre zurückliegende Verurteilung an. Damals beleidigte Astrid A. uniformierte Angestellte der Berliner Verkehrsbetriebe, als diese sie baten, ihren Hund anzuleinen.
Weiter berichtet der Zeitsoldat, dass die vermeintlich ertappte Schildentfernerin hektisch in ihrer Tasche kramte. Er habe damals mit einem Angriff durch ein Messer oder Pfefferspray gerechnet.
»Ne, ick habe nur meine kleene Nokia-Bombe herausgeholt«, kommentiert die kleine Frau und amüsiert sich noch immer darüber, wie sehr sie damals den Zwei-Meter-Mann beeindruckte.

Der sei mit schreckgeweiteten Augen ins Gebüsch gesprungen!
Astrid A. habe ihn und später auch seinen Vorgesetzten beschimpft, bekundet der Zeuge. »Dann sagte sie, ›wir hatten das Ganze schon mal 1939‹!«
»Das wird ja imma besser! ›1939‹?«, empört sich die Angeklagte. »Wenn dann 1936! Da müssen Se sich mal mit der Geschichte auseinandersetzen! Da müssen Se mal Ihre Spielkonsole weglegen!«, fordert sie den Dreiundzwanzigjährigen auf. Wieder ermahnt sie der Richter.
»Sie quatschen permanent dazwischen. Seien Sie bloß froh, dass wir nicht mehr die Prügelstrafe haben!« Überraschenderweise gesteht die Getadelte: »Ich finde Sie richtig nett, Herr Richter!«

Der zweite Zeuge beschwert sich, er sei von der Angeklagten permanent geduzt worden.
»Das is janz schlimm«, sagt Astrid A. Sie gibt sich betroffen. »Tut mir wirklich sehr leid. Ick duze fast jeden.«
Der Richter lacht: »Da habe ich ja richtig Glück!«
Dann äußert der Zeuge, ihm sei an jenem Tag von weiteren Beleidigungen berichtet worden. Eine unbekannte Frau habe einen Streckenposten als »Nachgeburt Hitlers« bezeichnet und als einen, der in Afghanistan Kinder vergewaltigen würde.
»Das wird ja imma besser!«, ruft die Angeklagte: »Kinder verjewaltigen, Messer in der Tasche. Wat da alles für Dialoge in zwee Minuten stattjefunden haben sollen!«

Die Staatsanwältin hält die Verhandlung für überflüssig. Sie hätte das Ganze lieber mit dem Strafbefehl erledigt. In diesem hatte man Astrid A. eine Geldstrafe von 40 Tagessätzen angeboten. Für die Uneinsichtige kann es dabei nun nicht mehr bleiben.

»Wie ist die Angeklagte zu bestrafen?«, fragt die Staatsanwältin rhetorisch. Astrid A. kommt ihrer Antwort zuvor.

»Richtig hart! Ick hab 's verdient, ick bin eine Sünderin.«

Die Staatsanwältin fordert für die arbeitslose Köchin eine Geldstrafe von 750 Euro (50 Tagessätze). Der Richter folgt diesem Vorschlag. Die Angeklagte habe die Uniformträger beleidigt und sich mit dem Entfernen des Wegweisers in die Arbeit eines staatlichen Organs eingemischt.

»Dit hat mit Einmischen nichts zu tun«, empört sich Astrid A. »Dit is Wald und Grün und Natur und dit is Plaste.«

»Wegweiser entfernen, so etwas machen vielleicht Fünfzehn-, aber nicht Fünfzigjährige«, argumentiert der Richter.

»Das machen Naturfreunde!«, entgegnet die Verurteilte. Den Richterspruch aber nimmt sie an: »Ja, dit muss sein. Dit kann nicht unjeahndet bleiben, wenn man so schwer gegen die Bundeswehr handelt!« Vom Richter will sie noch wissen: »Darf der Zeuge so lügen? Und mich am Schlafittchen packen?«

Doch der Vorsitzende hat nicht viel Zeit. Er lobt ihre Geschichtskenntnisse und bewundert ihren Mut, mit den Arabern im Wedding über den Koran zu diskutieren. »Ick hätt jern mal mit Ihnen jeplaudert«, sagt Astrid A., bevor der Richter ihr wünscht, sie möge im Berliner Umland mehr Entspannung finden. Mit erhobenen Armen verabschiedet sie sich von ihren Zuhörern.

»Liebe und Friede euch allen!«

Katzen-TV

Empört war die Studentengruppe zum nächsten Polizeirevier marschiert. Sie sei heimlich beim Duschen gefilmt worden, berichtete eine Holländerin aufgeregt. Ein Mitbewohner aus Mexiko habe sie auf einem Monitor erkannt – der stand auf dem Schreibtisch ihres gemeinsamen Gastgebers. Jetzt sei klar, warum der sich stets in sein Zimmer zurückzog, wenn eine seiner Mitbewohnerinnen das Bad ansteuerte.

Mit der Order »Gefahr im Verzug« begaben sich drei Beamte ins studentische Quartier. Sie durchsuchten die 100-Quadratmeter-Wohnung von Jens J., einem arbeitslosen Elektrotechnik-Meister. Der Zweiundvierzigjährige vergab seine vier Gästezimmer über das bekannte internationale Gastgebernetzwerk »couchsurfing«: »Schlaf ich kostenlos auf deiner Couch, schläft ein anderer kostenlos auf meiner Couch«, lautet die Devise der Weltoffenen.

Tatsächlich wurden die Polizisten im langen, schmalen Bad fündig: Unter einem elektrischen Boiler war eine Minikamera versteckt, in eine schwarze, wasserfeste Folie gehüllt und mit einer Aluminiumfolie getarnt. Die Beamten beschlagnahmten das corpus delicti nebst den drei in der Wohnung befindlichen Computern. Die Mühe, den weiteren Verlauf der Kabel zu überprüfen, die von der Kamera in den Flur führten und dort in einem Wandloch verschwanden, machten sich die Beamten nicht. Sie setzten auf die Auswertung der Festplatten. Dort aber fand man nichts. Eines der Geräte enthielt nicht einmal eine solche. Wozu er den festplattenlosen Computer benutze, will der Richter vom Angeklagten wissen.

»Zum sicheren Surfen im Internet«, erklärt Jens J. mit heiserer Stimme. Sein schiefes Lächeln wechselt zwischen freundlich und verschlagen.

»Verletzung des höchstpersönlichen Lebensbereichs durch Bildaufnahmen« lautet die Straftat, die man ihm vorwirft und die erst seit wenigen Jahren als solche geahndet wird: Wer von einer anderen Person, die sich in einem privaten Raum befindet, unerlaubt Bilder erstellt oder überträgt, dem droht eine Geld- oder Freiheitsstrafe bis zu einem Jahr.

Für den konkreten Fall sollte der Angeklagte 1 000 Euro (50 Tagessätze) Geldstrafe zahlen. Das ist nicht der einzige Strafbefehl, den ihm die Justiz zustellte: Weil er zehn Monate nach der ersten Straftat seinen Hauswart die Treppe heruntergeschubst hatte, bekam er einen weiteren über 400 Euro (20 Tagessätze). Gegen beide Urteile legte er Einspruch ein.

Dem Gericht sagt Jens J., er könne so viele Kameras in seiner Wohnung haben, wie er wolle. Es habe zwar eine in seinem Bad gegeben, aber deren Kabel seien weder mit einem seiner drei Computer verbunden gewesen, noch habe er auf seinem festplattenlosen Computer Bilder empfangen können. Die Kamera sei nicht einmal mit Strom versorgt worden. Außerdem habe er ein »hundertprozentig blickdichtes Klebeband« vor deren Linse geklebt.

»Ich kontrolliere das immer, wenn ich unter der Dusche stehe. Dafür brauch' ich nur einen Blick.«

»Vor der Linse war gar nichts befestigt«, sagt ein als Zeuge geladener Polizist. Der Angeklagte entgegnet, er habe die Kamera auf den Fußboden gerichtet, um seine Katzen beobachten zu können. Er wollte ihnen nämlich beibringen, das wc zu benutzen, und jederzeit schnell reagieren, falls sie vorhatten, in der Wanne ihr Geschäft zu verrichten. Zeigten die Tiere das gewünschte Verhalten, habe er sie in den Flur gelassen, »zum besseren Essen«. Seine Katzen seien ihm wichtig, das stehe auch in seinen Gäste-Regeln, erklärt Jens J.

»In Ihren Regeln erwähnten Sie aber zu keinem Zeitpunkt, dass eine Kamera in Betrieb ist«, kritisiert der Richter.

Der Angeklagte verteidigt sich weiter: Er habe die Dusche nicht ausgeleuchtet, wie ihm die Polizei attestierte. Überall in seiner Wohnung befänden sich solche Halogen-Strahler. Er sei auch nicht extra in sein Zimmer gegangen, wenn jemand das Bad ansteuerte: »Meine Tür war stets offen. Ich hatte neun Gäste. Da war immer jemand im Bad!«

Jens J. hat beim Lesen seiner Strafakte gut aufgepasst: Es gibt keine Spuren auf seinen Computern, niemand hat bei der Durchsuchung geprüft, ob die Kamera angeschlossen war. Um ihn dennoch überführen zu können, müsste der Richter die Studenten als Zeugen hören. Aber der Mann, der die belastenden Bilder auf dem Monitor gesehen haben will, ist nicht erreichbar. Und die mexikanische Justiz scheint Dringenderes zu tun haben, als dem deutschen Kollegen schnelle Amtshilfe zu leisten. So bleibt es bei einem dringenden Verdacht und einer Anklage wegen Körperverletzung des Hauswarts. Diese Konstellation ermöglicht dem Gericht, den – wie der Richter sagt – »aus unser aller Sicht deutlich interessanteren Vorwurf« zu den Duschbildern einzustellen und sich auf die Verurteilung wegen Körperverletzung zu beschränken.

Hier berichten die Zeugen einhellig, wie sich der Angeklagte

darüber ärgerte, dass der Hauswart immer wieder die Eingangstür schloss. Jens J., der einige Dinge in seine Wohnung tragen wollte, war darüber so wütend, dass er mit Schwung gegen die Haustür trat und anschließend gegen die Wohnungstür seines Widersachers. Der schaute sofort nach, wer da seine Tür traktierte, und wollte den Tobenden zur Rede stellen. Daraufhin schubste Jens J. den korpulenten Mann, der glücklicherweise mit einem Schrecken sowie ein paar Prellungen und Kopfschmerzen davonkam. Vor Gericht behauptet der Angeklagte, der Hauswart habe ihn angegriffen und ihm die Beine weggezogen. Jens J. sei dann auf den Rücken seines Gegners gefallen. So würden sich dessen Kratzer erklären.
»Ich habe tatsächlich zweimal zugeschlagen. Das ist mein gutes Recht«, sagt der Angeklagte.
Während das Gericht berät, erklärt er auf dem Flur, seit 26 Jahren die internationale Gastfreundschaft zu pflegen: Zunächst über das Gastgebernetzwerk Servas, doch deren System sei zu umständlich. Bei den Couchsurfern ist er inzwischen auch nicht mehr zu finden. Die schlechten Bewertungen seiner bei ihm duschenden Studentinnen dürften ihn von dieser Plattform verscheucht haben. Nun sucht Jens J. auf seiner Homepage nach neuen zahlenden Mitbewohnern.
1 200 Euro (60 Tagessätze) soll ihn seine Unbeherrschtheit gegenüber dem Hauswart kosten, meinen Staatsanwältin und Richter einhellig am zweiten Verhandlungstag. Zu dem erscheint der Angeklagte nicht mehr. Der Richter rechnet damit, dass Jens J. sein Urteil nicht akzeptieren wird, in der Berufungsverhandlung könnte dann der Vorwurf wegen den Duschbildern wiederaufgenommen werden. Vielleicht schafft es die mexikanische Justiz bis dahin mit der Amtshilfe.

Rattengift-Cocktail

Der Tee schmeckte wie immer. Doch woher kamen diese pinkfarbenen Krümel am Boden der Tasse? Gertrud H. stellte ihren Mann zur Rede, der ihr das Getränk eingeschenkt hatte. Er soll etwas von einem »Sex-Pulver« gemurmelt haben. Vielleicht aber reimte sich die dicke, resolut wirkende Frau auch nur einen Zusammenhang zwischen dem Pulver und entsprechenden Avancen ihres Mannes zusammen.

»Ich habe ihm gesagt, dass ich zu alt und zu krank für so etwas bin. Wenn du was willst, dann such dir was«, berichtet die Neunundsiebzigjährige dem Richter. Monate später lüftete sich dann das Geheimnis um die ominösen Krümel: Es waren Rückstände von »Ratron« – einem Rattengift. Das soll Horst H. innerhalb eines Jahres mindestens sechsmal seiner Frau verabreicht haben.

Krumm sitzt der kleine Achtundsiebzigjährige mit dem verwitterten Gesicht neben seinem Verteidiger. Wenn er zu seinem Sitzplatz läuft, schlurft er mit den Schuhen über den Fußboden. Schluchzend ruft er am ersten Verhandlungstag in den Saal: »Schuld hat meene Frau!«

Er ist das erste Mal in seinem Leben angeklagt – wegen ver-

suchten Mordes in Tateinheit mit schwerer Körperverletzung. Seine Tat bestreitet er nicht.
»Ja, wollt ick«, antwortete er, als ihn ein Polizist bei seiner Verhaftung fragte, ob er seine Frau umbringen wollte. Der Rentner verriet dem Beamten noch mehr.
»Dit Zeug hat ja nich jewirkt. Ick hab's selber probiert!«
Der in Waisenheimen aufgewachsene Analphabet, dem der psychiatrische Gutachter einen immens niedrigen IQ attestiert, wusste nicht, dass Rattengift die Blutgerinnung hemmt und seine tödliche Wirkung erst Tage später entfaltet.

Zweimal hatte er Gertrud H. das Ja-Wort gegeben: Ihre erste Ehe – für Horst war es bereits die vierte – wurde nach sieben Jahren geschieden. Danach sahen sie sich drei Jahre lang nicht, bis die Rentnerin vom Fahrrad stürzte und sich den Oberschenkel brach. Horst pflegte daraufhin seine gehbehinderte Ex-Frau. Bald nistete sie sich bei ihm ein, so erzählen es jedenfalls Gertruds Töchter. Im November 2004 heirateten die beiden erneut – wegen der Hinterbliebenen-Rente.
Drei Jahre lang funktionierte ihre Zweckgemeinschaft. Dann wurde Sandro, Ilses Enkel und Ziehsohn, aus dem Gefängnis entlassen. Der damals Sechsundzwanzigjährige lebte nach seiner Haft eigentlich bei seiner Freundin, aber wenn er sich mit ihr gestritten hatte, quartierte er sich in der verwahrlosten Zwei-Zimmer-Wohnung der Eheleute H. ein – manchmal sogar mehrere Wochen.
Irgendwann begann der vorbestrafte Schläger das Schlafzimmer seiner Großeltern zu okkupieren, ja sogar während seiner Abwesenheit zu verschließen – wohl um dort Gegenstände aufzubewahren, »für die sich die Staatsanwaltschaft sehr interessiert hätte«, wie es der Ankläger formuliert. Vor Gericht erklärt der junge Mann mit dem betont lässigen

Gang und stark tätowierten Hals: »Ich habe nichts besetzt. Das ist so passiert. Die haben da schon Ewigkeiten nicht mehr geschlafen!«

Täglich bat er Gertrud um Geld. »Oma hat mir immer was gegeben – jeden Monat ein paar 100 Euro. Ich habe schon immer auf großem Fuß gelebt«, gesteht der Kriminelle ungeniert. 600 Euro Rente bekam die ehemalige Toilettenfrau; davon gab sie ihrem Enkel 200 bis 300 Euro. Von Horsts 519-Euro-Rente aus seiner Tätigkeit als Viehknecht und Müllmann bezahlten die alten Leute ihre Miete und andere Fixkosten. Aber selbst am Konto seines Stiefopas soll sich Sandro vergriffen haben: Es fehlten 500 Euro, nachdem Gertrud ihm die Scheckkarte ihres Mannes samt PIN gegeben hatte, damit er nachsehe, wie viel »der Alte« auf dem Konto habe.

Das Geld fehlte den Großeltern sehr. Immer heftiger stritten sie sich deswegen, sie hungerten und magerten ab. Außerdem fürchteten sie sich vor Sandro. Gertrud aber wollte ihn nicht aus der Wohnung werfen.

»Sonst geht der wieder ins Gefängnis«, soll sie gegenüber ihrem Mann argumentiert haben.

»Ick wusste nich mehr, wat ick machen sollte«, sagt der Angeklagte. Er muss gespürt haben: Der Weg in ein Leben ohne Sandro führte nur über Gertruds Leiche.

Im April 2008, da währte die Belagerung bereits vier Monate, zog sich Horst in seine Gartenlaube zurück und schrotete in einer elektrischen Kaffeemühle das schwerlösliche Gift. Das Pulver füllte er in Tabletten-Röhrchen und schüttete es seiner Frau in die Getränke.

Das blieb nicht unbemerkt: Überall stieß Gertrud auf das Pulver. Einmal hörte sie ihren Mann mit einem der Röhrchen in der Küche klappern. Sie sah rosa Krümel in ihrer Tasse, auch eine Freundin des Paares will »so ein rotes Zeug« in ihrem Kaf-

fee gesehen haben. Gertrud rächte sich. Heimlich schüttete sie das vermeintliche Aphrodisiakum in Horsts Tasse und erkundigte sich scheinheilig, ob ihm der Kaffee schmecken würde.
Als Gertrud einmal Horsts Hosen waschen wollte, fand sie darin ein gefülltes Röhrchen. Sie tat es in ihre Handtasche und wollte am nächsten Morgen das Pulver ihrem Enkel zeigen. Da war es verschwunden. Nur ein roter Rand in der Toilettenschüssel kündete von seinem Verbleib.
Den nächsten Fund gab die Rentnerin ihrer jüngsten Tochter, der sie – wie allen Bekannten und Verwandten – vom Treiben ihres Gatten erzählte. Statt sich wie die anderen köstlich über den liebestollen Horst zu amüsieren, schöpfte die Tochter Verdacht. Sie bat Sandro, das Pulver untersuchen zu lassen. Bevor der das tat, stellte er seinen Stiefopa zur Rede: »Mach keine Scheiße mit Oma, sonst platzt mir der Arsch«, habe er gedroht. Horst habe versprochen, »die Scheiße« sein zu lassen – das war Mitte April 2009. Zwei Wochen später brachte Sandro das Röhrchen zur Polizei.
Gertrud H. wurde daraufhin ins Krankenhaus gebracht, wo eine Ärztin den alarmierend niedrigen Blutgerinnungswert von zehn Prozent diagnostizierte: Jeder Schnitt, jeder blaue Fleck hätte eine unstillbare Blutung auslösen können. Der Zustand der alten Frau war lebensbedrohlich, stabilisierte sich aber innerhalb weniger Tage. Auch Horsts Blut wurde untersucht: Ein Gift war nicht nachweisbar.
Der Prozess gegen den geständigen Angeklagten könnte schnell über die Bühne gehen, wenn das Gericht für eine gerechte Verurteilung nicht haarspalterisch klären müsste, was in dem debilen Mann vorging, der auf viel zu viele Fragen antwortet: »Dat weeß ick nich.« Er sagt aber, er habe Anfang April »den Einfall jekriegt«, sich scheiden zu lassen, und mit dem Vergiften aufgehört. Erst kurz vor den Plädoyers spürt sein

Verteidiger den Scheidungsanwalt auf, der Horst H.'s Angaben bestätigt.

Wer sich trennen will, muss nicht mehr morden – davon ist auch der Staatsanwalt überzeugt: In seinem Plädoyer begründet der Ankläger, warum er zwar an die Tötungsabsicht des Angeklagten, aber auch an dessen Aufgeben glaubt. Doch nicht jeder unausgeführte Mord bleibt straffrei. Es kommt darauf an, warum man mit dem Vergiften wieder aufhörte.

Zweifelte Horst H. am Erfolg seines Plans, war es also ein fehlgeschlagener Versuch, von dem man nach juristischem Verständnis nicht zurücktreten kann? Meinte er, als er den Polizisten erklärte: »Dit Zeug hat ja nich jewirkt«, dass seine Bemühungen zwecklos gewesen wären? Oder aber wollte er mitteilen: »Was wollt ihr denn, es ist doch nichts passiert? Ich habe doch rechtzeitig aufgehört!« Der Beamte dokumentierte diese entscheidende Aussage nur unzureichend, die Richter urteilen im Zweifel für den Angeklagten. In dessen Laube lagen schließlich noch drei volle Packungen Rattengift, er hätte weitermachen können. Das Gericht geht vom strafbefreienden »Rücktritt eines nicht fehlgeschlagenen und unbeendeten Versuchs« aus. Übrig bleibt die gefährliche Körperverletzung. Dafür verhängen die Richter 18 Monate Haft auf Bewährung.

Nach siebenmonatiger Untersuchungshaft verlässt Horst H. den Gerichtssaal, umringt von Gertruds Töchtern. Die sind erleichtert über das Urteil. Eine droht dem Rentner: »Wir legen dir übers Knie!«

»Nein«, sagt die andere. »Dit macht der Weihnachtsmann!«

Der alte Mann wird nun zu seiner Stieftochter aufs Land ziehen. Sie hat Tiere, um die er sich kümmern will. Dort werden sich auch die Eheleute H. wieder begegnen: Gertrud,

die zurzeit in einem betreuten Wohnheim lebt, besucht ihre Tochter regelmäßig.
»Da musse durch«, sagen die Töchter einhellig. »Dit haben wir ihr jesagt, dass wir zu Horst halten – weil er ’n janz armer Hund is!«

Ein fehlerhafter Orgasmus

In »Pattys Thai-Oase« herrschte Urlaubszeit. Im März 2008 weilten fast alle der sonst in dem Berliner Bordell beschäftigten Frauen in ihrer thailändischen Heimat. Nur eine langhaarige, rundliche Mittfünfzigerin und eine Urlaubs-Aushilfe, ein sogenannter »Ladyboy« mit Perücke, warteten an diesem Märzsonntag auf Kundschaft. Gegen zehn Uhr morgens klingelte ein türkischer Freier stürmisch an der Tür, verlangte nach zwei Frauen und verschwand mit den anwesenden Prostituierten in einem Zimmer.

Zwanzig Minuten später hatte er einen Orgasmus. Genießen konnte er ihn nicht, denn in ebendiesem Moment entdeckte er, mit wem er gerade Sex gehabt hatte. Entsetzt sprang der junge Mann aus dem Bett und in seine Hosen. Dann verlangte er sein Geld zurück. Als die beiden Prostituierten sich weigerten, schlug er sie. Der Ladyboy bekam die Faust gleich dreimal zu spüren – sie hinterließ eine blutende Platzwunde in seinem Gesicht. Eingeschüchtert rückten die beiden Thailänder ihren eben kassierten Lohn wieder heraus. Der Türke wollte noch mehr Geld – als Entschädigung für die erlittene Schmach – aus seinen Opfern herausprügeln. Die aber flüchteten durch

das Fenster. Nach einer Weile kehrten sie wieder zurück. Der Freier war verschwunden. Nur ein benutztes Kondom zeugte von seinem Besuch. Das führte die Staatsanwaltschaft zu dem bereits Vorbestraften.
Er habe die Nacht vor seinem Bordellbesuch in einem Club verbracht, berichtet der Dreiundzwanzigjährige. Harmlos wirkt der schlanke, eher kleine Türke. Große Augen schauen staunend aus einem ebenmäßigen, bartschattigen Gesicht. Attila A. wohnt immer noch bei seinen Eltern; an der mittleren Reife ist er gescheitert. Derzeit verdient er etwas Geld durch eine Arbeitsbeschaffungsmaßnahme im Gartenbau.
Er sei unter dem Einfluss von Kokain die ganze Nacht wach geblieben. Am darauffolgenden Morgen verspürte er ein großes Bedürfnis nach Sex; deshalb wollte er unbedingt ein Bordell besuchen. Kein einfaches Vorhaben an einem Sonntagmorgen.
»Die anderen hatten alle zu, so bin ich da gelandet«, sagt der Angeklagte. In »Pattys Thai-Oase« habe er zwei Frauen bestellt und einer von ihnen 100 Euro gegeben.
»Ich habe ihr nicht ins Gesicht geschaut, weil es mir ein bisschen peinlich war.«
»Kann es sein, dass Sie eine »Transe« verlangt haben«, fragt der Richter.
»Nein, woher sollte ich wissen, dass es da eine gibt?«
»Sind Sie vielleicht schwul? Hatten Sie schon mal sexuellen Kontakt zu einem Mann? Wollten Sie das unter dem Einfluss von Kokain einmal probieren?«
»Nein, nein, nein!«

Aber nicht nur Attila A. muss dem Richter peinliche Fragen beantworten. Sie sei Hausfrau und mache in »Pattys Thai-Oase« sauber, erklärt die als Zeugin geladene Thailänderin mit Hilfe einer Dolmetscherin.

»Ich massiere«, gibt sie im zweiten Anlauf zu, bis sie endlich bestätigt, dass sie auch Sex mit den Kunden hat. Der Freier habe an jenem Vormittag »eine Frau *und* einen Mann« gebucht und bei ihr bezahlt. Dann gingen sie auf ihr Zimmer. Die Frau und der Freier zogen sich aus und legten sich aufs Bett. Der Ladyboy aber behielt sein langes Kleid an und setzte sich zu dem Paar.

»Ich habe ein bisschen geholfen«, sagt Nattawud N. Während seine Kollegin den jungen Mann massierte, habe er ihn oral stimuliert.

»Krass«, sagt der Angeklagte sichtlich überrascht.

Der Richter fragt den Ladyboy: »Waren Sie als Transe zu erkennen?«

»Ja, an der Stimme«, antwortet der Zeuge. »Ich verstehe das nicht: Der Kunde muss das wissen, es stand doch in der Zeitungsanzeige! Wir waren alle drei im Zimmer, er hat nicht protestiert.« Seine Kollegin gibt sich ebenfalls erstaunt: Das Geschäft mit Transen boome.

»Die Kunden wissen ganz genau, dass es ein Mann ist. Viele verlangen das – jeden Tag.«

Die beiden Prostituierten geben sich ahnungslos. Doch von Asiaten ist bekannt, dass sie nur ungern einen Wunsch abschlagen. Lieber brechen sie ein Versprechen – zum Pech für Attila A. Dessen spezielles Erlebnis als Freier sorgt für Heiterkeit im Gerichtssaal.

»Ich habe heute viel gelacht«, sagt der Staatsanwalt, als er zu seinem Plädoyer ansetzt. Dennoch sei die Angelegenheit ernst. Möglicherweise habe der Angeklagte nicht bemerkt, dass es sich bei dem verkleideten Nattawud N. um einen Mann handelte. Aber Attila A. sei bereits wegen gefährlicher Körperverletzung vorbestraft. Als er die beiden Thailänder

verprügelte, stand er unter Bewährung. Deshalb soll er für 14 Monate ins Gefängnis, fordert der Ankläger.
Sechs Monate Haft auf Bewährung seien ausreichend, meint der Verteidiger. Sein Mandant habe die beiden lediglich zur Rückgabe seines Geldes genötigt. Die Hauptschuld läge aber bei den Prostituierten, die ihren Personalengpass mit einem Mann kaschierten.

Das Gericht entscheidet schließlich auf ein Jahr Haft auf Bewährung. Vier Jahre lang darf Attila A. keine Straftaten begehen. Zudem soll er eintausend Stunden gemeinnützige Arbeit leisten.
Der Richter hat eine eigene Theorie zu dem Vorfall: Ob dem Angeklagten absichtlich ein Mann untergeschoben wurde, will er nicht beurteilen. Er glaubt aber, dass der Angeklagte unter dem Einfluss von Kokain zwei »Frauen« verlangt habe – die Droge sei bekannt dafür, den Sexualtrieb zu steigern. Der Türke habe vorher weder über den Preis verhandelt noch gefragt, welche Frauen in dem Bordell arbeiten. Er sei schnurstracks ins Zimmer gegangen.
»Dort bekommt Herr A. von Herrn N. ›einen geblasen‹, wie man umgangssprachlich sagt«, sagt der Richter. Über diese Worte kann der Angeklagte inzwischen sogar grinsen.
Durch seinen Orgasmus habe der Bekokste Druck abgebaut und daher die Situation erkannt, so der Vorsitzende weiter. Er sei ausgerastet und habe sein Geld plus einen finanziellen Ausgleich gefordert. Doch stand ihm kein Schadensersatz zu.
»Es war Sex vereinbart, den hat er gehabt.« Ekel sei keine Körperverletzung, deshalb gibt es dafür auch kein Schmerzensgeld. Moralische Ansprüche sind ebenfalls nicht einklagbar. Allerdings habe es sich um einen minderschweren Fall der

räuberischen Erpressung gehandelt: Zu sehr weiche das Geschehen ab vom typischen »Geld her oder es setzt was!«.

Besonders lange habe das Gericht darüber diskutiert, ob der Angeklagte trotz seines Bewährungsbruchs noch eine Chance erhalten soll.

»Die Verwerflichkeit seines Tuns ist nicht so hoch«, meint der Richter: Attila A. sei überraschend in etwas hineingeraten, das ihm persönlich zutiefst zuwider ist.

Trotz des milden Urteils ging der Angeklagte in Berufung. Dort stieß er auf weniger Verständnis: Acht Monate Freiheitsstrafe ohne Bewährung urteilte das Berliner Landgericht.

Beste Stinke-Socken

Der Richter fragt den Zeugen, woran er sich erinnern würde.
»Ah, ick weeß«, sagt der Vater. »Meen Sohn wurde beraubt!«
Nein, das hat der Richter nicht gemeint. Er hilft.
»Ihr Sohn sollte Einkäufe nach Hause bringen und Sie standen im Döner-Laden.«
»Ick weeß jar nüscht mehr«, antwortet der Zeuge. Der Richter versucht es noch einmal.
»Es ging um Socken.« Ein Lächeln huscht über das tätowierte Gesicht.
»Jetzt hab ick 's!«

Im August 2008 wurden der zwölfjährige Leon und sein vierzehnjähriger Freund Paul von einem Mann mit schwarzem, struppigem Bart angesprochen. Dieser fragte, ob er ihre Socken kaufen könnte.
»Verpiss dich!«, soll der Ältere geantwortet haben. Der Mann sei ihnen daraufhin nach Hause gefolgt und habe gerufen: »Verkauft mir jetzt eure Socken!« Dann habe er den Zwölfjährigen in den Würgegriff genommen und ihm ein Küchenmes-

ser mit einer 20-Zentimeter-Klinge an den Hals gehalten. Hätte Kickboxer Paul den Angreifer nicht mit einem beherzten Tritt ins Schienbein zu Boden gebracht, wäre es den Jungen nicht gelungen, sich in den Fahrstuhl zu flüchten, berichteten sie der Polizei.

Deshalb muss sich Christian C. nun wegen versuchter räuberischer Erpressung verantworten. Der Sechsunddreißigjährige wirkt scheu und unsicher. Seine dünnen, lockigen schwarzen Haare sind unfrisiert, am Hinterkopf klebt ein dünnes Zöpfchen. Seine blaue Hose ist zerbeult. Auch das graue Jackett, auf dessen Revers eine AIDS-Schleife prangt, sitzt schlecht.

Gleich zu Beginn der Verhandlung mildert der Richter die Anklage auf versuchte Nötigung, schließlich wollte der Arbeitslose die Socken ja kaufen und somit »dem Vermögen seiner Opfer keinen Nachteil zufügen«.

Dann ist der Angeklagte dran: Er war an diesem Abend mit dem Fahrrad in Marzahn unterwegs. Einige der DDR-Plattenbauten sollten abgerissen werden, er wollte sie noch einmal fotografieren. Rauchend stand er vor einem der Hochhäuser, als er die Jungen entdeckte, von denen er schon einmal getragene Socken erworben haben will.

»Ach, da sei ihr ja wieder!«, habe er zu ihnen gesagt. »Wollt ihr mir wieder was verkaufen?«

Doch die beiden seien an ihm vorbeigegangen. Nach einer Weile sei er dann den Jungen gefolgt. Die standen bereits in ihrem Haus vor dem Fahrstuhl. Plötzlich sei ein wütender Mann – Leons Vater – auf ihn zugerannt. Der Mann verfolgte ihn, als er hilfeschreiend davon geradelt sei. Zwar habe er die Jungs nach ihren Socken gefragt, »aber ich bin weder ans Schienbein getreten worden, noch habe ich ein Messer an einen Hals gehalten«.

Wozu aber braucht der Angeklagte die getragenen Socken? Das Gericht stellt diese Frage nicht. Reporter fragen Christian C. während einer Verhandlungspause auf dem Gerichtsflur.
»Das bespreche ich mit denen, die es etwas angeht«, antwortet er freundlich. Sein Kumpel ist weniger zugeknöpft: Der Freund würde diese sammeln, es gebe eben unterschiedliche Vorlieben. Dem Gericht erzählt der Socken-Fetischist, in seiner Fahrradtasche lägen stets ein paar ungetragene Strümpfe.
»Weil ich immer mal welche tausche. Glauben Sie mir: Ich frage oft nach Socken. Aber ich gehe immer freundlich auf die Leute zu. Die freuen sich und winken mir über die Straße, wenn sie mich sehen.«
Das angebliche Opfer Paul bestätigt das: »Meen kleener Kumpel, der is neun Jahre, der hat ihm welche vakooft. Da jibt's immer zwee Euro für.«

Dem Gericht geht es weniger um die Socken, als um das Gewalt-Szenario, das die beiden Jungen schilderten.
»Ne, das hat er nicht«, sagt Leon, als der Richter ihn nach dem Würgen fragt. Er sei aber hinterrücks von dem Angeklagten angegriffen worden und habe ein Messer an der rechten Halsseite gespürt. Sein Freund Paul habe ihm später das Küchenmesser beschrieben und ihm ein vergleichbares gezeigt.
»Messer?«, fragt Paul ungläubig den Richter. »Dit hab ick erzählt? Da weeß ick jar nüscht mehr davon.« Auch Leons Vater glaubt nicht an den Angriff: »Kinder erzählen viel. Der hat nüscht am Hals jehabt.«
Am Ende weiß niemand mehr so genau, was an jenem Abend in der Mehrower Allee in Marzahn geschah. »Vielleicht hat der Kickboxer Paul dem Angeklagten ans Knie getreten und dachte, es ist besser, ein Messer ins Spiel zu bringen«, mut-

maßt der Staatsanwalt. »Für Leon mag das, was in der Anklage steht, die Wahrheit sein.« Der Ankläger jedoch fordert einen Freispruch.

»Das Messer hat sich in Luft aufgelöst«, sagt der Verteidiger. »Der es am Hals gehabt haben will, hat es nie gesehen. Und der es gesehen haben soll, kann sich daran nicht erinnern.«

»Fest steht, dass der Angeklagte gern fotografiert und des Öfteren Jungen anspricht, ihm ihre Socken zu verkaufen. Aber das ist nicht strafbar«, urteilt der Richter und bestätigt die Forderung seiner Vorredner. Über ein Jahr lang habe er sich mit »diesem Kinderkram« beschäftigen müssen, sagt Christian C. nach der Verhandlung. Dann überreicht er seinem Kumpel eine kleine Tasche in Form eines Miniatur-Linienbusses. Der Beschenkte betrachtet staunend die vielen genähten und gestickten Details: Neben getragenen Socken interessiert sich Christian C. nämlich auch für den Berliner Nahverkehr.

Der Schlüpfer-Stürmer

Auf dem Gerichtsflur steht ein kleiner Mann mit verspiegelter Brille und Stirnband. Ansonsten ist von seinem Gesicht nur ein ungepflegter, dunkelblonder Bart mit kräftigem Schnauzer zu sehen. Er wippt unruhig mit den Knien, läuft dann einen unsichtbaren Kreis ab, um sich am Ende wieder ein paar Minuten breitbeinig hinzustellen. Mit Blick auf die Uhr flucht er kaum hörbar: »Alter!« Endlich erschallt der erlösende Aufruf zur Strafsache »Rainer R.«. Der Mann schnappt sich seinen Rucksack, dessen Vorderseite von einer riesigen Flagge des 1. FC Union bedeckt wird.

Der Richter wünscht, gegen Herrn R. ohne Brille und Stirnband zu verhandeln. Der Angeklagte beteuert, seit fünfundzwanzig Jahren an lichtempfindlichen Augen zu leiden. Er lässt sich aber von dem Argument überzeugen, dass man sich hier in erster Linie miteinander unterhalten wolle – über den Vorwurf der sexuellen Beleidigung.

Im April 2009 klemmte der arbeitslose Gelegenheitskurier einen Brief ans Auto einer Bekannten. »Hallo Petra«, schrieb er darin. »Ich hab eine Frage. Würdest Du Dich trauen, in einen

Schlüpfer zu machen? Um die Unterwäsche brauchst Du Dir keine Sorgen zu machen. Die würde ich Dir kaufen. Du kannst mich anrufen, wenn Du Dich das traust. Behalte es aber bitte für Dich.« In den Brief legte der Sechsundvierzigjährige ein Paket mit Unterwäsche.
Tatsächlich rief Petra P. damals bei ihm an. Sie stellte ihn zur Rede und informierte ihn, dass sie nicht vorhabe, über die Angelegenheit zu schweigen.
Es war keine Liebesbeziehung, die Rainer R. mit der Mitarbeiterin des Bezirksamts Berlin-Reinickendorf verband. »Ick musste bei der eine Zeitlang zwangsweise arbeiten«, sagt der Angeklagte. Tatsächlich war Petra P. für ihn zuständig gewesen, als er im vergangenen Herbst bei ihr antrat, um eine Geldstrafe von 1500 Euro wegen Schwarzfahrens abzuarbeiten.
»Ick hatte die Schnauze voll jehabt. Die hat mich jemobbt, die Frau. Die is ne ziemlich starke Raucherin. Wegen der hatte ick zwei Herzattacken in 24 Stunden. Wenn es jeschneit hat, durften die rauchenden Elemente das Auto vollqualmen und wir Nichtraucher mussten draußen die Grünanlagen säubern«, sagt Rainer R.
»Was reizt Sie denn an einem vollgepinkelten Schlüpfer von einer Person, die Sie mobben wollte«, fragt der Richter.
»Ick wollte feststellen, ob sie privat auch so ist wie im Dienst. Ob sie auch alle so niedermacht mit Mobbing«, antwortet der Angeklagte naiv.
»Und was hätten Sie gemacht, wenn Sie Ihnen das Zeug geschickt hätte?« Er hätte daran geschnuppert.
»Das ist keine Art und Weise«, hält ihm die Staatsanwältin vor.
»Ne, war ja keene Art und Weise«, stimmt der Angeklagte zu.
»Aber die Unterwäsche war nagelneu, die hatte ick extra bestellt und bezahlt. Ick hatte Petra schon vorher mal gefragt, ob

sie nagelneue Unterwäsche haben möchte. Die hatte ick noch für meene Frau jekauft.« Seine Ex hätte ihn wegen eines anderen Mannes verlassen und ihn mit dem gemeinsamen neunjährigen Sohn sitzenlassen.
Die Anklägerin versteht nicht, wie man jemandem Unterwäsche schenken kann, der einen gemobbt haben soll.
»Ick wollte sie richtig kennenlernen«, wiederholt der Angeklagte. »Ick hätte sie dann auf 'ne Tasse Kaffee einjeladen. Ick hätte sie jefragt, ob sie ihren Nikotin-Konsum ein bisschen reduzieren könnte.«
»Komisch finde ich das schon«, sagt die Staatsanwältin. Und der Richter erkundigt sich vorsichtig: »Sind Sie in ärztlicher Behandlung?«
»Ne«, antwortet der Befragte. Er habe mittlerweile eingesehen, dass sein Verhalten falsch war: »Ick war mir nich bewusst, dass es eine Straftat is.«

Nach kurzer Beratung mit der Anklägerin bietet der Richter an, das Verfahren einzustellen: »Wenn Sie mir versprechen, nicht mehr andere Leute nach vollgepissten Schlüpfern zu fragen.« Er solle auch an seine laufende Bewährung wegen fünffachen Betruges denken. Die gelte noch bis zum nächsten Sommer, erinnert der Richter. Erleichtert nimmt Rainer R. das Angebot an. Er habe bereits im Internet recherchiert, verrät er dem Gericht: »Momentan hab ick da jemand, von dem ick so 'ne Schlüpfer kriege.«
»Sie merken sich jetzt drei Sachen«, fasst der Richter mit gespieltem Ernst das Ergebnis der zwanzigminütigen Verhandlung zusammen: »Erstens: Vollgepinkelte Schlüpfer nur noch im Internet bestellen. Zweitens: Keine Straftaten mehr begehen. Drittens: Insbesondere keine Straftaten bis zum Ende Ihrer Bewährungszeit begehen.«

Damit entlässt er den Angeklagten. Das Gericht kann es kaum abwarten, dass sich die Tür hinter dem kleinen Mann schließt. Kaum hat dieser den Saal verlassen, werfen sich Richter, Staatsanwältin und Protokollantin prustend über ihre Tische.

Ihr Schmerzensgeld, Herr Räuber!

Kurz nach Mitternacht rannte ein maskierter Mann mit einer Kasse unterm Arm auf die unbeleuchtete Straße. Er kam nicht weit. Bereits nach zwanzig Metern hatten ihn die Söhne des Pizzeria-Inhabers eingeholt und brachten ihn zu Fall. Die Kasse fiel zu Boden und schlitterte über das regennasse Pflaster. Die Brüder – später noch deren Vater – rangen mit dem Gestürzten, der sich in ihren Armen wand.

Als die Polizei eintraf, sah der Räuber schlimm aus: Blut und Tomatenmark hatten sich über seinen gesamten Körper verteilt. Gesicht, Brust und Ellenbogen waren geschwollen. Ein Arzt diagnostizierte später ein Schädel-Hirn-Trauma ersten Grades. Deshalb darf der Kriminelle vor Gericht in die Rolle des Opfers schlüpfen: Dort müssen sich der Pizzeria-Inhaber Resul el B. (46) und dessen Söhne Sinan (26) und Kemal (25) wegen gefährlicher Körperverletzung verantworten. Außerdem fordert der Räuber 2500 Euro Schmerzensgeld.

Auch in jener Nacht im September 2008 begehrte er Geld. Resul el B. bot ihm zehn Euro und eine Packung Zigaretten an. Doch der Maskierte verlangte den kompletten Kasseninhalt. In seiner Hand hielt er eine Gas-Pistole. Die erzeugt einen lauten Knall und setzt Reizgas frei, ist aber nur aus nächster Nähe lebensgefährlich. Damit dirigierte er den gebürtigen Palästinenser und dessen Söhne in die Küche. Als der Vater nach einer Bratpfanne griff, schoss der drogenberauschte Täter.

»Ich habe den Angriff mit der Waffe abgewehrt, um mein leibliches Wohl zu sichern«, begründet Mario M. sein damaliges Tun. So gespreizt drücken sich sonst nur Polizisten vor Gericht aus. Der Zweiundzwanzigjährige ist ein hübscher, schlanker Blonder mit gebräuntem Gesicht. Es fällt schwer, die Tat mit dem blauäugigen Mann in Verbindung zu bringen.

Nach dem ersten Schuss, so der Pizzeria-Betreiber, verprügelte er den Eindringling mit der Bratpfanne.

»Ich habe mich gewehrt! Er hat sehr oft auf mich geschossen, um mir Angst einzujagen. Ich nahm Käse, Tomaten und bewarf ihn mit allem, was ich greifen konnte.« Seine Söhne hatten den Laden bereits durch den Hinterausgang verlassen – auf Geheiß ihres Vaters, der sie verschonen wollte.

Der Räuber schoss weiter auf Resul el B., dann zerrte er ewig an den Stromkabeln der Kasse. Unterdessen floh der Inhaber aus dem gasgeschwängerten Raum. Er schloss die Ladentür ab und sah, wie der Räuber mit einem Ruck die Kabel trennte. Dabei muss die Kassenlade herausgefallen sein.

»Später fanden wir das Geld auf dem Boden«, sagt Resul el B.

Der Eingeschlossene zerschlug die gläserne Ladentür. Durch das Loch warf ihm einer der Brüder den Reklame-Aufsteller an den Kopf, gefolgt von einer Ladung Gemüse. Der Räuber stürzte nach draußen, klemmte sich die leere Kasse unter den Arm und rannte die Straße hinunter, bis die Brüder ihn von hinten packten.

»Vier Leute haben mich an Armen und Beinen festgehalten«, sagt Mario M. vor Gericht. »Sie prügelten mit einer Eisen-

stange wild auf mich ein.« Wer schlug und trat, weiß er nicht. Erst die Polizei habe sein Martyrium beendet. Zwei Monate musste er im Krankenhaus verbringen. Bei der polizeilichen Befragung habe er »irgendwelchen Mist erzählt«: Er gab an, er sei irrtümlich für den Täter gehalten worden.
Inzwischen ist die Frage seiner Schuld geklärt. Ein Jahr musste er deswegen in Haft, sechs verbliebene Monate wurden ihm erlassen. Heute lebt der ehemals obdachlose Drogenabhängige in einem betreuten Wohnheim.
Die Überfallenen mussten damals ihren verwüsteten Laden schließen und komplett renovieren. Der Sachschaden betrug 1 600 Euro, der Umsatzausfall für 13 Tage 7 150 Euro. In diesem Prozess geht es aber nur darum, ob sich Mario M. seine Verletzungen bis zu seinem Sturz zuzog oder erst, nachdem er hilflos auf dem Boden lag. Handelten die el B.'s in Notwehr oder begingen sie eine Körperverletzung?
Das Gericht hört sich zwei Nachbarn an: Der eine will vom zweiten Stock des gegenüberliegenden Hauses Stuhl und Aufsteller aus dem Laden fliegen gesehen haben. Mit einem langen, dünnen Plastikteil sei der Mann dann von den Palästinensern verprügelt worden.
»Ich hab gedacht, da wird einer vor meiner Tür totgeschlagen«, sagt der Zeuge. Mehrere Nachbarn sollen gerufen haben: »Aufhören! Der hat genug!« Wer von den Angeklagten geschlagen hat, wisse er nicht.
Der zweite Zeuge wohnt im Erdgeschoss des Pizzeria-Hauses. Er will den rennenden Räuber gesehen haben.
»Wie kann man nur so blöd sein, 'ne zehn Kilo schwere Kasse auf die Flucht zu nehmen«, habe er sich gefragt. Drei Meter vor seinem Fenster stürzte der Flüchtende hinter ein Auto. Nun habe der Beobachter nur noch die Palästinenser und die weiße Stange sehen können, die der muskulöse Sinan in der

Hand gehalten habe. Der hätte von dem Räuber einen Meter entfernt gestanden.
»Zu hundert Prozent hat keiner geschlagen«, sagt der Zeuge.
Die Angeklagten sagen, sie hätten sich eine mit Kunststoff überzogene, grüne Stange aus Metall von der Straße gegriffen, als sie sahen, wie der Räuber ihre Ladentür demolierte. Die Stange übergaben sie später der Polizei.
»Wenn wir gewollt hätten, hätten wir ihn umbringen können«, sagt der Pizzeria-Inhaber. »Aber es lag mir fern, ihm zu schaden. Mir würde es reichen, wenn er seine Lektion gelernt hätte.«
Dem nächsten Räuber aber, der ihn überfallen sollte, würde er neben Geld auch noch Erfrischungsgetränke reichen, um nicht wieder auf der Anklagebank zu landen.

Das Plädoyer der Staatsanwältin ist kurz. Sie hält nur den ersten Zeugen für glaubwürdig. Der andere habe wegen des Autos nichts sehen können und obendrein – das kreidet ihm die Anklägerin besonders an – sei er wohl sogar zu faul gewesen, bei der Polizei auszusagen.
Die Staatsanwältin kann nicht nachweisen, wer was tat. Schuldig seien alle, jeder Angeklagte solle mit sechs Monaten Haft auf Bewährung bestraft werden. Dem schließt sich der Anwalt von Mario M. an, außerdem erinnert er den Richter an das Schmerzensgeld.

Die Verteidiger bezeichnen das Geschehen als ein »Stück aus dem Tollhaus«. Die Angeklagten hätten Todesängste ausgestanden; dabei sei Adrenalin freigesetzt worden. Möglicherweise habe dieses über den Moment der unmittelbaren Gefahr hinaus gewirkt. Vielleicht habe man deshalb auch einmal zu viel »hingelangt«, trägt der Anwalt des Vaters vor. Das

rechtfertige höchstens eine Geldstrafe zur Bewährung. Die Anwälte der beiden Brüder fordern Freisprüche.
So entscheidet auch der Richter, was von den Angeklagten mit einem lauten »Dankeschön!« quittiert wird. Er habe den Vortrag der Staatsanwältin als »zu schlank empfunden«, sagt der Vorsitzende.
»Es gibt keine Kollektivbestrafung. Wir müssen zwar nicht alle, aber wenigstens einzelne Handlungen zuweisen können.« Das aber kann niemand: weder die Zeugen, noch der Räuber. Der sei ohnehin kein glaubwürdiger Zeuge – eben weil er Geld von den Angeklagten begehrt.

Stalking auf Türkisch

Tarik T. tänzelt an den Richtertisch. Während die Staatsanwältin die Anklage verliest, flüstert er mit dem Vorsitzenden.

»Ich möchte geschlossene Verhandlung«, sagt der Vierundfünfzigjährige in etwas holperigem Deutsch. Er wolle sich nicht noch mehr blamieren. Ungerührt weist der Richter den Wunsch zurück: In Deutschland wird öffentlich verhandelt. Er habe keine Ahnung vom deutschen Recht, sagt der angeklagte Rechtsanwalt, der seit vierzehn Jahren in Berlin-Kreuzberg seine Landsleute zu Fragen des türkischen Rechts berät.

»Herr T., haben Sie sich in Frau M. verliebt?«, will der junge Richter wissen. Er stellt diese Frage einem großen, kräftigen Mann mit rundem Gesicht und vollen, leicht ergrauten Locken. Der windet sich.

»Ich bin jetzt Mensch, kein Anwalt.« Dann gibt er sich einen Ruck: »Ja, ich habe mich verliebt.«

Weil die Zuneigung nicht auf Gegenseitigkeit beruht, steht er bereits das zweite Mal vor Gericht. Zehn Briefe und zahllose unerwünschte Besuche der Angebeteten sind Gegenstand der jüngsten Anklage, die Tarik T. als »vom Kopf geschrieben« bezeichnet. Türken seien spontane Menschen, Planung sei Sache der Deutschen. Stolz korrigiert er die Anklage: »Ich habe über *hundert* Briefe zugeschickt in den letzten vier Jahren, nicht nur *zehn*!«

Im Frühjahr 2005 traf der Familienvater in einer Tchibo-Filiale auf Mandy M., eine zierliche, unscheinbare Frau mit rotbraunen Haaren. Dreimal täglich trank er dort seinen Latte Macchiato.

»Er hat sich beim Dekorieren hinter mich gestellt und beobachtet«, sagt die Dreiundzwanzigjährige dem Richter. »Ich habe ihm gesagt, dass er das lassen soll und ihm dann Hausverbot erteilt.«

Nun stand der Rechtsanwalt jeden Tag von morgens bis abends vor dem Fenster, so liebeskrank war er. Die Verkäuferin ließ sich versetzen, in die einzige Filiale ihres Heimatbezirks, in dem sie ihre Ausbildung zur Filialleiterin fortsetzen konnte. Ein Jahr lang hatte sie Ruhe – bis ihr Verfolger sich eines Morgens vor ihrem neuen Arbeitsplatz postierte. Bald darauf stellte sich Tarik T. täglich auf den Mittelstreifen der Schlossallee und starrte eine Stunde lang ins Fenster des Geschäfts. Seine mitgebrachten Briefe und Blumen übergab er Mandy M. durch andere Kunden.

Die Verkäuferin ließ sich erneut versetzen, ihre Ausbildung brach sie ab.

»Ich kann meine Kunden nicht mehr richtig bedienen. Ich muss mich jedes Mal verstecken«, klagt die Zeugin. Bis heute schicke ihr der Angeklagte Briefe – an die Adresse ihres letzten Arbeitsplatzes. Er schreibe ihr, nach ihrer Hochzeit könne niemand etwas gegen diese Liebe tun. Sie geht daher nur noch in Begleitung auf die Straße, zur Gerichtsverhandlung bringt sie ihren Freund mit.

Mandy M. weint, während sie dies dem Richter erzählt. Schon so oft habe sie die Polizei gerufen.
»Ich weiß nicht mehr, was ich machen soll. Jedes Mal stand ich allein da. Ich habe nur Scherereien.« Obendrein müsse sie für die einstweilige Verfügung, die sie gegen ihren Peiniger erwirkte, noch Gebühren zahlen.
»Dann erzählt er auch noch so Schoten wie, er hätte die nicht bekommen, seine Frau hätte die entgegengenommen!«
Der Verliebte störte sich nicht daran, dass seine in den Laden gebrachten Briefe und Blumen umgehend wieder zurückgeschickt wurden und die Polizei ihn in einem Gespräch aufforderte, seine Kontaktversuche zu unterlassen. Seinen Liebeswahn stoppte weder eine einstweilige Verfügung, noch eine Geldstrafe von 1 200 Euro (20 Tagessätze), zu der er 2007 wegen Hausfriedensbruchs verurteilt wurde – damals war Stalking noch nicht strafbar.
Wahrscheinlich erreichen ihn auch die Worte der Zeugin nicht, die mit tränenüberströmtem Gesicht und letzter Kraft sagt: »Ich empfinde einfach nur Hass, ich ekele mich vor ihm!«
Der Richter verspricht Hilfe. Falls die junge Frau weiterhin belästigt werde, solle sie Tarik T. fotografieren und dessen neue Briefe sofort ans Gericht schicken.
»Ich habe niemals geplant, Frau M. zu stören«, verteidigt sich der Angeklagte. Als er vor zwei Jahren vor der Filiale herumlungerte, zückte eine Tchibo-Mitarbeiterin ihre Kamera. Das verstand er nicht.
»Warum wurde ich fotografiert? Was wollte Frau M. von mir?« Dass die junge Verkäuferin keinen Kontakt zu ihm wünsche, wisse er nur von der Polizei.
»Aber Frau M. hat meine Telefonnummer und die von meinem Handy auch. Ich bin ganz einfach zu erreichen!«

Der Angeklagte springt von seinem Stuhl auf und bemüht sich erneut um Tuchfühlung mit dem Vorsitzenden.
»Warum hat sie meine Briefe gelesen? Wenn ich nicht verliebt, würde ich nicht lesen!«
Dann offenbart er den Grund seines unstillbaren Verlangens.
»Mit meiner Frau niemals nicht sprechen, mit Frau M. nicht sprechen. Ich möchte etwas erzählen! Deshalb habe ich Briefe geschrieben.« Die seien spontan und aus dem Bauch heraus verfasst, so seien Türken nun mal.
»Die Polizei hat gesagt: Frau M. – nix Kontakt«, erklärt ihm der Richter.
»Ich möchte auch keinen Kontakt«, unterbricht ihn der Angeklagte. »Ich bin verheiratet. Erst mal scheiden lassen und dann möchte ich.«

Die Staatsanwältin hält nun ein flammendes Plädoyer.
»Herr T. geht nur seinem eigenen Fühlen nach und ist überhaupt nicht in der Lage, sich in einen anderen Menschen hineinzuversetzen!« Hier könne man nicht mehr über eine Geldstrafe nachdenken, deklamiert sie und fordert acht Monate Haft zur Bewährung.
Während der Richter über sein zu fällendes Urteil nachdenkt, pirscht der Angeklagte zur Staatsanwältin und erklärt ihr: »Das alles ein Missverständnis. Die Deutschen kennen das Wort Empathie nicht.«

Sechs Monate Haft zur Bewährung, die drei Jahre dauern soll, lautet der Richterspruch. Außerdem soll der gutverdienende Anwalt 1500 Euro an die Justizkasse und 1500 Euro an einen gemeinnützigen Verein zahlen. Falls er jemals wieder Kontakt zu Mandy M. aufnähme, werde die Bewährung widerrufen, droht der Richter.

Der Stalker glaubt, dass sich der Vorsitzende bereits vor der Verhandlung gegen ihn entschieden hat. Trotzdem bedankt er sich beim Gericht und verabschiedet sich mit »Tschüss und ’tschuldigung.« Als sich die Saaltür hinter ihm schließt, sagt die Staatsanwältin: »Beim nächsten Mal lassen wir den von einem Psychiater begutachten!«
»Türken sind halt so«, äfft sie ihn nach. »Nur gut, dass nicht alle Türken so sind!«

Brötchen-Uschis Beste

Brötchen-Uschi« ist ein Berliner Original: Eine kleine, dicke Frau mit großem Herzen und einem reichen Schatz an Anekdoten. Die sprudeln unaufhörlich aus ihr heraus. Seit Jahren beliefert die gelernte Fleischmamsell Berlins Nachtschwärmer mit belegten Brötchen, Buletten und Salat. In ihren besten Zeiten verkaufte sie – laut eigener Aussage – 800 Stück pro Nacht. Den Erlös verwende sie zur Speisung von Obdachlosen.

»Dit is meen Spleen«, sagt Ursula U. und zeigt stolz die Artikel, die über sie geschrieben wurden. »Ick hab tausend Freunde«, sagt die Neunundsechzigjährige. »Aba ooch Neider.« Einer von denen muss sie im Juni 2008 bei der Lebensmittelaufsicht angezeigt haben. Prompt klingelten zwei Außendienstler bei ihr und verlangten Einblick in ihre Küche. Bereitwillig ließ sie die beiden Kontrolleure in ihre Gewerberäume. Blitzblank und sauber sah es hier aus – zu sauber, wie den ungebetenen Gästen dünkte. Sie ahnten, dass die beanstandeten Schrippen nicht an diesem Ort geschmiert worden waren und wollten die Wohnküche inspizieren. Doch an diesem Punkt endete die Mitarbeit von Ursula U. »My home is my castle«, habe sie gesagt. Ihre Privaträume dürfe niemand betreten.

Die beiden Kontrolleure holten die Polizei. Aber die Wohnungsinhaberin trotzte auch der Staatsgewalt.
»Meine Schlüssel bekommt ihr nicht!« Ihre Hand umschloss das Bund in ihrer Westentasche, das sie zusätzlich mit der anderen Hand sicherte. Erfolglos zerrte eine Polizistin an ihrem Arm. Ihr Kollege griff nach dem anderen Arm. Plötzlich schnellte Brötchen-Uschis Kopf vor und sie biss den Beamten in den linken Oberarm. Die Quittung dafür war ein Strafbefehl über 2 100 Euro (70 Tagessätze) wegen Körperverletzung und Widerstand gegen Vollstreckungsbeamte. Doch Ursula U. widersprach dem schriftlichen Urteil und schildert nun der Richterin das Geschehen.
Sie sei damals nach langer Krankheit das erste Mal wieder am Brötchenschmieren gewesen, verteidigt sich die Angeklagte. Sie will das Essen in ihren Gewerberäumen produziert haben. Obwohl die Kontrolleure ihren Arbeitsplatz als »Vorzeige-Küche« bezeichnet hätten, verlangten sie Zutritt zu der »nich janz so schönen Seite«, so Ursula U. Die war wegen ihrer Krankheit und eines Helfers, der kurz zuvor erschlagen worden war, nicht aufgeräumt. Ihre Wohnung habe gar nichts mit der Schrippenproduktion zu tun. Dort habe sie lediglich die Zutaten abgestellt. Vier Kühlschränke ständen im Vorraum ihrer Wohnung und drei seien wegen ihrer Krankheit ausgeschaltet und darum schimmlig gewesen.
»Aba ick hatte noch nie Beanstandungen, Frau Richterin! Meine Kunden leben alle noch! Und ick hab Hunderte Kunden und nich zehn oda zwanzig! Ick bin doch keen Vabrecha«, sagt die Angeklagte. »Müssen die nich einen Durchsuchungsbeschluss haben, wenn die meine Wohnung kontrollieren wollen?« Außerdem sei die Würde des Menschen unantastbar, das stehe schließlich im Grundgesetz. »Die könn' ja ooch an eenem andern Tach kommen!«

Geduldig beantwortet die Richterin alle Fragen: Es sei damals Gefahr im Verzug gewesen und der Polizist habe auch eine Würde. Sie verstehe ja, dass Ursula U. ihre unaufgeräumte Wohnung peinlich gewesen sei. Doch der Verdacht war nun mal in der Welt und die Lebensmittelkontrolleure hatten die Aufgabe, dem nachzugehen.

»Aba der hat mir den Arm umjedreht!«, begehrt Brötchen-Uschi auf.

»Das ist kein Grund, einen Polizisten zu beißen«, wird sie von der Richterin belehrt. »Ick hab nich doll jebissen. Der sollte bloß keene Faxen machen. Wenn ick richtich doll jebissen hätte, wäre der 14 Tage lang krank jewesen!«

Die Richterin schlägt vor, den Polizisten zu fragen, wie sehr ihm das weh getan hat. Da seufzt die Angeklagte: »Hoffentlich tut er nich zu doll erzählen!«

Sie hat Glück: Der Polizist drückte seinen Arm, den Ursula U. attackierte, gegen ihren Mund.

»Da kann man nicht mehr so beißen«, erklärt der Beamte. Mit dieser Methode könne man auch Hundebisse abwehren. Er sei jedenfalls mit einem blauen Fleck davongekommen. Dennoch kann sich der Polizist gut an diesen Einsatz erinnern. Vor allem daran, wie Brötchen-Uschi die Beamten beschimpfte, dann wegzulaufen versuchte und später noch einen Herzanfall vortäuschte – so schätzten es zumindest die herbeigerufenen Rettungssanitäter ein.

Einprägsam sei auch der Anblick der völlig verdreckten Küche gewesen. Der Müll stapelte sich, überall standen Katzenklos und es stank nach Tieren, so der Polizist. Die Krönung aber sei die Pfanne mit den frisch gebratenen Buletten gewesen: Die entdeckten die Beamten neben der Toilette.

Ursula U. will sich bei ihrem Opfer entschuldigen: Sie habe gebissen, weil der Polizist zu ihr gesagt habe, sie sei nicht krank, sie sehe gesund aus. Aber der Zeuge nimmt die halbherzige Entschuldigung nicht an.
»Ich halte Sie für unehrlich, so wie Ihr ganzes Verhalten vor Ort!«
Noch in der gleichen Nacht erteilten die Lebensmittelkontrolleure der Brötchen-Uschi ein Gewerbeverbot. Die bereits fertigen, nun aber unverkäuflichen Brötchen habe sie an Bedürftige im Kiez verschenkt, sagt die Angeklagte.
»Die leben ooch noch, dit hab ick mir vorsichtshalber quittieren lassen.«

Am Ende der Verhandlung wird Brötchen-Uschis Strafregister verlesen. Es ist gut gefüllt. Der erste Vermerk stammt aus dem Jahr 1991, ebenfalls wegen Widerstands, gegen Vollstreckungsbeamte. Warum die alten Einträge nicht gelöscht seien, wundert sich Usula U.
»Es is doch allet bezahlt!« Die Richterin erklärt, dies läge daran, dass immer wieder neue Straftaten hinzukämen. Sie empfiehlt, »mal fünf Jahre Pause zu machen«.
Die Angeklagte rechtfertigt sich: Allein dreimal habe sie wegen ihres verstorbenen Hundes vor Gericht gestanden.
»Hasso war 'n Mauerhund« – ein Schäferhund, der an der DDR-Grenze eingesetzt worden war. Sie habe ihn in einem Tierheim gefunden. Noch bevor sie für den Rüden bezahlt hatte, habe er sie schon in den Unterarm gebissen, erzählt Brötchen-Uschi und zeigt ihre Narbe.
»Der Hund hat niemand von sich aus anjegriffen, der wollt nur nich jestreichelt werden.«
Sanft lenkt die Richterin das Gespräch wieder auf den gebissenen Polizisten. Ursula U. könne ihre Tat später gern ihrem

Anekdoten-Schatz hinzufügen, aber erst einmal müsse sie dafür bezahlen. 1 800 Euro (40 Tagessätze) Geldstrafe sollen es nach dem Urteil der Richterin sein. Die bescheinigt der Angeklagten: »Ihr Unterfangen war von Anfang an aussichtslos.« Sie hätte Glück, dass der Beamte so schnell reagiert habe und keine offene Wunde davontrug.

Das tue weh, wenn man nach 16 Jahren Schrippenservice so behandelt werde, jammert Ursula U.

»Aber es tut auch weh, wie Ihre Küche ausgesehen hat«, kontert die Richterin und fordert die Plaudertasche zum Gehen auf.

Heute produziert Brötchen-Uschi keine Schrippen mehr in ihrer Küche. Sie mietet sich nun stundenweise in der Küche eines Cafés ein. Pro Nacht seien es nur noch zwanzig Stück, die sie auf dem Rücksitz ihres quietschgelben Rollers transportiere – zu ihren treuesten Kunden.

Ordnungshüter – selbsternannt

Im Nordwesten Berlins verunglückte ein Achtzehnjähriger mit seinem Auto. Den Baum, an dem sein Leben endete, schmücken seine Eltern und Freunde mit Fotos, Plüschtieren und einem schmiedeeisernen Kreuz.
»Da ist er gestorben – da ist seine Seele«, sagt seine Mutter Cordula C.
Kein halbes Jahr später stirbt im Süden der Stadt ein vierundzwanzigjähriger Motorradfahrer. Auf dem Mittelstreifen einer Allee pflanzen seine Freundin und deren Schwester Amrei A. Stiefmütterchen und stellen ein Holzkreuz mit den Lebensdaten des Getöteten auf. Beide Mahnmäler werden zum Entsetzen der Hinterbliebenen regelmäßig entfernt. Aber warum?

Cordula C. fragt bei allen Behörden nach. Niemand hat sich über ihr Holzkreuz beschwert. Gleiches erfährt auch Amrei A. Das Bezirksamt versichert ihr sogar schriftlich, man werde das Mahnmal dulden, »solange es gepflegt wird«. Wer aber könnte sich daran stören? Drei Nächte verbringt die junge Frau in ihrem Auto und beobachtet den Mittelstreifen der Allee. Als

sie auf eine Dienstreise fährt, lässt sie sich von einem Privatdetektiv vertreten. Und der sieht tatsächlich, wie ein Mann am helllichten Tag das Holzkreuz nebst Blumen in eine mitgebrachte Tüte stopft.
Einen Monat später erwischt ihn auch Cordula C. und stellt ihn zur Rede. Der Mann mit der orangefarbenen Warnweste sagt, er sei vom Forstamt. Das glaubt die Trauernde nicht, sie weiß ja um die stillschweigende Duldung der Behörden. Ein herbeigerufener Polizist fragt Jürgen J., wieso er das Mahnmal entfernt hat. Der entgegnet selbstbewusst, dass es sich nach dem Abfallgesetz um Müll handelt. Bereitwillig übergibt er den Angehörigen die Tüte mit den Erinnerungsstücken. Der Polizist begnügt sich mit einem Platzverweis; Amrei A. und Cordula C. dagegen zeigen den Pietätlosen an.

Im Juni 2009 betritt Jürgen J. den Verhandlungssaal des Amtsgerichts in Begleitung einiger Wachtmeister. Der vielfach Vorbestrafte kommt direkt aus dem Gefängnis, wo er gerade seine erste Haftstrafe verbüßt: Als Kunde hatte er eine Ladendiebin entdeckt, diese zu Boden gerissen und geknebelt. Er wurde zu acht Monaten Haft wegen Nötigung verurteilt.

Schon zu Prozessbeginn – der Richter belehrt gerade die beiden Zeuginnen zu ihrer Wahrheitspflicht – bricht Amrei A. in Tränen aus, ausgelöst durch den Anblick des Mannes, der ihr etliche schlaflose Nächte bereitet hat: Ein schlanker Brillenträger mit schmalem Mund und dünnem, wirrem Blondhaar. Dem Dreiundvierzigjährigen wird zweifache Sachbeschädigung vorgeworfen, denn er kann nur wegen des materiellen Schadens, den die Staatsanwaltschaft auf 230 Euro schätzt, belangt werden. Dabei ist den Betroffenen gerade dieser völlig egal.

Jürgen J. bestreitet, überhaupt Schaden angerichtet zu haben. »Für mich ist das Müll.« Den habe er ehrenamtlich entfernt. »Ich war der Meinung, etwas Sinnvolles zu tun«, sagt der Arbeitslose. »Ich habe den – wie es juristisch heißt – ›status quo ante‹, den ursprünglichen Zustand, wiederhergestellt. Da lagen zentnerweise Blumen, die haben sich da richtig ausgebreitet.« Immer wieder habe er zur Tat schreiten müssen, ständig wurden die Mahnmäler wieder hergerichtet.

»Die waren ein bisschen hartnäckig«, sagt Jürgen J. »Die waren so hartnäckig, dass die sogar einen Privatdetektiv engagiert hatten.«

Ihm gehe es um Recht und Gesetz, er spricht von verkehrter Welt.

»Sie klagen mich an und die Aufsteller nicht. Wer hat denn in den öffentlichen Raum eingegriffen? Das ist ein Eingriff in die Rechte von den Leuten, die da vorbeifahren. Die müssen sich mit den Toten konfrontieren lassen, obwohl es nur eine private Sache ist!« Man könne nicht einfach irgendwo private Denkmäler aufstellen. Er habe die Trauernden darum wegen Nötigung angezeigt und sich bei der Polizei sowie beim Bezirksamt beschwert. Aber niemand habe sich für sein Anliegen interessiert.

»Haben Sie die Daten auf dem Kreuz in der Allee gelesen?«, fragt ihn die Staatsanwältin. »›22. Juni 2008‹ stand dort, und es hat Ihnen nichts ausgemacht, das Kreuz bereits einen Monat später zu entfernen?« Nein, hat es nicht. »Jeden Tag sterben Menschen im Straßenverkehr«, sagt Jürgen J. Für ein paar Tage sei so ein Mahnmal in Ordnung. »Aber dann muss man zu gesitteten mitteleuropäischen Verhältnissen zurückkehren.« Schließlich gäbe es ja das Kruzifix-Urteil, welches das Aufstellen von Kreuzen im öffentlichen Raum verbiete. Das

Bezirksamt hätte Frau A. demnach gar keine Erlaubnis erteilen dürfen! Und gaben die Hinterbliebenen nicht ihr Recht am Eigentum auf, indem sie ihre Sachen im öffentlichen Raum abstellten, argumentiert der Angeklagte, während er im Strafgesetzbuch blättert. Das wäre ja genauso, als würde er eine Wodkaflasche auf die Straße stellen, sich hinter einen Busch legen und hinterher darüber beschweren, wenn jemand die Flasche an sich nehme.

Es klingt schräg, was Jürgen J. so beharrlich vorträgt, und tatsächlich wurde er bereits ein Jahr zuvor psychiatrisch begutachtet. Das Ergebnis möchte der Richter gern in den Prozess einfließen lassen.

»Ist das relevant?«, begehrt der Angeklagte auf. »Sie wissen doch, zwei Ärzte, drei Meinungen.« Seine Verteidigerin überzeugt ihn, der Verlesung zuzustimmen. Es sei zu seinen Gunsten, denn es mildere die zu erwartende Strafe. So erfährt man von Jürgen J.'s pathologischer Persönlichkeitsstörung: Er sei »querulatorisch-fanatisch-paranoid« veranlagt, bescheinigte ihm ein Psychiater.

Ist das Zerstören der Mahnmäler nun eine Sachbeschädigung? Für die Staatsanwältin ist das keine Frage. Es geht schließlich um fremde Gegenstände mit einem gewissen Wert, die durch das Entfernen beschädigt wurden. Besonders kreidet sie dem Angeklagten an, dass dieser, während er auf den Antritt seiner Haftstrafe wegen Nötigung wartete, »munter weiter den Aufpasser und Ordnungshüter der Stadt spielte«. 400 Euro Geldstrafe (80 Tagessätze) soll der Häftling zahlen.

Der Verteidigerin ist es sichtlich unangenehm, mit den Trauernden im Rücken darüber zu diskutieren, ob hier überhaupt eine Straftat begangen wurde.

»Aber es muss juristisch alles korrekt sein«, entschuldigt sie sich

bei den beiden Zeuginnen. Sie zweifelt daran, ob tatsächlich eine Sachbeschädigung begangen, also Gegenstände in ihrer Substanz zerstört wurden. Im Fall des getöteten Motorradfahrers konnte das Gericht nicht einmal klären, ob die entfernten Dinge überhaupt beschädigt wurden.
Auch habe Jürgen J. irrtümlicherweise geglaubt, die Mahnmäler seien illegal aufgestellt worden. Er habe nichts von einer Genehmigung gewusst und die Trauer-Arrangements für Müll gehalten. Selbst der herbeigerufene Polizist habe keine Straftat erkennen können und lediglich einen Platzverweis ausgesprochen. Es müsse deshalb einen Freispruch geben.

Der Angeklagte habe die Gegenstände möglicherweise nicht absichtlich zerstört, urteilt der Richter, aber er habe in Kauf genommen, dass dies spätestens in der Müllpresse geschieht. Er sei auch nicht dem Irrtum aufgesessen, die Geschädigten hätten ihr Recht als Besitzer der Gegenstände aufgegeben.
»Es waren wichtige Sachen, mit denen die Geschädigten ihre Trauer und den Verlust eines geliebten Menschen zu bewältigen suchten«, so der Richter.
Moralisch könne man das so sehen, unterbricht ihn Jürgen J., »aber rechtlich ist es Müll!«
»Da habe ich eine andere Rechtsauffassung«, sagt der Richter und verhängt für eine versuchte und eine vollendete Sachbeschädigung die von der Staatsanwältin geforderte Geldstrafe.

Der Verurteilte geht in Berufung. Beim Gedanken an ein mögliches Wiedersehen vor dem Landgericht muss Amrei A. schon wieder weinen. Das Mahnmal für den verstorbenen Freund ihrer Schwester hat sie nicht wieder aufgebaut: »Das hat jedes Mal so viel Kraft gekostet«, sagt die junge Frau mit tränennassen Augen.

Bei der Berufungsverhandlung vor dem Landgericht findet die Richterin dann einen Kniff, wie man die Angelegenheit juristisch erledigen kann, ohne dass der Querulant bis nach Straßburg, vor den Europäischen Gerichtshof für Menschenrechte, ziehen muss: Sie stellt das Verfahren ein und bezieht sich dabei auf die Verurteilung wegen Nötigung der Ladendiebin. Neben dieser Straftat falle die zweifache Sachbeschädigung nicht ins Gewicht. Jürgen J. könne diese Entscheidung als »kleinen Freispruch« feiern, tröstet ihn seine Verteidigerin.

Das zweite Ich des Gottesdieners

Sie habe sich köstlich amüsiert, in dieser Februarnacht. Mit Freunden sei Lena L. erst bei einer Lesung und dann in einem Konzert gewesen. Später fiel Schnee in dicken Flocken vom Himmel und die Gruppe lieferte sich mit wildfremden Leuten eine Schneeballschlacht. Danach war die Sechsunddreißigjährige müde und glücklich nach Hause gestapft. Der Sonntag war noch keine fünf Stunden alt.

Auf dem Heimweg habe die große, sportliche Blondine Schritte im Schnee gehört, jemand folgte ihr anscheinend in den Hausflur. Dies sei nichts Außergewöhnliches: Im Stadtbezirk Prenzlauer Berg kämen viele junge Leute erst sehr spät nach Hause. Erst als die Schritte auch auf dem Weg zum Seitenflügel nicht verklungen seien, habe sie sich umgedreht. Ihr Blick sei auf einen Mann mit einer bauschigen, braunen Perücke gefallen.

»Er hatte so eine Art Angela-Merkel-Statur«, sagt die Übersetzerin. Noch während sie realisiert habe, dass der Verfolger nicht in ihrem Haus wohne, habe der ungeschminkte Transvestit mit einer Hand zwischen ihre Beine gegriffen und mit der anderen sein entblößtes Glied gerieben.

Nach dieser Aussage tippten die Kriminalbeamten auf Steve S. als Täter. Von ihm gibt es im Polizeiarchiv ein Foto, das den mittelgroßen, stämmigen Mann mit blonder Perücke und Minirock zeigt. Vor Gericht schweigt der Neunundzwanzigjährige zu den Vorwürfen und hofft auf die Aussage seines ehemaligen Schulfreundes. Der gab in einem Brief an die Polizei an, der Beschuldigte habe zur Tatzeit in seiner Brandenburger Wohnung geschlafen.
Vor Gericht berichtet der Zwanzigjährige, an jenem Samstagabend sei der Angeklagte mit ihm durch die Rotlichtmeilen Berlins gefahren.
»Ich komme aus einem 80 000-Seelen-Dorf aus Rheinland-Pfalz. Ich war halt neugierig«, sagt der schüchterne, schmächtige Zeuge. Anschließend hätten sich die beiden Männer gemeinsam in die Wohnung von Herrn S. begeben. Der Gast habe die Nacht im Wohnzimmer verbracht, der Wohnungsinhaber im Schlafzimmer.
»Haben Sie mal gesehen, dass der Angeklagte mit Frauenkleidung durch die Gegend fährt?«, fragt der Richter.
»Nein«, antwortet der Zeuge. »Ich würde ihm das auch nicht zutrauen.« Ein Blick auf das Polizeifoto, das ihm der Richter zeigt, belehrt ihn eines Besseren.
»Haben Sie einen tiefen Schlaf?«, fragt der Richter weiter. »Können Sie ausschließen, dass ihr Freund die Wohnung verlassen hat?« Nein, kann der Zeuge nicht.
»Aber ich schätze, dass Herr S. relativ früh zu Bett gegangen ist. Ich würde ihm nicht zutrauen, dass er die Wohnung heimlich verlassen hat.«
»Sie hatten ihm auch nicht die blonde Perücke und den Minirock zugetraut«, sagt der Staatsanwalt.
Das Gericht erfährt nun auch, dass es der Angeklagte war, der die entlastenden Angaben für die Polizei notierte. Sein Kum-

pel habe den Brief nur noch unterschreiben müssen. Vier Monate später endete plötzlich die Freundschaft der beiden Männer.
»Hatte das einen bestimmten Grund?«, will der Richter wissen.
»Es sind Sachen von meinem Vater weggekommen«, sagt der Zeuge. »Da hat mein Vater gesagt: ›Den schleppst du jetzt nicht mehr ins Haus.‹«

Lena L. fällt es zunächst etwas schwer, in dem unscheinbaren Brillenträger mit Doppelkinn den verkleideten Frauenschreck jener Februarnacht zu erkennen.
»Die Augen … die könnten stimmen …«, sagt sie zögernd. Dann zeigt ihr der Richter das Polizeifoto. »Der Blick«, sagt die Zeugin, »es ist der Blick!« Drei Sekunden lang hätte sie das Gesicht des Täters durch das kleine Fenster ihrer Haustür gesehen, während sie sich mühte, diese gegen den Widerstand des von außen Drückenden zu schließen.
Nach dieser Aussage kann Steve S. nur noch die Flucht nach vorn antreten: Er gesteht, das heißt, sein Verteidiger erledigt das für ihn. Nur die Fragen nach seinem Beruf und seinem Einkommen muss der Angeklagte selbst beantworten. Er habe sein erstes Examen in Evangelischer Theologie abgelegt und absolviere nun sein Vikariat.
»Mit dem Ziel, Pfarrer zu werden?« Deutlich schwingt ein »etwa« in der Frage des Richters mit.
»Im Moment ist es mein Ziel, Diakon zu werden«, antwortet Steve S.
Sein Strafregister ist bunt: Diebstahl, Urkundenfälschung, Betrug, Falschaussage, Nötigung, Störung des öffentlichen Friedens kommen darin ebenso vor wie Beleidigung, Exhibitionismus und Erregung öffentlichen Ärgernisses. Vor einem Monat wurde der Vikar wegen Diebstahls und Urkundenfälschung

verurteilt. Er hatte versucht, einem Arbeitgeber 3 000 Euro zu stehlen: Während seiner Tätigkeit als Tankstellen-Aushilfe behauptete er gegenüber einer Kollegin, die Hintertür zum Büro sei ins Schloss gefallen und ein Auto mit quietschenden Reifen davongefahren. Gemeinsam »entdeckten« die beiden Tankstellen-Mitarbeiter die leere Kasse; Steve S. brachte das entwendete Geld in Sicherheit. Als die Kriminalpolizei bald darauf gegen ihn ermittelte, fälschte er einen Brief, dessen Unterzeichner bestätigte, sich zur Tatzeit mit dem Beschuldigten auf einem Parkplatz getroffen zu haben. Das trug ihm sieben Monate Haft zur Bewährung ein.
Aus diesem und dem »Grabscher-Urteil« wird der Richter eine Gesamtstrafe bilden. Dazu werden Strafe A und B addiert, anschließend wird von der Summe ein Bruchteil abgezogen. Sechs Monate Haft, die der Staatsanwalt für das Erschrecken der Zeugin fordert, plus der Strafe für den versuchten Diebstahl ergeben für den Ankläger zehn Monate Haft auf Bewährung. Der Verteidiger erbittet einen Monat weniger, weil der Angeklagte sich zurzeit nach einem Therapieplatz suche, um seine sexuellen Probleme in den Griff zu bekommen. Außerdem sei Lena L. zwar beleidigt, »aber nur erschreckt worden«. Der Verteidiger weiß nichts von der Angst der jungen Frau, die sie noch Wochen danach auf dem Nachhauseweg empfand.

»Ein Jahr Haft zur Bewährung, die drei Jahre dauern soll«, verkündet der Richter. Er hält das Verhalten von Steve S. »für unterirdisch«: Statt die Verantwortung für seine Taten zu übernehmen, stiftete dieser seinen ehemaligen Schulfreund zur Falschaussage an – genauso war er auch bei dem Tankstellen-Diebstahl vorgegangen.
»Wer Theologie studiert, muss ja nicht unbedingt ein besserer

Mensch sein«, sagt der Vorsitzende, der einst das gleiche Fach belegt hatte. »Aber wer sich mit Moraltheologie beschäftigt, sollte die Grundlagen anständigen menschlichen Verhaltens zur Kenntnis genommen haben. Gott vergibt alles, die Menschen aber nicht. Ich halte Sie für völlig ungeeignet für den Beruf des Diakons.«
Es soll nicht das letzte Gerichtsgastspiel des Theologen gewesen sein, kündigt der Richter an: »Für die Anstiftung zur Falschaussage werden Sie noch ein Verfahren an die Backe bekommen.«

Kalt abserviert

Vorsichtig schleicht sich Robert R. an die Tür des Verhandlungssaals. Er hebt die Hand. Plötzlich hält er inne und lässt sie, ohne geklopft zu haben, wieder sinken. Unentschlossen dreht er eine Runde auf dem Flur. Dann unternimmt der große, schlanke Brillenträger mit der rutschenden Hose einen weiteren Anlauf. Diesmal klopft er zweimal kräftig gegen die Holztür und tritt ein. Aufrecht sitzend, beide Hände auf den Oberschenkeln liegend, gibt der Sechsundvierzigjährige »nicht verheiratet, nicht geschieden« als Familienstand an. Der arbeitslose Jurist soll ohne Not die Polizei gerufen haben. Nur weil in einer bitterkalten Januarnacht ein Flurfenster im fünften Stock des von ihm bewohnten Mietshauses offen stand.
»Von dort wehte ein eiskalter Luftzug herein«, sagt der Angeklagte. Seine Wohnung sei allmählich ausgekühlt. Er hätte das Fenster gern geschlossen; dazu benötigte er jedoch einen Vierkant-Spezialschlüssel, den nur die Hausverwaltung besitze. R. hielt es für aussichtslos, den Hausmeister mitten in der Nacht per Handy zu erreichen. Deshalb probierte er es mit der Nummer des 24-Stunden-Notrufes. Niemand hob ab.
Ihm fiel sein Nachbar ein: Dessen Kinder hatten am Nachmit-

tag Silvester-Böller aus jenem Flurfenster geworfen – das hatte R. gesehen. Deshalb klingelte der Frierende um halb vier Uhr bei der Familie. Sein Nachbar gab ihm durch die geschlossene Tür zu verstehen, er sei weder bereit, ihm zu öffnen, noch sich mitten in der Nacht um das Schließen eines Fensters zu bemühen. Wütend und frierend schrieb R. seiner Hausverwaltung eine Beschwerde-E-Mail.

Dann überlegte der Jurist mit erstem Staatsexamen, ob hier möglicherweise eine Körperverletzung vorliegen könnte. Schließlich sei ein bedeutendes Rechtsgut in Gefahr, nämlich seine körperliche Unversehrtheit. Der Nachbar müsste als Verursacher der Körperverletzung anzusehen sein, denn der habe ja eine Erziehungspflicht und Garantenstellung in Bezug auf seine Kinder, das heißt, er müsse dafür sorgen, dass diese keine Straftaten begehen. Weil aber weder sein Nachbar noch die Hausverwaltung ihm helfen wollte, sei dies ein Notfall, dachte der Rechtskundige.

Er wählte die 110 und meldete eine Körperverletzung. Die beiden Polizisten irrten in dem verschachtelten Wohnviertel umher, als sie plötzlich Hilferufe vernahmen. Sie stürmten ins Treppenhaus und trafen im dritten Stock auf Robert R. Der habe ihnen vom offenen Flurfenster berichtet und eine Anzeige wegen Körperverletzung gegen die Kinder seines Nachbarn stellen wollen, bekundet eine junge Beamtin vor Gericht. Sie habe sich für dieses Problem nicht zuständig gefühlt; auch das Fenster wollte sie nicht besichtigen. Sie hätte damals nicht gefroren und behauptete vor Gericht sogar, es hätten Plusgrade geherrscht.

»Das stimmt nicht, das ist eine Lüge«, empört sich der Angeklagte. Wie berechtigt sein Zwischenruf war, wird der Richter später im Internet nachlesen: An diesem Tag herrschten durchschnittlich minus sechs Grad.

Die Polizistin erzählt weiter, sie habe den Anrufer überhaupt nicht ernst genommen, »weil er so überreagiert hatte«. Später schrieb Robert R. dem Gericht: »Die Polizisten waren weder bereit, den Nachbarn zur Rede zu stellen, noch den Tatort zu besichtigen. Sie verließen trotz meines lautstarken Protests das Haus. Ich drohte ihnen mit einer Dienstaufsichtsbeschwerde.« In dieser Nacht habe er nicht mehr schlafen können. Erst am nächsten Tag erreichte er die Hausverwaltung, die dann am übernächsten Tag das Fenster schloss.

»Sie sind doch Jurist«, sagt der Richter. »Wie kommen Sie überhaupt auf eine strafrechtliche Schuld Ihres Nachbarn, wenn dessen Kinder das Fenster geöffnet haben?«

»Aus der Verwandtenstellung«, sagt der Angeklagte. »Er ist der Erziehungsberechtigte.«

»Und wie kommen Sie dazu, eine Körperverletzung zu konstruieren?«

»Durch die niedrige Zimmertemperatur.«

»Hätten Sie nicht einen schweren Gegenstand vor das Fenster stellen können?«

»Nein«, sagt Robert R. Er bewege sich grundsätzlich nur sehr vorsichtig in dem Haus: Die Nachbarn seien so komisch. »Ich habe den Kontakt zurückgefahren. Ich grüße die Leute zwar noch, aber ich verschwinde immer schnell in meiner Wohnung.« Er hätte auch nicht ein paar Bücher davor stellen können, weil das Fenster erst in Hüfthöhe beginnt und kein Brett davor befestigt ist.

»Ich wollte mich nur schützen. Ich finde es nicht zu viel verlangt, staatliche Hilfe in Anspruch zu nehmen«, erklärt der Angeklagte.

»Ich kann nicht verhehlen, dass Sie sich in dieser Situation etwas ungeschickt angestellt haben«, stellt der Richter fest. Er bietet Robert R. an, das Verfahren einzustellen, wenn dieser 150 Euro an eine gemeinnützige Organisation zahle.

»Nein, ich habe mir keine Schuld zuzuschreiben«, beharrt der Angeklagte. »Die Beamten hätten mit mir gemeinsam das Fenster angucken und erörtern können, dass ich mich an die Hausverwaltung wenden soll.« Die sei in seinen Augen der Hauptverursacher des Problems. »Die haben das Gebäude hingestellt, die haben die Gefahr eröffnet!«

Die mütterlich wirkende Staatsanwältin versucht es noch einmal. Sie erklärt dem Angeklagten, dass Nachbarn generell nicht erfreut sind, wenn sie mitten in der Nacht wegen eines offenen Fensters aus dem Schlaf geklingelt werden.

»Es geht hier nicht um Freude«, antwortet der Junggeselle schroff. Nochmals lehnt er die Einstellung des Verfahrens ab und zwingt so das Gericht zu einem Urteil.

450 Euro (30 Tagessätze) Geldstrafe schlägt die Staatsanwältin vor. Genauso sieht das auch der Richter: »Bei vernünftiger Betrachtung hat kein Notfall vorgelegen. Das war auch für den Angeklagten ersichtlich.« Er bedenkt R. mit einem kleinen rechtlichen Exkurs: Selbst wenn einem keiner hilft, sei dies nicht unbedingt ein Notfall. Der sei nur gegeben, wenn man außerstande ist, die unmittelbare Gefahr für bedeutende Rechtsgüter selbst abzuwenden. Zwar war damals ein bedeutendes Rechtsgut, nämlich die körperliche Unversehrtheit des Angeklagten, bedroht. Doch hätte eine Strafanzeige diese Gefahr nicht gebannt. Geeigneter wäre ein dicker Pullover gewesen. Den aber hätte er ohne Hilfe der Polizei anziehen können.

Der Gebühreneintreiber

Peter P. war am Ende: Kurz vor der Unkündbarkeit hatte er seinen Job als Versicherungskaufmann verloren. Seine Frau hatte ihn verlassen, weil sie seine Antriebslosigkeit nicht mehr aushielt. Und dann scheiterte er auch noch an dem Versuch, sich als Detektiv selbständig zu machen. Ihm drohte Hartz IV. In dieser Situation setzte er alles auf eine Karte.

Schon seit einiger Zeit träumte er vom ganz großen Coup, eine Betrugsidee à la Kaufhauserpresser Dagobert schwebte ihm vor. Wie wäre es, wenn man den Leuten weismachen würde, sie hätten von nun an eine Gebühr für den Satellitenempfang privater Fernsehsender zu zahlen? Sein Plan war bei weitem nicht so genial wie der seines Vorbildes, das Scheitern jedoch teilt er mit ihm: Der schlanke, seriös wirkende Brillenträger muss sich wegen gewerbsmäßiger Erpressung verantworten.

Scheinbar ruhig sitzt der Sechzigjährige auf seinem Stuhl, mit übergeschlagenen Beinen und im Schoß gefalteten Händen. Nur am Anfang, als er seinen Namen nennen soll und »Peter … Heinz Peter …« stottert, schimmert ein wenig von seiner Aufregung durch. Sein Verteidiger sagt, es sei Peter P. unangenehm, über seine Tat zu reden. Er will deshalb ohne Zuschauer verhandeln. Die Richterin lehnt ab.

»Die Hartz-IV-Situation ist langweilig«, sagt der Angeklagte und beschreibt mit wohlgewählten Worten, wie er sich damals über die vielen anfallenden Gebühren geärgert habe. Eine solche werde sogar verlangt, wenn man einen Ausweis beantragt.

»Warum muss ich dafür zahlen? Der Staat will doch, dass ich einen Ausweis habe!« Aber vielleicht, so dachte er, gibt es eine unentdeckte Lücke in diesem Gebührenstaat. Ihm fiel die Fußballweltmeisterschaft 2006 ein und die vielen Fans, die in wenigen Monaten nur schwer auf ihren Fernsehempfang verzichten mochten. Peter P. wusste, er muss sich beeilen.

Er nahm seine 50 000 Euro-Abfindung, die er bei seiner Entlassung erhalten hatte, und gründete die Eurosat Service GmbH Deutschland. Monatelang schuftete er bis zu 16 Stunden täglich in seinem kleinen, bescheidenen Büro.

»Ich befand mich wie im Rausch«, sagt der Angeklagte. Er kaufte einen hochwertigen Drucker, eine Kuvertiermaschine und Zehntausende Serien-Briefumschläge. Er entwarf Firmenlogo und Briefpapier und erstellte einen Internet-Auftritt, in dem er die privaten Sendeanstalten per Logo zu seinen Partnern erklärte. Dann besorgte er sich eine Adressen-CD, druckte und kuvertierte insgesamt 93 000 Briefe. Drei Wochen vor dem Start der Fußballweltmeisterschaft traten diese ihre Reise von Berlin nach Baden-Württemberg an. Bewusst hatte Peter P. sich für eine räumliche Distanz zu den Angeschriebenen entschieden: Der Erpresser fürchtete die Rache der Erpressten.

Ebenso absichtlich wählte er Adressen aus kleineren Orten: »Weil dort die Vernetzung unwahrscheinlicher ist als in größeren Orten. Ich will nicht sagen, dass dort nur Hinterwäldler leben, aber die haben doch nicht so das Städtische im Erkennen.« Außer der Adresse wusste er nichts über seine potentiellen Opfer – weder ob sie ihr Fernsehprogramm überhaupt via Satellit empfangen, noch deren Beruf.

»Ich konnte nicht einmal die Anwälte herausnehmen«, sagt Peter P.

»Turnus-Rechnung« prangte als Überschrift auf seinen Schreiben: Er teilte den Empfängern mit, dass der Rundfunkrat wegen der sinkenden Werbeeinnahmen den privaten Sendeanstalten das Recht eingeräumt habe, für den Satellitenempfang eine Gebühr zu erheben. Die betrage pro Jahr 78 Euro und sei innerhalb von zwei Wochen auf das Konto der Eurosat Service GmbH einzuzahlen. Andernfalls gäbe es Möglichkeiten, den Empfang der privaten Sender zu beenden.

»Leider lässt sich dabei nicht vermeiden, dass auch der Empfang von ARD und ZDF betroffen ist«, entschuldigte sich Peter P. im letzten Satz seines Briefes, in dem er wahrheitsgemäß seinen Namen und den seiner Firma nebst Handelsregisternummer angab.

Der Erpresser musste nicht lange auf eine Reaktion warten – auch wenn diese anders ausfiel als gewünscht. Viele Rechnungsempfänger wandten sich umgehend an die privaten Sendeanstalten. Deren Rechtsabteilungen informierten sofort die Polizei. Eine Woche, nachdem die Briefe ihre Nord-Süd-Reise angetreten hatten, wurde P.'s Wohnung durchsucht. Dabei fielen den Kriminalbeamten auch Berechnungen in die Hände, die der Erpresser über seinen möglichen finanziellen Erfolg angestellt hatte. Wenn von den Angeschriebenen etwa zwei Drittel zahlen würden, könnten sich auf seinem

Konto bald vier, fünf Millionen anhäufen, so die Milchbuben-Rechnung. Die tatsächliche Erfolgsquote betrug aber nur jene berühmten 0,1 Prozent: 100 Menschen zahlten die neue Gebühr.

Wenn es besser gelaufen wäre, hätte er sich mit dem Geld in die Schweiz absetzen wollen.

»Nummernkonto eröffnen, ins VIP-Leben eintauchen, Geld ausgeben – wie sich das Klein-Fritzchen vorstellt«, sagt der Angeklagte. Und wenn es schiefgegangen wäre? Dann wollte er ins Gefängnis gehen, »um das mal zu erleben«. Nach fünf Jahren Haft, so hatte er sich ausgerechnet, würde er dann in einem Alter sein, in dem er seine Rente beantragen könnte.

»Es war mir egal«, sagt der gescheiterte Erpresser. »Es klingt widersprüchlich, aber Geld war mir noch nie wichtig.« Dann fügt er hinzu: »Mir war langweilig, ich befand mich in einer depressiven Phase, ich wollte vor allem Aufmerksamkeit.«

Diese Einschätzung teilt er mit der psychiatrischen Gutachterin. Diese hatte das Gericht bestellt, um zu klären, ob zu der verrückten Tat auch ein verrückter Täter gehört. In den Augen der Gutachterin reagierte Peter P. jedoch nur auf eine Midlife-Crisis, die durch seine Entlassung ausgelöst worden war.

25 Jahre lang hat er bei verschiedenen Versicherungen gearbeitet. Dann sei er endlich Büroleiter geworden. Als er ein zusätzliches Dezernat übernehmen musste, scheiterte er. Seine Vorgesetzten meinten, er habe zu wenig delegiert und Führungsqualitäten vermissen lassen. Kurze Zeit später war er die Büroleitung wieder los. Mit seiner Nachfolgerin verstand er sich nicht; zudem beschwerte sich ein Großkunde über ihn.

»So ist alles langsam weggebröselt«, sagt der Angeklagte. Als seine Vorgesetzten anlässlich einer Revision Fehlregulierungen bei ihm entdeckten, hagelte es Abmahnungen. Kurz vor seinem 55. Geburtstag wurde er schließlich entlassen.

Tief gekränkt war der Mann, dem die Gutachterin eine »narzisstisch akzentuierte Persönlichkeit« bescheinigt.
»Solche Menschen haben immer das Gefühl, sie müssten etwas Besonderes tun, damit sie geliebt werden.« Die erfahrene Forensikerin glaubt: »Herr P. wäre wahrscheinlich unglücklich geworden, wenn seine Tat *nicht* entdeckt worden wäre.« Der skurrile Plan sei von einem »Euch-zeig-ich's«-Gedanken angetrieben worden. Der Angeklagte sei aber psychisch völlig gesund.
Zwei Jahre Haft zur Bewährung fordert der Staatsanwalt. Der Verteidiger glaubt noch immer an die These vom verrückten Täter: »Was er gemacht hat, ist eine öffentliche Selbstverbrennung.« Die solle mit höchstens einem Jahr Haft zur Bewährung bestraft werden.
Das Gericht entscheidet sich für 21 Monate Haft auf Bewährung. Zwei Jahre lang darf Peter P. keine Straftaten begehen. Hoffentlich bewahrt ihn seine neue Freundin vor einer weiteren »Jetzt-mache-ich-mal-was«-Aktion, denn die Lebenssituation des Verurteilten hat sich kaum verbessert: Rund 23 000 Euro Schulden drücken ihn mittlerweile. Diese entstanden unter anderem durch das Porto für seine Erpresserbriefe. Außerdem gehört seiner Ex-Frau die Wohnung, in der er seit mehr als 30 Jahren lebt. Inzwischen hat sie ihm wegen Eigenbedarfs gekündigt.

Schlips mit Soße

Das Bein war total zerschmettert. Die Ärzte hätten Tino T. bereits auf das Schlimmste, auf die Amputation, vorbereitet. Sein Unterschenkelknochen gleiche einer Tüte Kekse, die stundenlang auf einer vollen Tanzfläche gelegen hätte, soll ein Chirurg dem Patienten gesagt haben. Doch er hatte Glück: Mit 20 Nägeln gelang es den Operateuren, sein Bein zu flicken. Nur steif wird es bleiben. Über Nacht wurde aus dem Sportler und begnadeten Tänzer ein Invalide.

Ein Jahr später kommt der Fünfundvierzigjährige im Anzug und auf Krücken in den Gerichtssaal gehumpelt. Sein rundes, ebenmäßiges Gesicht wird von langem, dunklem, lockigem Haar eingerahmt. Er soll in jener Nacht, als er »wie ein Lutscher auf der Erde lag«, zwei Polizisten mit: »Ihr Wichser, ihr Nazis!« beleidigt haben.

Erst seit zwei Monaten sei er aus dem Rollstuhl heraus, zwanzig Kilo habe er zugenommen, berichtet der arbeitslose Kaufmann. Mitfühlend äußert die Richterin, die Pfunde über Weihnachten loszuwerden falle sicher besonders schwer.

Er habe damals mit Verwandten in einem Restaurant gefeiert, sagt der Angeklagte. Dort wurde reichlich gegessen und ebenso reichlich getrunken, obwohl seine Freundin Gabriela ihm zuvor angedroht hatte, ihn dann nicht in ihre Wohnung zu lassen. Um sie milde zu stimmen, wollte er ihr von dem Essen eine Portion mitbringen. Obendrein besorgte er noch Eiscreme und Schokolade.

Mit diesen Gaben versuchte er gegen 22 Uhr bei der Frau seines Herzens eingelassen zu werden. Aber die Brasilianerin, der Tino T. ein »Temperament wie zehn Chili-Schoten« nachsagt, ließ sich nicht erweichen.

»Du bist besoffen!«, habe sie durch die Wohnungstür gerufen und verlangt, er solle die Nacht bei seinem Bruder verbringen. Draußen war es kalt und sein letztes Geld für die Mitbringsel draufgegangen. Er habe gebettelt: »Lass mich rein, Baby! Oder gib mir wenigstens eine Gabel für das schöne Essen!«

Nach einer weiteren Viertelstunde entschloss er sich, die Tür einzutreten. Dies habe er zwei Wochen zuvor schon einmal getan, als seine Freundin ihm ebenfalls nicht geöffnet habe, weil sie krank und erschöpft vor dem Fernseher eingeschlafen war. Doch diesmal traf er die Tür so unglücklich mit dem Absatzende, dass er sich dabei den Unterschenkel anbrach. Der Schmerz riss ihn zu Boden, wobei ihm das Essen inklusive Soße auf seinen Anzug lief.

»Vor meinen Augen hat es geblitzt«, erinnert sich der Angeklagte. Sein Schmerzensgebrüll brachte die Nachbarn dazu, die Polizei zu rufen. Deren Einsatz war mit »Randalierende Person im Rahmen von häuslicher Gewalt« überschrieben. Im Treppenhaus stießen sie auf den Betrunkenen, der, rücklings und mit brauner Soße bekleckert, vor der ebenso beschmutzten Wohnungstür lag.

»Los, Junge, aufstehen! Mach jetzt keine Show!« Mit diesen Worten versuchten die beiden Beamten den 100-Kilo-Mann auf die Beine zu stellen. Sie ließen sich dabei nicht von dessen

Freundin abhalten, die ihnen zurief: »Der Mann ist nicht böse. Ich hatte keinen Streit mit dem Mann!«

»Warum lassen Sie ihn dann nicht herein?« Die Beamten glaubten der Brasilianerin nicht. Sie hielten deren Tür zu und herrschten sie an, sie sollte die Polizeiaktion nicht stören, erinnert sich Tino T.

Er habe sich dann ganz vorsichtig am Treppengeländer hochgezogen und gebeten: »Bitte nicht anfassen!« Einer der Polizisten habe ihn vom Geländer weggezogen. Haltsuchend hätte der Verletzte nach dem Beamten gegriffen, doch der sei zur Seite gesprungen. Durch die plötzliche Belastung brach sein Bein durch – wie ein Streichholz.

»Es hat gebaumelt wie Spaghetti auf einer Gabel«, sagt der Angeklagte. »Das war wie im Horrorfilm!« Der Schmerz füllte seine Augen mit Tränen. Die seien herausgespritzt »wie bei Mickey Mouse«.

Auf dem Boden liegend habe er nur noch geweint und geschrien, so laut, dass man ihn auf der Straße habe hören können. Er habe sich am Treppengeländer festgehalten, denn die Polizisten hätten weiterhin an ihm gezogen und versucht, ihn auf die Beine zu stellen. Dabei hätten sie ihn angefahren: »Ein Kerl wie ein Baum und jetzt jammern wie ein Baby!«

»Haben Sie ›Wichser‹ oder ›Nazi‹ gesagt?«, will die Richterin wissen. Der Angeklagte beteuert: »Ich hätte die doch nicht noch beleidigt. Die hätten mich doch totgeschlagen!« Stattdessen habe er einem arabischen Hausbewohner zugerufen: »Habibi, hilf mir, dieser Nazi will mich umbringen!« Dem Gericht erklärt Tino T., der aus einer Roma-Familie stammt: »Mein Vater hat Auschwitz überlebt. Wir Kinder haben immer noch Angst – bis ins fünfte Glied!« Darum empfinde er die erlittene Demütigung und Respektlosigkeit gegenüber einem Verletzten als besonders schlimm. Seine Freundin Gabriela habe der Vorfall so erschüttert, dass sie das Land in Richtung Schweiz verlassen habe.

Beide Polizisten geben als Zeugen vor Gericht an, sie seien als »Wichser« und »Nazis« beleidigt worden. Einer meint, er habe auch die Worte »Du Thai-Fotze« verstanden, so soll der Betrunkene seine Freundin bezeichnet haben.

»Wieso soll ich das zu einer Brasilianerin sagen?«, wundert sich der Angeklagte. »Das macht doch gar keinen Sinn!«

Von einer Verletzung oder gar der Bitte, ihn deswegen nicht anzufassen, wollen die beiden älteren Beamten nichts mitbekommen haben. Sie hätten versucht, Tino T. hochzuheben. Aber nur ein einziges Mal.

»Da wusste ich noch nichts von seinem Knie!«, sagt der Polizist. Dessen blaue Augen »im Spucke geifernden Gesicht« werde der Roma niemals vergessen, wie er dem Gericht versichert.

Die Ermittlungen gegen die beiden Staatsdiener wegen Körperverletzung im Amt wurden von der Staatsanwaltschaft eingestellt. Tino T. will es noch einmal mit einer Klageerzwingung versuchen.

Die Richterin stellt nun auch das Verfahren wegen Beleidigung ein. Sie glaubt dem Angeklagten, dass er sich damals in einem Ausnahmezustand befand, der mit »vor Schmerz wie von Sinnen« nur annähernd zu beschreiben sei. Ob er nicht seinen Frieden mit den beiden Beamten machen wolle, erkundigt sich die Richterin. Nein, das wolle er nicht.

»Die haben mein ganzes Leben kaputtgemacht. Die kann man doch nicht laufenlassen!«

Vorsicht, Antragsteller!

Die Laufbahn des Oberinspektors Ronald R. endet abrupt. Kurz vor der Mittagspause öffnet sich die Tür seines Büros, durch die der Leiter des Sozialamtes mit zwei Polizeibeamten fegt. Gemeinsam eskortieren sie den Überrumpelten zu einer Befragung unter nunmehr vierzehn Augen. Angesichts der Übermacht gesteht der Schuldbewusste die Untreue sofort: Ja, er habe Sozialhilfeempfängern zu viel Geld bewilligt. Rund 250 000 Euro waren es in drei Jahren, allein 200 000 Euro sollen an Jörg J. gegangen sein.

Dieser Hilfeempfänger sitzt nun gemeinsam mit Ronald R. auf der Anklagebank – wegen Anstiftung zur Untreue. Der gleiche Vorwurf trifft auch Hilfeempfänger Thomas T.: Zu seinen Gunsten flossen rund 50 000 Euro. Die beiden sind nicht die einzigen, die vom spendablen Oberinspektor profitierten. Aber sie stellten die dreistesten Anträge und erhielten das meiste Geld. Sie müssen um die Unrechtmäßigkeit ihres Handelns gewusst haben.

In die Taschen des Beamten indes floss kein Geld. Ist der beleibte Brillenträger, der schwerfällig über den Gerichtsflur läuft, etwa ein Robin Hood? Am Ende des Prozesses muss man diese Frage verneinen. Seine Motive waren nicht altruistisch, sondern resultierten aus Angst, Feigheit und Bequemlichkeit.

Die Geschichte, die vor dem Berliner Landgericht aufgedröselt wird, beginnt mit der Versetzung von Ronald R. ins Sozialamt Spandau. Der harmoniesüchtige Mann fühlte sich dort nicht wohl. Aber er wusste: »Einmal Sozialamt, immer Sozialamt.« Der Dreiunddreißigjährige galt als netter, umgänglicher Kollege, der Konflikten lieber aus dem Weg ging und »sehr gutgläubig gegenüber den Kunden« war, wie es seine Vorgesetzte formuliert. In drei Jahren lehnte er keine zwanzig Anträge ab, sagt der Revisor des Sozialamtes. Diese Bewilligungsfreude war seinen Vorgesetzten schon vor der Katastrophe bekannt. Eine Kollegin sollte deshalb seine Auszahlungen kontrollieren. Doch aus Zeitmangel habe sie »ohne Prüfung schnell ihren Kringel unter die Akte gemacht«, sagt der Oberinspektor.

Im August 2000 beantragte der gelernte Straßenbahnfahrer und Ex-Gastronom Jörg J. Sozialhilfe. Bereits auf dessen Antragsformular warnte ein Sachbearbeiter vor dem schwierigen Klienten, einem vielfach wegen Körperverletzung vorbestraften 140-Kilo-Mann mit Boxernase. Obendrein ging das Flurgerücht, »J. hätte schon einmal zwei Mitarbeiter des Sozialamtes über den Tisch gezogen«, sagt Ronald R. »Ich hatte Angst vor körperlicher Gewalt.«

Als der Berüchtigte in seinen Zuständigkeitsbereich geriet, erkannte dieser schnell die Schwächen seines Gegenübers. Im Januar 2001 bewilligte der Beamte erstmals widerrechtlich die Übernahme von 11 000 Euro für die Renovierung der neuen Wohnung von Jörg J. Um so viel Geld ohne Prüfung der Vorgesetzten auszahlen zu können, nutzte Ronald R. eine Lücke im Computerprogramm. Für »einmalige Beihilfen« konnte er per Kassenautomat 1500 Euro pro Tag und Aktenzeichen auszahlen – bar und ohne zweite Unterschrift.

Nachdem das Tor zur Staatskasse einmal offen war, bediente sich Jörg J. in immer kürzeren Abständen, mit immer absurderen Anträgen. Sein Sachbearbeiter bewilligte ihm und seiner Lebensgefährtin die Übernahme von Geldstrafen, Erb- und Steuerschulden sowie von nie angetretenen Aus- und Fortbildungen. Sogar die Schäden, die Nachbarn in der Wohnung von Jörg J. verursachten, ersetzte das Sozialamt.

»Das waren keine erfundenen Anträge, sondern Dinge, die im aktuellen Leben an mich herangetragen wurden«, verteidigt sich der Zweiundvierzigjährige. Erfunden war demnach auch nicht die 33 Euro-Gebühr, die Jörg J. pro Vorsprache verlangte, weil ihn ein Bekannter als »Zeuge« zum Sozialamt begleitete.

»Nein«, gibt der Beamte nach bohrendem Nachfragen zu, »die Begleitung ist keine Leistung.« Dennoch erstattete er sie.

Auch Thomas T. nutzte seinen Sachbearbeiter aus. Bei dem gelernten Maler war ein Hirntumor festgestellt worden, seine Frau ist Diabetikerin. Ronald R. fühlte Mitleid mit der Familie, zumal er gerade seine eigene krebskranke Mutter bis zu deren Tode gepflegt hatte. Ohne Prüfung bewilligte er die vielen Anträge des siebenundvierzigjährigen Familienvaters. Der forderte fünf-, sechsmal Geld für die Anschaffung von Waschmaschinen und Kühlschränken. Angeblich seien die gekauften Geräte jedes Mal einem Kabelbrand zum Opfer gefallen.

»Thomas T. wollte seinen Kindern etwas bieten«, erklärt seine Verteidigerin. In der Tat fand man in seiner Wohnung außer einem hochwertigen Computer nichts Luxuriöses.

Während dem Oberinspektor bei Familie T. seine enormen Zahlungen gar nicht bewusst waren, quälte ihn beim Gedanken an Jörg J. das schlechte Gewissen.
»Er schwebte über mir.« Ronald R. wollte ihn loswerden. Fast wäre es ihm geglückt.
Durch einen Umzug geriet der Hilfeempfänger in einen anderen Zuständigkeitsbereich. Doch er wehrte sich. Jörg J. habe zu seiner Chefin gesagt, »er käme so gut mit mir klar«, erinnert sich der Beamte. Niemand riss sich um den Querulanten und Ronald R. wagte keinen Protest. Mit dem Satz: »Das soll hier keine Schule machen!«, genehmigte die Vorgesetzte den Verbleib.
Der Oberinspektor sann nach einem Ausweg. Sollte er eine Überlastungsanzeige stellen? Eine solche Anzeige entlässt den Mitarbeiter aus der Haftung für Schäden, die er fahrlässig in Folge seiner Überlastung begeht. Doch Ronald R. agierte nicht fahrlässig.
»Diese Anzeige führt zu gar nichts, damit ist man nur beim Vorgesetzten unten durch«, sagt der Beamte. Sollte er um Versetzung bitten?
»Aus dem Sozialamt kommt man nicht heraus.« Flucht in die Krankheit? Das wollte er seinen Kollegen nicht antun – außerdem wären die faulen Akten dann von der Vertretung entdeckt worden.
»Ich war zu Befreiungsschlägen nicht fähig«, sagt Ronald R.

Er hoffte auf ein Wunder. Ende 2002, kurz vor der Umstrukturierung des Sozialamtes, führte er umfangreiche Löschungen in den Akten von Jörg J. und dessen Lebensgefährtin durch, benannte sie außerdem in »Molle« und »Möller« um. Es begleitete ihn die vage Hoffnung, die beiden könnten, wie von ihnen angekündigt, eine Arbeit aufnehmen. Dann wären die belastenden Unterlagen für immer in den Archiven verschwunden.

Doch im April 2003 fiel der Oberinspektor nicht über Jörg J., sondern über die Akte »Thomas T.«, die eine Kollegin nach der Umstrukturierung übernommen hatte. Daraufhin prüfte ein Revisor 84 der 230 von Ronald R. verwalteten Akten. Bei 31 fand er Unstimmigkeiten. Auch die Überzahlungen in puncto »Molle« und »Möller« konnten durch Ausdrucke des Kassenautomaten und Videoaufzeichnungen rekonstruiert werden.

Vor Gericht ist Ronald R. geständig. Doch wenn die Fragen genauer und unbequemer werden, flüchtet er sich in Floskeln wie »Das möchte ich nicht ausschließen …« und »Es wäre schön, wenn ich mich erinnern würde …«, bis die Richterin die Geduld verliert: »Ja, haben Sie denn ständig Akten vernichtet, dass Sie sich nicht mehr erinnern?«

Neben seiner diffusen Angst vor Jörg J. sei auch Überlastung ein Tatmotiv gewesen, gibt der Beamte an. Anfangs sei er nur für 75 Hilfeempfänger zuständig gewesen. Kurz vor seiner Suspendierung waren es bereits 230, die ihn an vier Tagen in der Woche erreichten. Der fünfte Arbeitstag war für Besprechungen und Fortbildungen reserviert. Telefongespräche, Postverkehr und Antragsbearbeitungen seien in der Arbeitszeit nicht zu schaffen gewesen.

»Man hat ja auch noch ein Privatleben«, meint der verheiratete Vater zweier Kinder. Seine großzügige Bewilligungspraxis sparte Zeit.

»Ein Antrag, den man ablehnt und gerichtsfest begründen muss, macht mehr Arbeit, als ein Antrag, den man bewilligt«, sagt ein Insider aus dem Spandauer Bezirksamt.

Ronald R. sagt: »Ich hätte mir eine stärkere Kontrolle gewünscht. Dann hätte ich nicht den Mut gehabt, das zu tun.«

Doch genau daran haperte es wohl. Statt die Auszahlungen computergestützt auszuwerten, überprüfte der vierundfünfzigjährige Revisor pro Jahr nur 40 von 10 000 Akten – mit Bleistift und Rechenmaschine! Auch das Vier-Augen-Prinzip verkam zur Farce.

»Die Arbeit ist nicht zu schaffen, wenn man dieses Prinzip ernst nehmen würde«, sagt selbst die frühere Vorgesetzte von Ronald R. »Das muss jeder Sachbearbeiter selbst verantworten.«

Auch die Richter stolpern über ungeklärte Kompetenzen und Kontrollen, die nur anlassbezogen erfolgten. Weder der Fall »Ronald R.« noch ein zurückliegender Untreue-Fall veranlassten die Leitung, die systembedingten Schlupflöcher zu stopfen.

»Ich bin erschüttert über die Zustände in Ihrem Amt«, sagt die Richterin zu Ronald R.'s früherer Gruppenleiterin.

Nach viermonatigem Prozess verurteilt sie den Oberinspektor zu einer Haftstrafe von zwei Jahren auf Bewährung. Er wird aus dem Staatsdienst entlassen, außerdem soll er monatlich 400 Euro an das Bezirksamt Spandau zahlen. Das Gericht begründet sein mildes Urteil auch mit der fehlenden Kontrolle des Sozialamtes, die diese Taten erheblich begünstigt habe. Ronald R. ist froh, dass seine Familie noch zu ihm steht. Inzwischen fährt er Taxi.

Thomas T., der sich im letzten Moment zu einem Geständnis durchringt, bekommt ein Jahr Haft auf Bewährung.

Jörg J. kämpft noch über ein halbes Jahr lang allein weiter. Er stellt Antrag um Antrag, um zu beweisen, dass er das Geld gar nicht bekommen haben kann. Er behauptet, Ronald R. habe es verprasst, statt es dem Bezirksamt zurückzugeben. Als diese Argumente nicht überzeugen, stellt Jörg J. jede Zahlung in Frage, bis man ihm am Ende wegen unvollständiger Kassenbücher nur noch rund 175 000 Euro nachweisen kann, die er ohnehin nie zurückzahlen wird. Ganz zum Schluss flüchtet er sich in die Ahnungslosigkeit.

»Ich kann das nicht verstehen. Ich kann die ganze Aktenlage nicht verstehen. Ich kann das ganze Verfahren nicht verstehen«, sagt er schniefend dem Gericht. »Soll das Stellen eines Antrages bereits der Beginn einer Straftat sein?« Ja, meinen die Richter.

»Wir haben Sie hier elf Monate in der Hauptverhandlung erlebt. Wir wissen, dass Sie Menschen unter Druck setzen können.«

Sie schicken ihn drei Jahre und zwei Monate in Haft. Es ist seine zwanzigste Verurteilung.

Krücke gegen Rolli

Mann oder Frau? Bei diesem Menschen muss man zweimal hinschauen: Er hat – in Strickpullover und Wildlederjacke gekleidet – seine Arme vor der Brust verschränkt und seine Basecap tief ins Gesicht gezogen. Rosa lackierte Fingernägel kontrastieren den burschikosen Look. Also doch eine Frau!

Ab und zu schaut sie auf eine ihrer Uhren, die sie an beiden Handgelenken trägt. Verächtlich verzieht sie den schmalen Greisenmund: Vor einer Stunde schon hätte es losgehen müssen!

Als endlich der Aufruf zur Strafsache »Gisela G.« ertönt, greift die Zweiundsiebzigjährige ihre mintfarbene Gehhilfe und humpelt in den Verhandlungssaal. Mit dieser Krücke soll sie neun Monate zuvor auf den Kopf einer Rollstuhlfahrerin geschlagen haben: Ihr Opfer litt anschließend an Übelkeits- und Krampfanfällen und musste zur Beobachtung ins Krankenhaus.

Auch vor Gericht gibt sich die Schlägerin sperrig: Eine Rente und eine Pension beziehe sie aus ihrer Tätigkeit als Ausbilderin für Lehrlinge und Anwärter bei der Bundesanstalt für Arbeit. Wie hoch die seien, will sie der Richterin nicht sagen: »Das jeht Sie nüscht an!«

Über ihren Verteidiger lässt sie erklären, der Vorfall täte ihr leid.
»Mir ist ein solches Verhalten fremd«, trägt der Anwalt vor. Sie selbst könne sich das Ganze nur mit ihrer damaligen gesundheitlichen Misere erklären. Erst wenige Tage zuvor war sie aus dem Koma erwacht: Man hatte ihr nach einem Magendurchbruch mehrere Geschwüre entfernt.

An besagtem Dezembertag 2009 war es sehr glatt auf den Straßen gewesen. Ständig sei ihr die Krücke weggerutscht. Sie stand auf der Rampe zu einer Sparkasse und hörte über Kopfhörer Musik. Als sie die Rollstuhlfahrerin bemerkte, habe sie sich nicht so schnell wegbewegen können. Plötzlich sei die Hand der behinderten Frau nach vorn geschnellt und habe ihr die Kopfhörer vom Ohr gerissen. Die Angeklagte will durch diesen Angriff ihr Gleichgewicht verloren haben.
»Da habe ich reflexartig mit der Krücke um mich geschlagen. Ich meinte in Notwehr zu handeln«, so der Anwalt für seine Mandantin.
Anja A. rollt in den Verhandlungssaal. Seit einem Reitunfall vor fünf Jahren sitzt die blonde, pausbäckige Brillenträgerin im Rollstuhl. Mit piepsiger Stimme schildert die Achtundvierzigjährige, wie sie damals bat und bettelte, die schmale Rampe hochfahren zu dürfen.
»Könnten Sie bitte beiseitetreten?«, habe sie gefragt.
Beim ersten Mal habe die Angesprochene nicht reagiert, beim zweiten Mal auf ihre Kopfhörer gedeutet: Sie höre nichts. Nach der dritten, etwas lauter vorgetragenen Bitte habe Gisela G. gemeint, die Jüngere solle einen anderen Weg nehmen.
»Ich möchte aber in die Sparkasse«, entgegnete Anja A. Rollstuhlfahrer machen immer einen auf Mitleid, habe sie

zur Antwort bekommen. »Dann hatte ich schon den Schlag auf dem Kopf.«
»Spinnerin«, beschimpft die Angeklagte die Zeugin.
Doch in der Fußgängerzone gab es an jenem Nachmittag viele Menschen, die das ungewöhnliche Szenario mitbekamen.
»Plong« machte es, als die Krücke auf den Kopf aufschlug.
»Das war heftig und mit Schmackes«, erinnert sich eine erfahrene Kriminalbeamtin, die den Vorfall zufällig aus wenigen Metern Entfernung beobachtete. Ob sie gesehen habe, dass die Rollstuhlfahrerin die Kopfhörer heruntergerissen hat, fragt die Richterin.
»Nein, da müsste die Geschädigte Teleskop-Arme haben«, antwortet die Zeugin.
»Ich hör mir diesen Quatsch nicht länger an«, schimpft Gisela G. »Das sind alles Lügen, die hier verbreitet werden! Verarschen lasse ich mich nicht von den Leuten!« Bei diesen Worten nähert sie sich drohend der Kriminalbeamtin, die sich vorsichtshalber von ihrem Stuhl erhebt. »Ihr Mann hat mir Prügel angedroht!«, sagt die Angeklagte zur Zeugin.
»Das stimmt nicht«, verteidigt sich die Beamtin. Er habe Gisela G. nur die Krücke wegnehmen wollen, die sie drohend gegen die Umstehenden geschwungen habe.
Die Angeklagte interessiert sich nicht für diese Begründung. Empört stapft sie aus dem Saal. Anja A. sitzt zitternd in ihrem Rollstuhl. Weinend fragt sie: »Wie kann man nur so sein?«

Zehn Minuten später klopft es an der Tür. Es ist Gisela G. Sie meint, sie sei aufgerufen worden, und will nun doch wieder an der Verhandlung teilnehmen. Das darf sie, wenn sie nicht stört.

»Ich habe noch nie vor Gericht gestanden. Ich weiß gar nicht, wie man sich da verhält«, erklärt sie der Richterin. »Aber ich sage nichts mehr, ich schwöre es.«

Das Gericht legt eine Beratungspause ein. Auf dem Flur erklärt der Verteidiger seiner Mandantin, sie müsse möglicherweise ein Schmerzensgeld an ihr Opfer zahlen.
»Dit Aas kriegt von mir keen Jeld!«, entgegnet die Seniorin. Ginge es nach dem Staatsanwalt, gäbe es zehn Monate Haft auf Bewährung plus 1 600 Euro Geldbuße, die zur Hälfte an das Opfer gehen soll. Er habe während der Verhandlung gesehen, wie aufbrausend sich die Angeklagte verhalte. Ihr Opfer dagegen sei eine zurückhaltende Person. Das habe man gemerkt, als Anja A. vorsichtig zum Richtertisch rollte und behutsam die enge Gasse zwischen Anklage- und Zeugenstuhl passierte, stets darauf bedacht, nicht die Hand von Gisela G. einzuklemmen.
»Schöne Show«, sagt die Angeklagte verächtlich.

Die Richterin verurteilt sie schließlich zu sechs Monaten Haft auf Bewährung. 1 000 Euro soll sie an den Kinderschutzbund zahlen.
»So eine Tat kennt man eher von Jugendlichen«, sagt die Vorsitzende. »Sie hatten schlechte Laune, Ihre Krücke war der Baseballschläger und die Rollstuhlfahrerin Ihr wehrloses Opfer. Ich hatte noch nie eine zweiundsiebzigjährige Angeklagte, der so etwas vorgeworfen wurde!« Die Richterin glaubt auch nicht an Notwehr.
»Die Krücke hochnehmen und ausholen, dafür braucht man seinen Willen!« Sollte so etwas noch einmal passieren, könne sich Gisela G. gern die Justizvollzugsanstalt von innen ansehen.
»Ich ziehe weg von Berlin, an die Ostsee«, sagt die Angeklagte.

»Dort ist es auch nicht anders«, entgegnet die Vorsitzende.
»Aber da wohnen nur 300 Leute, und ich bin mit allen befreundet! – Und übrigens«, sagt Gisela G. beim Hinausgehen, »ich hatte damals gar keinen schlechten Tag und – schlechte Laune habe ich nie!«

Der Liebesunfall

Betont sachlich verliest die Staatsanwältin die Anklage mit den Stichworten »fahrlässige Körperverletzung«, »Dildo«, »Darm-Perforation«, »Not-Operation« und »lebensbedrohlicher Zustand«. Dann hat Bernd B. das Wort – ein untersetzter Mann in steifer, schwarzer Lederjacke. Sein zerknittertes Gesicht ziert ein schmaler Schnauzbart, im rechten Ohrläppchen steckt eine dicke Kreole. Er seufzt.

»Wat soll ick dazu sagen? Ick war betrunken.«

»Die Feuerwehr ist gekommen«, versucht die Richterin dem Sechzigjährigen auf die Sprünge zu helfen.

»Ick weeß, das ick anjerufen haben soll. Mehr weeß ick ja ooch nich.« Er hat keine Erinnerung mehr an das, was sein Opfer bei der Polizei als »Liebes-Unfall mit Dildo« beschrieb.

»Hatten Sie vorher schon sexuellen Kontakt miteinander?«, will die Vorsitzende wissen.

»Mehrfach«, bekommt sie zur Antwort.

»Daran erinnern Sie sich also noch?«, stellt die Richterin fest. »Was haben Sie denn gemacht?«

»Wat man halt so macht.«

26 Zentimeter lang soll das Tatwerkzeug gewesen sein, mit einem Umfang von zehn Zentimetern.
»Haben Sie den schon öfter verwendet?«, fragt die Vorsitzende weiter. Der Angeklagte holt tief Luft: Dann antwortet er.
»Ick kann dazu nur sagen: Beschwerden jab's noch nich.« Die Fragen sind ihm lästig.
»Haben Sie den schon vorher mit dem Ulrich verwendet?«
»Darüber möcht ick nich reden.«

Die Erinnerungsfähigkeit von Ulrich U., einem schmächtigen Rothaarigen mit kindlich-naivem Blick, ist nur unwesentlich besser. Von der Arbeit sei man zum Imbiss gegangen, dort trank man Bier. In der Wohnung seines Arbeitskollegen ging es mit härterem Stoff weiter.
»Dann ist das mit dem Dildo passiert.« Der Dreiundvierzigjährige habe rücklings auf der Couch gelegen, als Bernd das Sexspielzeug nebst Gleitcreme holte. Er habe geschrien, der Angeklagte habe ihn aber »nur noch doller rein gemacht. Dann hat es noch doller weh getan.«
Der Notarzt kam. Der Verletzte weigerte sich mitzukommen. Noch war die Scham größer als der Schmerz. Glücklicherweise wählte der besoffene Wohnungsinhaber ein zweites Mal den Notruf. Diesmal nahm der Ulrich U. die Hilfe an.
»Ich bin erst nach drei Tagen im Krankenhaus aufgewacht. Der Arzt hat gesagt, ich hätte das fast nicht überlebt.« Seit dem Unfall, der mittlerweile mehr als neun Monate zurückliegt, hat er einen künstlichen Darmausgang.
»Ich trage noch diesen Beutel«, sagt der Zeuge und klopft vorsichtig auf seinen Bauch. Emotionslos ergänzt er: »Ich komme damit ganz gut klar.« Bald soll sein Darm wieder zurück verlegt werden. »Aber der Arzt will nichts übers Knie brechen.«

»Der war jenauso besoffen wie icke«, verteidigt sich der Angeklagte.

»Haben Sie sich mal entschuldigt?«, fragt die Richterin.

»Nee, aber kann ick machen«, sagt Bernd B. und dreht sich zu dem Zeugen um: »Entschuldigung!«

900 Euro Schmerzensgeld soll der Täter zahlen, dann könnte das Verfahren eingestellt werden, so der erste Vorschlag des Gerichts.

»Schaff ick nich«, entgegnet der Hartz-IV-Empfänger. Die Vorsitzende bietet ihm nun 300 Euro an, die er seinem Opfer innerhalb von sechs Monaten zahlen soll – 50 Euro pro Monat.

»Können wir nich 25 Euro machen?«, fleht Bernd B. »Ick hab doch noch wat abzuzahlen!«

»Also gut, 25 Euro pro Monat«, sagt die Richterin, »aber unter 300 Euro insgesamt können wir es nicht machen.« Ohne Standpauke lässt sie den Angeklagten nicht gehen.

»Seien Sie in Zukunft mit solchen Gegenständen vorsichtig! Der wäre beinahe dran gestorben!«

»Wenn der jeschrieen hätte, ick hätte sofort uffjehört«, rechtfertigt sich Bernd B. Nochmals mahnt ihn die Vorsitzende. Diesmal beginnt sie mit einem Lob.

»Machen Sie weiter mit Ihrem Kurs«, rät sie dem Analphabeten, der jetzt lesen und schreiben lernt. »Dann kann man auch Gebrauchsanweisungen besser verstehen!«

Immer Ärger mit den Auftragskillern

Die Botschaft war eindeutig: »Es bleibt dabei: Töte die Alte! 150 000 Euro.« Das soll auf den Zetteln gestanden haben, die Fred F. seinem Mitgefangenen gezeigt hatte.

Die Alte, das war Monika. Fünfunddreißig Jahre lang war Fred mit ihr verheiratet gewesen. Insgesamt vier Killer soll der Achtundfünfzigjährige auf seine Frau angesetzt haben. Doch die Auftragsnehmer in Sachen Mord erwiesen sich durchweg als unzuverlässig.

Fred und Monika begegneten sich Ende der sechziger Jahre in einem brandenburgischen Dorf. Der große, gutaussehende Schlosser weilte dort auf Montage, als er seine spätere Frau traf.

»Ich habe ihn mir gleich gekrallt«, sagt Monika auf dem Gerichtsflur, eine schlanke Endfünfzigerin mit mädchenhaftem Gesicht. Damals war sie achtzehn und entfloh ihrem kinderreichen Elternhaus – direkt in die Beziehung zu dem gleichaltrigen Schweriner. Mit ihm bekam sie zwei Kinder, dann heirateten sie. Fern von ihren strengen Eltern gewann das schüchterne Mädchen an Selbstbewusstsein. In Ostberlin arbeitete sie als

Sekretärin, er war Maschinenbaumeister und später Abteilungsleiter bei der Kommunalen Wohnungsverwaltung. Er koordinierte Reparaturen, eine Tätigkeit, die ihn in der ehemaligen DDR privilegierte.
Fred und Monika besaßen Haus und Auto, es ging ihnen gut. Trotzdem zog es den Familienvater weg. Weg aus der DDR, weg von seiner Frau. 1988 durfte er seine Tante in Westberlin besuchen. Am Tag seiner geplanten Rückkehr klingelte bei Monika das Telefon. Ihr Mann wollte sie sprechen. Sie war überrascht.
»Bist du schon zurück?«
»Nein«, antwortete er. »Ich komme nicht mehr nach Hause.«
Stille am Ostberliner Leitungsende. Fred wagte den argumentativen Sprung.
»Ich könnte natürlich kommen. Aber wenn ich bleibe, kannst du die Familienzusammenführung beantragen.« Es sei ein Schock für sie gewesen, sagt Monika zwanzig Jahre später vor Gericht. Dennoch habe sie eingewilligt.

Damit traf sie eine mutige Entscheidung. Ganz allein ertrug sie die Schikanen, die unweigerlich folgten. Gegenüber den skeptischen Genossen von der Staatssicherheit beteuerte sie, nichts von Freds Fluchtplänen gewusst zu haben. Sie musste das Eigenheim der Familie an den Magistrat der Stadt Berlin verkaufen. Das Auto habe sie auf dem Ostberliner Schwarzmarkt verscherbelt. Dann warteten die restlichen drei F.'s auf ihre Ausreise-Erlaubnis.

Als die DDR-Bürger im Sommer 1989 scharenweise ihr Land verließen, reihte sich Monika mit ihren beiden Kindern in den Flüchtlingsstrom. Sie reiste in die Tschechoslowakei. Ihr Ziel war die Prager BRD-Botschaft. Dort drängten sich in diesen

Wochen Tausende von Ostdeutschen, die ihre Ausreise in den Westen erzwingen wollten. Monika hörte den erlösenden Satz Hans-Dietrich Genschers, dessen Ende vom lautstarken Freudentaumel der Massen geschluckt wurde.
Dann reiste sie über Dresden nach Westberlin – sie freute sich auf ihren Mann. Endlich angekommen, erklärte ihr Fred, er habe inzwischen seine Traumfrau gefunden.
Doch seine neue Liebe hielt nicht lange. Monika suchte derweil eine Wohnung – für sich und ihre Kinder. Nach einer vielversprechenden Besichtigung traf sie sich mit Fred. Sie hörte seine folgenschwere Frage: »Gibt es in dieser Wohnung auch ein Zimmer für mich?«
»So sind wir wieder zusammengekommen«, erklärt Monika dem Gericht.

In den kommenden Jahren führte das Paar eine kleine Pension. Später übernahm es ein Wohnheim für Obdachlose. Bis zu achtundzwanzig Männer konnten dort auf Kosten des Sozialamtes wohnen. Fred kümmerte sich um die Organisation, seine Frau erledigte die Buchführung. Äußerlich waren beide erfolgreich, innerlich entfernten sie sich mehr und mehr voneinander.
»Er wollte Aktivitäten nachgehen, sie lieber zu Hause ihre Ruhe haben«, erinnert sich ihre Tochter.
»Ich fand unsere Ehe normal«, meint Monika. »Streit gibt es doch überall. Wir haben harmoniert, mit unserem Grundstück und dem Garten. Wir guckten jeden Tag aus dem Fenster auf die Vögel oder die kleine Maus, die im Holzstapel saß.«

Doch Fred fühlte sich schon lange nicht mehr geliebt. Seine Frau habe ihn zum Schlafen in den Keller verbannt, »weil ich zu laut Luft hole«, berichtet er empört.

»Pah, Keller!«, entgegnet Monika. »Es war ein Souterrain!« Freiwillig sei er in den mit Bar und Fernseher ausgestatteten Raum gezogen: »Mein Mann liebt Volksmusik – im Gegensatz zu mir. Er hört sie auch gerne laut.«
Fred dagegen beschwert sich selbst im Gerichtssaal noch bitterlich über Monika.
»Meine Frau ist jähzornig und laut.«
»Meine Frau ist krankhaft eifersüchtig.«
»Meine Frau musste immer recht behalten.«
»Meine Frau behandelte mich wie einen Hund.«
»Meine Frau beschimpfte mich als ›Alkoholiker‹.«
Als er einmal seinen Schlüssel vergaß, habe sie ihn klingeln lassen und erst nach über einer Stunde mit den Worten »Ich hab dich gar nicht gehört!« hereingelassen.
Dennoch habe er gehofft, dass Monika wieder so werde, wie sie einmal war.
»Doch die Erniedrigungen durch meine Frau wurden immer schlimmer«, sagt der Angeklagte. Hass eroberte sein Herz. Er wollte sich trennen. Aber Scheidung? »Ich habe es mit ihr besprechen wollen«, behauptet Fred. »Doch die Demütigung war vorherrschend.« Das Wort Scheidung klänge für ihn wie »innerer Zusammenbruch«.

Uwe U. war der Erste, mit dem er über einen Mord sprach. Das war 1997. Der kleine, bullige Mann mit dem gewellten, aschblonden Haar war nach seiner Haftentlassung in das Wohnheim der F.'s gezogen. Später stellte der Heimleiter den zwanzig Jahre Jüngeren als Hausmeister ein.
»Er war mein einziger Angestellter und wie ein Sohn«, sagt Fred.
Während vieler gemeinsamer Zigarettenpausen erzählte der Angestellte seinem Chef von seiner Kindheit im Heim, von

seinen Vorstrafen. Walter wiederum klagte mit vielen »Meine Frau ist«-Sätzen sein Leid – so, wie er es später auch im Gerichtssaal tun sollte. Eines Tages trug er Uwe U. den Mord an. Der lehnte ab.
»Ich habe zwar schon manchem auf den Kopf gehauen, aber so etwas kann ich nicht«, erklärt er dem Gericht.

Fred F. suchte nach einem anderen Killer. Im Frühjahr 2002 wandte er sich an Mustafa, einen libanesischen Asylbewerber aus seinem Heim. 10 000 Euro wollte er ihm zahlen. Mustafa nahm 2 000 Euro Vorschuss, den Mord aber blieb er dem Heimleiter schuldig. Als sein Freund Sami einmal bei ihm übernachtete, erzählte ihm Mustafa von dem abstrusen Angebot. Sein Schlafgast bekam eine Idee: Mustafa sollte den Mordauftrag beim Heimleiter stornieren, statt seiner wollte sich Sami als Killer anbieten.
Fred F. ließ sich darauf ein. Er gab dem Kommunikationstechnik-Studenten den Schlüssel zu seinem Haus: Monika sollte in ihrem Arbeitszimmer erstochen werden. Der Libanese sollte anschließend die Wohnung verwüsten, um einen Raubmord vorzutäuschen. Nur zahlte Fred F. diesmal keinen Vorschuss: Nach dem Flop mit Mustafa war er vorsichtiger. Um das Portemonnaie des Heimleiters dennoch zu öffnen, musste Sami ihn erst von seinem Tötungswillen überzeugen.
»Dabei kann ich noch nicht mal im Film Blut sehen«, gab der Libanese später bei der Polizei zu Protokoll. Erneut traf er sich mit dem Heimleiter, stieg zu ihm ins Auto. Ein Freund filmte die Begegnung, in Samis Jackentasche schnurrte ein Diktiergerät. Er zeigte Fred F. eine Waffe, mit der er Monika töten wollte. Daraufhin gab ihm sein Auftraggeber 500 Euro. Drei Wochen später fuhr Sami zum Haus der F.'s. Der Student

klingelte, die Besitzerin öffnete. Ihr Mann sei nicht da, sagte sie dem Libanesen und schloß die Tür. Sie wunderte sich nicht zum ersten Mal: Bereits Tage zuvor hatte sie das Verschwinden eines Hausschlüssels bemerkt. Indessen wartete Sami vor dem Haus der F.'s. Er passte seinen Auftraggeber ab und forderte: »Dreitausend Euro oder Tonband und Videokassette gehen an die Polizei und deine Frau!«

»Wer war dieser Ausländer?«, fragte Monika ihren Mann, als dieser nach Hause kam.

»Ein Fliesenleger. Der soll im Wohnheim für mich arbeiten.«

»Dem gibst du unsere private Adresse?«, empörte sich Monika. Ihr Mann berichtete noch mehr Aufregendes: Vor drei Wochen habe ihm ein Libanese eine Waffe gezeigt und angeboten: »Wenn du willst, bringe ich deine Frau um!« Dieser Mann hätte auch seinen Hausschlüssel gestohlen. Zum Beweis spielte der Erpresste Samis verrauschtes Tonband vor. Monika war entsetzt.

»Du weißt das und wechselst nicht das Schloss aus?« Sie bat Fred, zur Polizei zu gehen.

So hörten die Kriminalbeamten erstmals von der unglaublichen Geschichte. Sie vernahmen Sami, der sofort gestand: »Natürlich war das nicht in Ordnung, den F. zu erpressen. Aber ich dachte, wenn der Mustafa so einfach Geld aus dem herausschlägt, kann ich das auch machen!« Allerdings ließ sich die Version des Libanesen nicht beweisen: Das Gespräch über den geplanten Mord war auf dem Tonband nicht zu verstehen. Das Video allein bewies nichts, und Mustafa war nicht auffindbar. Obendrein meldete sich noch Uwe U. als Zeuge und sagte über die Ehe der F.'s aus, dass »alles normal, alles okay« sei – so wie ihm sein Chef geheißen hatte. Die Ermittlungen wurden eingestellt.

Ein Jahr lang wirkte der Schock nach, dann wärmte der Heimleiter seine Mordpläne wieder auf. Uwe U. erinnert sich an eine ungewöhnliche Szene.

»Fred kniete vor mir. Er flehte mich an, ich sollte endlich was mit seiner Frau machen.« Sein Chef beabsichtigte nämlich, Monika noch vor einem geplanten gemeinsamen Hauskauf umbringen zu lassen. Diesmal sollte seine Frau in ihrem kleinen Trödelladen, den sie seit kurzem betrieb, getötet werden. 15 000 Euro wollte Fred F. zahlen. Er legte sogar einen konkreten Mordtag fest. Doch der Hausmeister kniff, er flüchtete sich in eine Klinik.

»Kurz danach habe ich im Wohnheim Mist gebaut«, sagt Uwe U. Unter Alkoholeinfluss hatte er einen Bewohner bedroht, eine Angestellte geschlagen und seine Faust in eine Wand gebohrt. Der Heimleiter musste ihm fristlos kündigen.

Im Februar 2005 traf er sich mit seinem ehemaligen Angestellten. Uwe U. wollte eine Kündigung, die dem Arbeitsamt keinen Grund für eine dreimonatige Leistungssperre bot. Fred F. witterte seine Chance und gab sich zugänglich.

»Ich schreib dir was – und du machst das endlich klar mit meiner Frau«, gibt Uwe U. die Worte seines Ex-Chefs wieder. Das war zu viel für den kleinen Mann. Jetzt sollte der Mord mit einem Arbeitszeugnis erpresst werden! Wütend stand er auf und ging – direkt zu seinem Anwalt.

Der informierte wiederum die Polizei. Dort traute man der kruden Story zunächst nicht. Ungläubig fragten die Beamten: »Seit sieben Jahren bittet Sie der Mann, seine Frau umzubringen, und nie passiert etwas?« Andererseits erinnerten sie sich auch an das eingestellte Ermittlungsverfahren.

Uwe U. wurde nun verkabelt. Er traf sich mit Fred F. und gaukelte ihm vor, er wäre jetzt bereit zum Morden. Sie müssten nur noch einmal alles ganz genau besprechen. Der Plan gelang. Zwar wunderte sich Fred F. über die vielen, seiner Meinung nach längst geklärten Fragen. Aber er kannte Uwe U. als unsicheren, ängstlichen Menschen. Außerdem war er von seinem Vorhaben besessen. Zweifel hatten in seinem Denken keinen Platz.

Der Mord wurde für Donnerstag angesetzt. Dieser Tag war ideal, da fuhr Fred F. immer zum Trödelladen seiner Frau, um ihr beim Abnehmen der Markisen zu helfen. Er hätte demnach einen Grund gehabt, die Tote zufällig zu finden.

»Der Zugriff«, so sprach der Heimleiter auf das mitlaufende Band, sollte dann passieren, »wenn das letzte Zeug drinnen ist. Dann wäscht sie sich die Hände und geht auf die Toilette. Als Allerletztes schiebt sie den Ständer rein und bringt ihn nach hinten in den Laden. Zum Schluss löscht sie das Licht.«

Gegen sieben Uhr abends sollte es passieren: Pfefferspray in die Augen, Messer ins Herz. Falls Monika das überlebt hätte, sollte der Mörder mit aller Kraft ihren Hals zudrücken.

»Ich sollte es auf jeden Fall richtig machen«, sagt der ehemalige Hausmeister dem Gericht. Fünf Wochen lang spielte der kleine, vorbestrafte Mann den Lockvogel. Eine Zeit voller Anspannung, denn er durfte nichts falsch machen.

Am 8. März 2005, dem internationalen Frauentag, schenkte Fred F. seiner Frau Blumen – wie in jedem Jahr. Zwei Tage später postierte er sich in seinem Auto vor ihrem Trödelladen. Kurz nach 18 Uhr betrat Uwe U. den dunklen Hof. Er zündete sich eine Zigarette an. Monika F. wunderte sich über den späten Besucher, die anderen Hofläden waren bereits geschlossen. Plötzlich erkannte sie den ehemaligen Angestellten.

»Herr U., sind Sie mit meinem Mann hier?« Abwehrend hob der Angesprochene seine Hände. Plötzlich fegte eine Frau um

die Ecke der Hofeinfahrt. Sie stellte sich als Kriminalpolizistin vor.
»Frau F., in diesen Minuten wollte Ihr Mann Sie töten lassen!«
Mit schlotternden Knien räumte die sonst so resolute Frau ihre Waren ein. Dann fuhr sie mit den Beamten zur Vernehmung. Nur langsam begriff sie den perfiden Plan.
»Ich habe meinen Mann geliebt bis zum Schluss, und dann muss man so etwas erfahren!« Weinend sinkt ihr Kopf auf den Zeugentisch. Ihr Noch-Gatte schaut betreten zu Boden.
Während Fred nun in Untersuchungshaft saß, kümmerte sie sich weiterhin um Wohnheim und Trödelladen. Wer nach ihrem Mann fragte, wurde angelogen: Der läge mit einem Herzanfall im Krankenhaus. Zehn Monate später wird ihm der Prozess gemacht.

Angeklagte dürfen auf Strafrabatt hoffen, wenn sie ihre Tat gestehen. Das aber fällt Fred F. schwer. Mal äußert er generös: »Es stimmt, dass ich Herrn U. angesprochen habe. Ich stehe zu meinem Geständnis.« Dann weicht er wieder zurück.
»Uwe hat gesagt: ›Deine Frau behandelt dich wie einen Hund.‹ Da muss was passieren, er ertrage es auch nicht mehr.«
»Uwe U. hat den Mord forciert?«, hakt der Richter nach.
»Ja«, sagt Fred F. »Ich war verwirrt und nicht mehr Herr meiner Sinne. Uwe hat mich in meinen Gedanken bestärkt. Er hat gedrängelt – wegen seiner Schulden.« Als sie die Einzelheiten planten, sei die Phantasie mit ihm durchgegangen. »Ich wollte auch mal der Harte sein.«
»Und warum sind Sie am Tattag zum Trödelladen gefahren?«, will der Richter vom Angeklagten wissen.
»Um es zu verhindern!«
»Wir erleben hier sehr viele böse Menschen, die nach zehn

Minuten gucken, ob der Mord geklappt hat. Wie war es denn nun wirklich?« Aber F. rudert wie eine Wespe in der Limonade, präsentiert eine Halbwahrheit nach der anderen.

»Es ist schwierig für mich, darauf konkret zu antworten. Ich habe Uwe nicht als Erster angesprochen, würde ich sagen.« Doch dann betritt Mustafa den Verhandlungssaal – der libanesische Asylbewerber, dessen Aussage im Frühjahr 2002 diejenige von Sami hätte stützen können –, wenn ihn die Polizei gefunden hätte.

»Herr F. soll Sie im Frühjahr 2002 gebeten haben, seine Frau gegen Geld umzubringen?«, fragt der Richter den Zeugen.

»Ja, das hat er getan.« Eine Antwort mit großer Wirkung: Aschfahl wird das Gesicht des Angeklagten, die Richter dagegen lehnen sich mit verschränkten Armen in ihre Sessel zurück. Nun kann Fred F. nicht mehr behaupten, ein anderer habe ihn in diese Situation hineingeschubst. Er muss Farbe bekennen. Er kann es nicht. Seinem Verteidiger diktiert er: »Die Tatsachen drehen sich im Kopf. Ich fühle mich wie in einem Kaleidoskop. Die Gedanken sind wie Würmer in einem Glas: Ich weiß nicht, wo der eine endet und wo der andere aufhört. Mal ist das eine die Wahrheit, mal das andere. Es kommt auf den Zeitpunkt an.«

Im März 2006 wird der Angeklagte wegen Anstiftung zum Mord verurteilt. Der Richter sagt zu ihm: »Freuen Sie sich, dass alle bestellten Killer versagten und Sie heute nur fünf Jahre Haft bekommen!« Er muss etwas geahnt haben: Drei Jahre später steht Fred F. erneut vor einem Schwurgericht, wieder wegen Anstiftung zum Mord.

Der Pullover, den der Angeklagte trägt, ist derselbe wie beim ersten Prozess. Doch der Mann darin ist rapide gealtert. Körper und Haar sind dünn geworden, seine Augen treten noch stärker hervor, sein Rücken ist gebeugt. Ein Gefängnis ist eben kein Hotel.

Als er Ende 2006 seine Strafe antrat, sollte er sie zunächst im offenen Vollzug verbüßen und sein Heim weiter führen. Eine Gefängnispsychologin aber bemerkte den weiterhin lodernden Hass auf seine inzwischen von ihm geschiedene Frau. Als Heimleiter würde er Monika weiterhin begegnen. Außerdem habe er dort Kontakt zu psychisch labilen Personen. Die Psychologin empfahl darum die Verlegung in den geschlossenen Vollzug. Für drei Monate kam der Häftling auf eine Station für »Lebenslängliche«. Es war eine sogenannte »Fehlbelegung« – man hatte gerade keinen anderen Platz frei.

Dort traf er auf Dieter »Diete« D., einen dicken, brutal wirkenden Bordellbetreiber, der seit 1992 im Gefängnis saß. Er hatte eine Frau, die nicht für ihn anschaffen gehen wollte, vergewaltigt und anschließend ermorden lassen. Von diesem redegewandten Verbrecher versprach sich Fred F. Schutz und Tipps für den Knastalltag.

Als »Diete« mitbekam, dass »Freddy« einen Käufer für sein Männerwohnheim suchte, war er »total scharf auf dieses Geschäft«. 450 000 Euro sollte das Heim kosten. Damit wollte der neunundvierzigjährige Ex-Bordellier seinen Lebensabend legal finanzieren. Rund 300 000 Euro will er bereits an F.'s Vertrauensleute gezahlt haben. Die restlichen 150 000 Euro sollten mit dem Auftragsmord verrechnet werden.

Diesmal sollte Monika F. bei einem Autounfall sterben, berichtet Dieter D. Als sein harmlos wirkender Mithäftling ihm diese Idee unterbreitete hätte, »war ick im ersten Moment jeschockt«. Er fügt hinzu: »Das hört sich vielleicht doof an.«

Die Offerte habe ihn in eine Misere gebracht: »Im Gefängnis ist es ehernes Gesetz zu schweigen.« Trotzdem habe er sich mit einem Freund beraten, der ihn warnte: Die Polizei würde im

Knast ermitteln und könnte so von der Fred-Dieter-Verbindung erfahren. Sollte herauskommen, Diete habe den Mord organisiert oder davon gewusst, werde er sein Leben im Gefängnis beenden. Da habe er lieber die Seiten gewechselt. Er sagt, damit hätte er sich auch den Weg in sein altes Leben abgeschnitten.

»Mit so wat kann ick nie ins Milieu zurück.« Wieder einmal verwanzte die Polizei einen mutmaßlich von Fred F. angeheuerten Killer, wieder einmal versuchte der Verkabelte seinem Gesprächspartner belastende Sätze zu entlocken. Doch der hätte aus der Vergangenheit gelernt und nach der ersten Offenbarung nur noch schriftlich über den Mord kommuniziert, so Dieter D.

»Ich schreib dir alles auf. Sind doch nur drei Sätze«, beschwichtigte Fred F. den Spitzel. Sekundenlang soll er ihm Zettel mit Anweisungen gezeigt und diese dann zerrissen haben. Selbst die Schnipsel habe er spurlos vernichtet.

»Er hat sich verhalten wie ein Geheimagent«, sagt Dieter D.

Das Abgehörte erwies sich als wenig beweiskräftig und der schwerkriminelle D. ist ein »dubioser Zeuge«, wie auch die Richterin später in ihrem Urteil feststellt. Darum erhielt Fred F. Besuch von einem langhaarigen, tätowierten Polizeibeamten. »Micha« stellte sich als der gesuchte Killer vor. Der Besuchte reagierte ungehalten. Es sei doch schon alles mit »Diete« besprochen. »Micha« zeigte ihm Fotos von Monika F. und einer anderen Frau. Welche solle sterben, die oder die oder alle beide? Die eine Frau habe Kindersitze in ihrem Auto, gab der Tätowierte zu bedenken. Nein, wenn Unschuldige hereingezogen werden, wolle er das Ganze abbrechen, habe Fred F. dem Beamten versichert. Sollen wir deine Frau wegmachen, fragte der Besucher noch einmal.

»Kennst du diese Kopfbewegung?« soll der Häftling zurückgefragt und genickt haben.

»Nichts dergleichen« habe es gegeben, sagt der Angeklagte. Es sei »alles frei erfunden«. Dieter D. habe auf sein Wohnheim und Haftlockerungen spekuliert, der verdeckte Ermittler habe sich von der Aktion beruflichen Erfolg versprochen. Darum unterstelle man ihm diese Tat.

Die Richter glauben weder Fred F. noch Dieter D. Sie vermuten vielmehr, der brutale Knast-Platzhirsch habe »sich als der große Zampano aufspielen wollen« und »sein eigenes Süppchen gekocht«. Möglicherweise habe er dem Angeklagten eine nicht ernst gemeinte Mord-Unterstützung suggeriert à la »Hättest du das mal lieber mit meinen Leuten gemacht!« Fred F. aber ließ sich nach Ansicht der Richter »ernsthaft darauf ein«.

Wieso aber soll der Mann schon wieder einen Mörder für seine Ex-Frau angeheuert haben? Der Gutachter beschreibt den Angeklagten als unsicheren, konfliktscheuen, leicht kränkbaren Menschen. Seine Gefühle verstecke er hinter einer Maske. Mit seiner Gattin verbanden ihn seit 1989 nur noch gemeinsame Aufgaben und Kredite, aber keine Freizeitinteressen. So wuchsen Missverständnisse und Antipathie, die Fred F. einzig durch seine Mordpläne artikulieren konnte. Darum verharre er trotz Scheidung und neuer Freundin im Hass auf seine Ex-Frau, den er ohne Therapie wohl nie überwinden wird. Der Gutachter ist sicher, dass der Angeklagte »diesem hochsuggestiven Herrn D. nicht gewachsen« war und attestiert eine verminderte Schuldfähigkeit.

Die Strafe kann darum nicht fünfzehn Jahre, sondern höchstens elf Jahre und drei Monate Haft betragen. Das Gericht entscheidet für sieben Jahre – wegen der Annahme des Erbietens zur Begehung eines Mordes.

Erfolgreich wandte sich Fred F. an die nächsthöhere Instanz:

Der Bundesgerichtshof kassierte das Urteil mit der Begründung, der verdeckte Ermittler habe den Häftling regelrecht zu einer Straftat genötigt. Im August 2010 befasste sich erneut ein Gericht mit diesem Fall.
Es wurde ein kurzer Prozess: Die Angaben des Polizeibeamten durften nicht verwertet werden. So blieb nur die Aussage von Dieter D. Der aber schwieg – »um sich nicht selbst zu belasten«, wie er sagte. Vielleicht tat er das auch, weil die erhofften Vergünstigungen für seine erste Aussage ausgeblieben waren. So konnte selbst der Staatsanwalt nur noch einen Freispruch fordern.
Im Mai 2011 wurde Fred F. aus dem Gefängnis entlassen. Für seine Ex-Frau bedeutet das keinen Unterschied: So oder so wird sie immer in Angst vor neuen Killern leben.

Athlet mit Pflegestufe III

Karin wollte ihre Koffer packen, wollte ihn verlassen. Da packte er die füllige Blondine, schubste sie zu Boden und fesselte sie mit Handschellen an sein Pflegebett. Danach ging er aus der Wohnung. Als er zwei Stunden später zurückkam, vergewaltigte er sie. Es war das erste, aber nicht das letzte Mal: Über ein Jahr verging, bis es der Verlagsvertreterin gelang, aus der Beziehung zu fliehen und ihren Ex-Freund bei der Polizei anzuzeigen. Durch den Strafprozess erfuhr die Dreiundfünfzigjährige von etlichen Leidensgenossinnen, die vor ihr mit Karl-Heinz K. liiert gewesen waren. Ob Edith, Gerda, Elisabeth oder Ilona: Allen hatte der gutaussehende, blonde Hüne Lügen aufgetischt. Für eine Frau verdiente er sein Geld beim russischen Geheimdienst KGB, eine andere glaubte an eine Tätigkeit in der Mafia, der nächsten berichtete er von einer geheimen Mission im Auftrag der Fremdenlegion. Sein Beruf hätte ihm bislang keine Gelegenheit gelassen, mit Frauen zusammen zu sein, hatte er jeder Gefährtin erklärt und um Verständnis gebeten, wenn er über seine Tätigkeit nur wenig berichten und keine Fragen beantworten mochte. Jedes Mal verwandelte sich der Charmeur in einen brutalen Schläger.

2003 wurde er wegen Vergewaltigung und Körperverletzung zu sieben Jahren Haft verurteilt. Auch acht Fälle von Nötigung, deren sich der private Schuldeneintreiber schuldig gemacht hatte, berücksichtigte dieses Urteil. Nur eine Frage blieb damals offen: Laut Krankenakten sollte der kräftige, mittlerweile graubärtige Mann seit 1991 ein Pflegefall sein. Wie passte das zusammen?
Vier Jahre später will das Berliner Landgericht diese Frage klären. Die Wachtmeister schieben den Fünfundfünfzigjährigen im Rollstuhl in den Gerichtssaal. Sein Gesicht ist grau, die Augen halb geschlossen, der Mund steht offen, den Kopf stützt er mit der Hand. Er atmet schwer, seine Stimme klingt schwach. Die dicken Füße stecken in groben Socken und Birkenstocklatschen. Zu den Vorwürfen schweigt er, die Verteidigung überlässt er seinem Anwalt – zunächst jedenfalls.

Woche für Woche rollt Karl-Heinz K. nun im Flur des Moabiter Kriminalgerichts an seinen ehemaligen Lebensgefährtinnen vorbei. Die erstaunt weder dessen offensichtliche Hinfälligkeit noch die neue Anklage. Als junger Mann habe er ihr erklärt: »Spätestens mit vierzig sitze ich im Rollstuhl und kassiere Rente. Ich bin doch nicht blöd und gehe arbeiten!«, erinnert sich Edith. Sie war seine dritte Ehefrau und begegnete ihm 1977 in Ostberlin. Schon damals habe er sich vor der Arbeit gedrückt, berichtet die ehemalige Kaufhallen-Leiterin. Er habe gewusst, dass man in der DDR nur bei Arbeitsunfällen monatelang krankgeschrieben werden kann. Und er konnte eine Treppe herunterfallen, ohne sich das Genick zu brechen. Das hätte er in dem brandenburgischen Heim für schwer erziehbare Kinder gelernt, in dem er aufwuchs. So wunderte sie sich nicht, wenn der Fleischtransporteur und Kohlenträger bei seinen Tätigkeiten regelmäßig stürzte.

»Er war weit öfter krankgeschrieben, als er gearbeitet hat«, sagt Edith.

Von seinen Unfällen trug er weder blaue Flecken noch gebrochene Knochen davon. Verbände habe er sich nur für die ärztliche Begutachtungskommission angelegt, »gehumpelt nur, wenn er dran gedacht hat. Dann aber mächtig.« Hinter dem Rücken des Simulanten amüsierten sich Edith und ihre beiden Kinder: »Guck mal, jetzt hinkt er anders! Vorhin war es noch das rechte Bein!«

Der Krankgeschriebene trieb sich im Ostberliner Nachtleben herum: »Er verwechselte Namen, ich habe es gerochen, ich hatte Geschlechtskrankheiten – mehr möchte ich nicht dazu sagen«, berichtet Edith. Neun Jahre ertrug sie die Ehe. Erst als sie sicher war, dass er sich bei einer anderen eingenistet hatte, reichte sie die Scheidung ein. Seitdem lebt sie lieber allein.

Durch den ersten Gerichtsprozess lernte sie die ehemaligen Gefährtinnen ihres Ex-Mannes kennen. Die seelisch noch immer verletzten Frauen trösten sich gegenseitig und bestärken sich in dem Gefühl »nicht allein so ein Loser zu sein«, wie es Edith traurig formuliert.

Noch Jahre später erhielt sie Post für Karl-Heinz K., darunter ein dickes Schreiben von der Rentenversicherung.

»Ich habe den Brief aufgemacht.« So erfuhr sie von einer Invalidenrente in Höhe von 1 000 Deutsche Mark, die dem damals Neununddreißigjährigen bewilligt wurde. Hat er es also doch geschafft, dachte sie damals.

Von Juli 1991 bis März 2003 kassierte der Angeklagte rund 230 000 Euro aus den Sozialtöpfen: 84 000 Euro Rente sowie rund 64 000 Euro für die Pflegestufe II, später III. Bei der Krankenkasse beantragte der Simulant für 39 000 Euro zahlreiche medizinische Hilfsmittel wie Rollstühle, Pflegebetten, einen Treppenlift und eine mobile Rampe. Für 9 000 Euro verschrieb man ihm Morphiumtabletten, die er zu Schwarzmarktpreisen verkaufte, wie seine ehemaligen Gefährtinnen erzählen. Außerdem überwies ihm das Sozialamt im letzten Jahr seines Betruges rund 34 000 Euro Pflegehilfe: Zwei gutgläubige Bekannte bestätigten mit ihrer Unterschrift, ihn täglich unterstützt zu haben. Das Geld behielt der Sozialschmarotzer. So flossen ihm am Ende rund 3 000 Euro monatlich zu. Seine beiden Bekannten dagegen wurden, nachdem der Schwindel aufgeflogen war, zu einer Geldstrafe in Höhe von drei Monatseinkommen verurteilt.

Wie aber konnte ein Mann, der laut Zeugen über außerordentliche Kräfte verfügte, der Häuser renovierte, mühelos Möbel und Motoren schleppte, der segelte und auf Masten kletterte, der als Geldeintreiber arbeitete, der elf Kinder zeugte, so eine Show abziehen?

Den Startschuss für den großen Betrug gab ein Bandscheibenvorfall, der 1988 operiert wurde. Zudem war Karl-Heinz K. ein brillanter Schauspieler.

»Auf Kommando wurde er blass, seine Augen flatterten«, erinnert sich Edith. Auch Karin beeindruckten die plötzlichen Veränderungen: »Seine Atmung und Körperhaltung veränderten sich. Sein Puls wurde schwach, er sackte richtig in sich zusammen. Ich hatte großes Mitleid mit ihm.« Karl-Heinz K. simulierte Herzanfälle und spuckte Blut, erinnert sich ein Bekannter: »Der gehört auf eine Bühne! Der spielt Ihnen den Tod am Mond!«

Diese Fähigkeiten könnte ihr Ex-Mann durch das Studium diverser medizinischer Lehrbücher wie Otto Prokops »Forensische Medizin« erworben haben, vermutet Edith. Er habe jedenfalls gerne in diesem Werk von Ostdeutschlands bekanntestem Rechtsmediziner geschmökert, das sie während ihrer Ehe aus der Bibliothek entliehen hatte.

Schon während seines einwöchigen Krankenhausaufenthaltes, der sich an die Wirbelsäulen-Operation anschloss, muss Karl-Heinz K. seine Schmerzen glaubhaft übertrieben haben. Die Ärzte verordneten ihm eine Pumpe, über die sein Körper kontinuierlich Morphium bekommen sollte. Die habe er jedoch immer wieder entfernt, erinnert sich seine damalige Lebensgefährtin Gerda.
»Nur einmal, als die Schwester da war und er sie nicht herausziehen konnte, wirkte er high.«
Nach seiner Wirbelsäulen-Operation steuerte er konsequent die Rente an: Er klagte über Rückenschmerzen und Bewegungseinschränkungen, man schrieb ihn krank. Eineinhalb Jahre später untersuchten ihn eine Fachärztin und ein Professor für Orthopädie. Denen berichtete der Patient, er könne kaum gehen oder stehen. Sie bescheinigten ihm eine »degenerative Wirbelsäulen-Veränderung mit statisch-dynamischer Insuffizienz sowie eine bleibende Lähmung beider Beine«. Nach dieser Diagnose kassierte er Invalidenrente.
»Gibt es eine Möglichkeit, die Angaben des Patienten nachzuprüfen?«, fragt der Richter den Orthopädie-Professor.
»Nein, die Möglichkeiten haben wir nie.« Auch die Fachärztin bestätigt, dass ihre Begutachtung auf einer Täuschung beruhen könnte, zumal sie damals unter Zeitdruck gestanden hätte.

1993 musste Karl-Heinz-K. sein Gutachten erneuern lassen: Weil es bei dem Professor so gut geklappt hatte, reiste er dem inzwischen an der niederländischen Grenze Praktizierenden hinterher. Das Auto, mit dem er die fünfhundert Kilometer lange Strecke nach Bad Bentheim fuhr, steuerte der Patient selbst. Als er dann den Arzt aufsuchte, tat er dies mit zwei Stützen und schmerzverzerrtem Gesicht. Das Gutachten fiel entsprechend aus.

Regelmäßig gab er nun den depressiven Gelähmten: Bevor Pflegedienst-Kontrolleure oder Gutachter ihn besuchten, legte er sich Beinschienen sowie ein Stützkorsett an und holte seinen Rollstuhl aus der Ecke.

»Er machte sich rollstuhlfein, um seine kränkelnde Erscheinung besser zur Geltung zu bringen«, erinnert sich Karin. Kaum waren die Besucher aus der Tür, sei der Halbtote kommentarlos aufgestanden.

Neben seinem Wirbelsäulendefekt und seiner Simulationsfähigkeit begünstigten auch die Lebensgefährtinnen den Betrug. Sie gaben seinen Auftritten gegenüber Ärzten und Gutachtern einen glaubhaften Anstrich. Karl-Heinz K. richtete sie systematisch dafür ab: Zunächst terrorisierte er ihre Familien, Nachbarn und Freunde, dann schüchterte er die mittlerweile isolierten Frauen ein. Er erzählte ihnen, seine Geheimdienstleute würden sie überwachen. Wollten sie sich trennen, fänden sie seine Jungs, fügten ihnen Schmerzen zu oder töteten sie.

»Man wurde mit dem Auto verfolgt, die Faxe wurden gelesen, der Müll durchsucht, das Telefon abgehört. Man war kein eigener Mensch mehr«, sagt Elisabeth. Karl-Heinz K. demütigte und schlug seine Gefährtinnen – so lange, bis sie fliehen konnten, die Polizei riefen oder ihm ein neues Opfer über den Weg lief. Während seiner Herrschaft aber weigerte sich keine der Frauen, seinen Rollstuhl zu schieben, weiß bekittelt seine Pflegerin zu spielen, ihm den Hintern abzuwischen oder Ärzten zu erzählen, wie schlimm es um den zitternden, sabbernden Patienten stände. Auf diese Weise brach der Kriminelle sogar die Macht der Justiz: Als man 1998 wegen Nötigung gegen ihn vorgehen wollte, rückte viermal ein Gutachter an. Immer wieder musste er feststellen, dass der brutale Schuldeneintreiber verhandlungsunfähig war. Das änderte sich erst, als man ihn fünf Jahre später wegen Vergewaltigung seiner Gefährtinnen verhaftete: Da flanierte er gerade mit der späteren Ehefrau Nummer fünf über den Kudamm.

Im Jahre 2000, gegen Ende seiner Simulanten-Karriere, gesellte sich noch ein Arzt für Innere Medizin zum Kreis derer, die den Betrug begünstigten. Möglicherweise glaubte auch er zunächst den Schilderungen seines Patienten. Doch bald ließ der Scheinkranke die Maske fallen.

»Je länger man sich kannte, um so seltener benutzte er den Rollstuhl«, sagt ein Zeuge aus dem Bekanntenkreis des Angeklagten. So tobte Karl Heinz K. eines Tages in Gegenwart des überraschten Doktors mit einem Ball durchs Wasser. Statt jedoch den Betrug zu stoppen, verschrieb der seinem Patienten weiterhin Morphium und medizinische Hilfsmittel.

Später segelte er sogar gemeinsam mit K. und soll dessen Krankenakten manipuliert haben: Warum er den Namen »K.« handschriftlich auf Elektrokardiogramm-Kurven eingetragen habe, will der Richter von dem Arzt wissen. »Aus Zeitgründen. Einige Buchstaben haben gehakt, das Gerät war schon etwas älter.«

Das Gericht glaubt dem Zeugen nicht. Es geht vielmehr davon aus, dass er dem Simulanten Kurven von tatsächlich kranken Patienten untergeschoben hatte. Vielleicht tat er das aus Angst. Als Karin ihn um Schutz vor dem gewalttätigen Freund bat, lehnte der Mediziner ab.

»Er sagte, wenn er mir aus der Wohnung helfen würde, stünden unten K.'s Leute«, sagt die Zeugin. Vielleicht fürchtete der Internist auch berufliche Unannehmlichkeiten: Noch im Prozess zu K.'s Vergewaltigungen beschwor er dessen körperliche Hinfälligkeit, so wie er es des Öfteren getan haben soll, wenn sich die Justiz für seinen Patienten interessierte. Als der Simulant aufgeflogen war, verfolgte man den Doktor wegen

Strafvereitelung. Das Verfahren wurde gegen eine Geldbuße eingestellt. Den Meineid in K.'s Vergewaltigungsprozess aber ahndeten die Richter im April 2011 mit neun Monaten Haft auf Bewährung..

In all den Jahren gab es nur eine Gutachterin, die K.'s Schwindeleien durchschaute: Sie wunderte sich über den Patienten, der sprachlos im Bett lag.
»Laut OP-Bericht waren aber keine Sprachausfälle bekannt«, sagt sie dem Gericht. Die Gutachterin, eine ausgebildete Krankenschwester, hatte einen Blick für die praktischen Dinge: Sie stutzte über den unbenutzt wirkenden Rollstuhl und über zwei halbvolle Gläser auf dem Couchtisch. Hatte nicht Karl-Heinz K.'s angeblicher Pfleger gemeint, der Patient könne nur aus der Schnabeltasse trinken? Außerdem war dessen Muskulatur für einen Gelähmten zu gut ausgebildet.
»Und er war sehr braungebrannt«, erinnert sie sich. Die Gutachterin schrieb: »Der Versicherte spielt die Krankheit nur vor.« Doch der Simulant hatte Glück: Ungehört verhallte ihr im Jahre 2000 erteilter Hinweis an die Landesversicherungsanstalt.

Vieles spricht gegen den Angeklagten: Die Aussagen von Bekannten und ehemaligen Lebensgefährtinnen, die Gerichtsurteile und Fotos von einem mopsfidelen Karl-Heinz. Auch der rechtsmedizinische Gutachter zweifelt an den Diagnosen seiner Kollegen. Er wundert sich, warum diese stets andere Defizite beschrieben. Mal war der Patient komplett, mal nur halb gelähmt, mal war dieser Körperteil, mal jener betroffen gewesen.
»Aber es gibt keine wandernden Lähmungen!«
All diese Beweise bringen den Angeklagten nicht aus der Fassung. Erst als seine Ex-Partnerin Elisabeth dem Gericht ein

Video überreicht, wird er unruhig. Er läuft rot an und will es sich nicht angucken. Während das Gericht Karl-Heinz K. beim Dart-Spielen und Pfeile-Aufheben zuschaut, legt er seine Hand mit einem nervös klopfenden Zeigefinger auf den Mund. Nach der Video-Vorführung bricht der Angeklagte sein Schweigen.

»Das waren nur sechs Schritte. Mit Schienen, Korsett und Morphium konnte ick dit, aber nur für bejrenzte Zeit.« Es ist seine Standardausrede, die alle Lebensgefährtinnen zu hören bekamen, wenn sie sich über seinen wechselnden Gesundheitszustand wunderten.

»Haben Sie Ihre Frauen geschlagen?«, fragt der Richter.

»Was heißt jeschlagen? Die Hand is mir ausjerutscht«, antwortet Karl-Heinz K.

»Wie vereinbaren Sie das mit Ihrer Krankheit? Das ist doch körperliche Arbeit!«

»In der rechten Hand hatt ick doch keene Ausfälle!«

»Und das Segeln? Dabei muss man das Gleichgewicht halten. Das ist schlecht möglich bei einem Bandscheibenschaden.«

»Das war Therapie. Durch das Schaukeln sollt ick besser schlafen können. Ick hab einfach nur hinten gesessen. Ick hab mich treiben lassen und jeankert.«

»Und dann haben Sie den Anker gekappt und liegen gelassen?!«

»Ick habe keene Krankheit vorjespielt: Für mich zählte nur eens: Durchhalten und so wenig wie möglich Hilfe von außen!«

Im August 2008 verlängert das Gericht die Haft des Angeklagten um zwei weitere Jahre und sechs Monate: Zusammen mit seiner Strafe wegen Nötigung von Schuldnern sowie Körperverletzung und Vergewaltigung seiner Lebensgefährtinnen sind das neuneinhalb Jahre.

»Sie können Menschen manipulieren. Sie haben sich eine bestimmte Sorte von Lebenspartnerinnen gesucht: Ältere, beruflich erfolgreiche Frauen, die schlechte Erfahrungen mit Männern hatten. Bei denen haben Sie sich eingenistet und dann Ihre Maske fallen lassen«, sagt der Richter. Für K.'s Betrugserfolg macht er nicht nur dessen Simulations- und Manipulationsfähigkeit verantwortlich.
»Beim Wechsel von Ost- zu West-Rentenrecht wurde geschludert und zu großzügig beschieden. Das haben Sie gekonnt ausgenutzt.«

Inzwischen nähert sich der Rollstuhlfahrer dem Zustand, den er einst nur simulierte. »Heute ist er ein multimorbider Mann«, sagt der rechtsmedizinische Gutachter: Der Angeklagte leide an Diabetes, Bluthochdruck und Durchblutungsstörungen. Im Sommer 2006 hatte er einen Hirninfarkt.
»So etwas kann man nicht simulieren«, sagt der Arzt.

Nur das Meer war Zeuge

Sein erster Segeltörn endete im Gefängnis: Die Yacht, mit der Hans H. im Frühjahr 2005 Westafrika erreichte, war vom Skipper gestohlen worden. Weil er den Dieb bekochte und die Bordwachen mit ihm teilte, verbrachte der sechsundsechzigjährige Rentner mehrere Wochen in Untersuchungshaft. Begünstigung einer Straftat wird dem kleinen, freundlich wirkenden Mann vorgeworfen.

Die unglaubliche Geschichte begann im Dezember 2002. In der Nacht auf Freitag, den 13., tobte ein Sturm vor der Küste von Gran Canaria. Dort ankerte Pit P. mit seinem Zweimaster, einer Ketsch. Trotz Warnungen hatte der damals siebenundfünfzigjährige Seemann nicht den schützenden Hafen aufgesucht.

»Er war zu betrunken«, sagt Hans H. über den Bruder seiner Ex-Frau.

In der Sturmnacht riss eine Ankerkette, eine weitere fand keinen Halt. Die unversicherte 40 000-Euro-Yacht wurde Spielball von Wellen und Wind und zerschellte schließlich an den Klippen. Mit ihr hatte der rotblonde Norddeutsche bislang sei-

nen Lebensunterhalt verdient, hatte Tagestörns für Touristen angeboten. Nun war er erwerbslos.
Er verscherbelte die Reste seines Schiffs und flog zu seinen Schwestern nach Berlin. Die hatten schon lange keinen Kontakt mehr zu ihrem Bruder. Der sei kriminell, erklärten sie immer und lehnten jede Hilfe ab. Hans H. aber rührte das Schicksal seines Ex-Schwagers. Zwei Tage begleitete er den Schiffbrüchigen zu Ämtern und Behörden. Am Ende verfügte dieser tatsächlich über Wohnung und Sozialhilfe.

Knapp zwei Jahre später arbeitete Pit P. wieder auf Gran Canaria, diesmal als Segellehrer. Seinem einstigen Unterstützer versprach er einen gemeinsamen Törn: Wenn er ein Segelboot überführen, wolle er ihn mitnehmen. Das hatte er schon oft gemacht. Doch im Frühjahr 2005 unterbreitete ihm niemand ein solches Angebot.
»Dann chartern wir eben eine Yacht«, sagte der Seemann. Er zahlte zwei Flüge nach Mallorca und die Chartergebühr.
In Palma gingen die beiden Männer an Bord der knapp elf Meter langen »Satchmo«, einer Sun Odyssey 35 im Wert von 120 000 Euro. Ein Mitarbeiter der Charterfirma kam zur Einweisung. Zeitgleich schickte Pit P. seinen Mitsegler zum Einkaufen. Als der mit dem Proviant zurückkam, konnte er sich nur noch von dem Schiffsvermieter verabschieden.
Einige Tage später lagen sie vor Formentera. Dort entspann sich folgender Dialog, so Hans H. vor Gericht.
»Morgen fahren wir zum Festland«, sagte der Schwager.
»Dürfen wir das, Pit? Das Chartergebiet umfasst doch nur die Balearen?«
»Natürlich dürfen wir das. Ich kann mit meinem Boot machen, was ich will.« Bei diesen Worten habe der Seemann stolz gelächelt.

»Dein Boot?«
»Ja, ich habe es gekauft. War günstig, ein Versicherungsfall.« Der vermeintliche Besitzer zeigte eine Urkunde mit Bundesadler und schwarz-rot-goldener Flagge.
»Ich habe so etwas noch nie gesehen«, sagte Hans H. »›Internationaler Bootsschein‹«, stand da, »Eigner: Pit P.«. Im Reisetagebuch notierte der Neu-Segler freudig: »Er hat es also geschafft! Pit besitzt wieder ein eigenes Schiff.« Der Skipper schlug vor, den Namen des Bootes zu ändern: »Was hältst du von ›Wega‹?«, fragte er Hans H.
»Nenn es, wie du willst. Es ist doch dein Boot!«

Sie beschlossen, ihren Törn zu verlängern. Dem Rentner gefiel die Welt auf See, in der sein Ex-Schwager, der gelernte Schiffsmotorenschlosser, seit Jahrzehnten zu Hause war. Durch die Straße von Gibraltar segelten sie via Kapverden nach Banjul, der Hauptstadt von Gambia in Westafrika. Dort gingen sich die beiden ungleichen Männer aus dem Weg. Sein Ex-Schwager habe viel getrunken und undurchsichtige Geschäfte eingefädelt, sagt Hans H. Er selbst schloss neue Reisebekanntschaften. Nach sechswöchiger Abwesenheit zog es ihn zurück nach Berlin. Sein damals siebzehnjähriger Sohn sollte in Kürze die Schule beenden.
»Ich war bei seinem ersten Schultag dabei, also wollte ich es auch bei seinem letzten sein«, sagt der Angeklagte. Sein Wunsch erfüllte sich nicht. Längst stand sein Name auf internationalen Fahndungslisten. Kurz nach seiner Rückkehr wurde er verhaftet und wegen Fluchtgefahr in Untersuchungshaft gesetzt. Wahrheitsgemäß gab der verdutzte Rentner an, wo Dieb und Yacht zu suchen seien.
In der Justizvollzugsanstalt Moabit sperrte man Hans H. zunächst in eine Gemeinschaftszelle. In sein Tagebuch schrieb

er: »Acht Männer befinden sich in dem Raum, der vom Zigarettenrauch total vernebelt ist. In einer mit Folie abgedeckten Schüssel gibt es Suppe. Sie stinkt. Nach zwei Löffeln lasse ich sie stehen. Nico löffelt ebenfalls lustlos, um dann übergangslos in die Suppe zu kotzen. Er kotzt bis zur Galle. Der Raum riecht säuerlich, aber es fällt wohl keinem auf. Nico hat jedem erzählt, ich hätte ein Schiff geklaut. Und fast jeder möchte von mir wissen, wie man das macht. Ich stehe hier bei den Ganoven in hohem Ansehen.«
Nach vierundzwanzig Tagen Haft öffnete die Justizvollzugsanstalt ihre Türen für Hans H. Er notierte: »Ich habe eine andere Welt kennengelernt. Nie wieder möchte ich die eiskalten Handschellen spüren. Auch möchte ich weder noch einmal hinter Gittern sitzen, noch mich jemals wieder einer so entwürdigenden medizinischen Untersuchung unterziehen müssen. Ich möchte nie wieder Menschen in ihr Essen kotzen sehen, es sei denn, es handelt sich um Menschen, die ich liebe und die meiner Hilfe bedürfen.«

Beim Prozess im Oktober 2005 sieht er seinen Ex-Schwager wieder. Der sitzt noch immer in Untersuchungshaft und erfreut die Staatsanwältin mit einem Geständnis. Pit P. schildert, wie er sich die benötigten Daten aus Tests der Zeitschrift »Yacht« besorgt und in einen fingierten Kaufvertrag eingesetzt hat. Wie er das gefälschte Dokument dem ADAC schickte, der dazu berechtigt ist, internationale Bootsscheine auszustellen. Er hatte eine Lücke im Gesetz erkannt: Zur Erteilung dieses Dokuments muss kein Eigentum nachgewiesen werden, es muss nur glaubhaft gemacht werden. Dazu reicht ein Stück Papier.
Als er den Bootsschein erhielt, habe er gezielt nach einer Charterfirma gesucht, die diesen Schiffstyp offerierte. Warum tat er das? Er habe wieder Törns für Touristen anbieten wollen.

»Es ist mein Beruf – ich liebe ihn!«, sagt der gelernte Bootsbauer. Vom Gehalt eines Segellehrers könne man keine Yacht kaufen.
Hans H., der beteuert, lediglich durch Mangel an Misstrauen in die Sache verwickelt zu sein, stößt bei der Staatsanwältin auf taube Ohren. Auch sein Mitangeklagter entlastet ihn nicht. Im Gegenteil.
»Ich habe den Schiffsnamen geändert und er hat sich seinen Teil denken können«, sagt Pit P.
»Ich hätte mich an keiner Straftat beteiligt«, beteuert der Rentner. Er habe auch nicht gewusst, wie desolat die wirtschaftliche Situation seines Ex-Schwagers gewesen sei.
»Manchmal hat man hier Angeklagte sitzen, die sind grenzdebil«, sagt die Staatsanwältin. »Denen glaubt man ihre Naivität. Aber Sie sind doch ein studierter Ingenieur!«
»Ich fühle mich geehrt, Frau Staatsanwältin«, antwortet der Angeklagte. Seine Hände spielen mit einer blauen Lesebrille. »Aber ich bin leichtgläubig.«
»Sie wissen doch, wie lange es dauert, ein Auto anzumelden. Da können Sie sich doch denken, dass man nicht in fünf Minuten ein Schiff kauft und gleich die Papiere bekommt«, hält die Staatsanwältin dagegen. Auch der Richter glaubt ihm nicht.
»Da pinselt Herr P. einfach so einen anderen Namen auf das Boot und Sie stellen keine Fragen?« Er folgt dem Plädoyer der Staatsanwältin: Pit P. wird nach drei Monaten aus der Untersuchungshaft entlassen, sein Geständnis mit einer Bewährungsstrafe honoriert. Ein Jahr Haft droht ihm der Richter wegen Urkundenfälschung, mittelbarer Falschbeurkundung und schweren Betrugs an.
Hans H. aber habe die Entführung der Segelyacht durch sein Kochen und Wachen begünstigt. Er soll 1 800 Euro Geldstrafe (90 Tagessätze) bezahlen. Mit Prozess- und Anwaltskosten

sind das etwa 5 000 Euro. Außerdem klagt die Versicherung der Charterfirma auf Zahlung von 35 000 Euro, die durch die Yacht-Überführung entstanden sind. Der Rentner versteht seine Verurteilung nicht.
»Pit hat das Dokument doch in jedem Hafen zeigen müssen. Alle haben die Urkunde anerkannt. Nur von mir wird verlangt, dass ich den Betrug bemerkt haben müsste.«

Zwei Jahre vergehen, dann weist das Berliner Landgericht die Forderung der Versicherung gegen Hans H. ab und spricht ihn obendrein in der Berufungsverhandlung frei: Der Angeklagte habe sich zwar naiv verhalten, aber nicht gezielt an der Entführung mitgewirkt, urteilt die Richterin. Pit P., der seine Aussage mit Verweis auf die einstige Verwandtschaft verweigert, überreicht dem Freigesprochenen ein Buch. Es trägt den Titel »Nur das Meer war Zeuge«.

Letzter Coup der Opa-Bande

Sorgfältig hat Willi den Rest seiner grauweißen Haare nach hinten gekämmt. Sein Mund steht leicht offen, die Lider hängen über den blassen Augen. Nur teilweise hört der Vierundsiebzigjährige, was im Prozess vor dem Landgericht Hagen besprochen wird. Die Knie schmerzen ihm, Bandscheiben und Prostata bereiten ebenfalls Probleme. Obendrein klappt es am ersten Verhandlungstag nicht mit den Zivilklamotten. Er tritt deswegen in der hellblauen, schlecht sitzenden Haftkleidung vor die Öffentlichkeit. So wirkt er noch klappriger und debiler.

Wenn er aber Banken stürmte, entwickelte Wilhelm W. ungeahnte Kräfte: Bei einem Überfall rang er sogar einen Zwei-Meter-Wachmann zu Boden. Das Adrenalin muss ihn enorm verjüngt haben: Zeugen schätzten ihn auf etwa dreißig, las Willi über sich in der Zeitung.

Ist er der Prototyp einer kommenden Generation von Alten, die sich mit Gewalt gegen knappe Renten und Verdrängung aus der Gesellschaft wehren? So die illustere Theorie, die mit Enttarnung der »Opa-Bande« aufkommt – Deutschlands ältesten Bankräubern, die von 1988 bis 2004 fast eine Million

Euro erbeuteten. Diese Überlegung enthält ein Körnchen Wahrheit.

»Haupttriebkraft meiner Schandtaten war die Angst vor dem Alter«, sagt Kurt K., Opa-Banden-Mitglied mit Führungsqualitäten. Der rundliche Mann mit den dunklen Knopfaugen wirkt jünger als dreiundsiebzig. Brille und Stirnglatze verleihen ihm etwas Überlegtes, Nachdenkliches. Äußerlich sei er der starke Draufgänger, innerlich aber leide er an Depressionen, sagt er dem Richter. Sein halbes Leben verbrachte er im Gefängnis. Er bekommt keine Rente und befürchtete deshalb, er werde in ein Seniorenheim abgeschoben, wenn er die Pacht für seinen Hof bei Bielefeld nicht mehr aufbringen könnte.
In den achtziger Jahren hatte er Wilhelm W. in der Detmolder Haftanstalt kennengelernt. Damals schraubten sie Fahrrad-Teile zusammen. Später pachtete der geschickte Rudi eine Motorenwerkstatt in Iserlohn. Viel Geld habe er damit nicht verdient. Er sei Handwerker und kein Kaufmann. »Es macht mir Spaß, wenn ein Motor wieder läuft. Dann vergesse ich das Geld.«

Auch Wilhelm W. verbrachte lange Zeit seines Lebens im Gefängnis, fünfzehn Jahre insgesamt. Allein vier Jahre saß er für einen Banküberfall von 1969, den er nicht begangen haben will. Seine kleinen Söhne hätten damals ohne ihn aufwachsen müssen. Die Wut darüber sei der Grund gewesen, der Opa-Bande beizutreten.
»Ich wollte meine Wiedergutmachung haben.«
Durch ihn stieß der vierundsechzigjährige Siegfried S. zu den beiden, ein untersetzter Mann mit hängender Unterlippe und engstehenden Augen. Auch er habe sich ein Geldpolster fürs Alter zulegen wollen. Im Rotlicht-Milieu besorgte er automa-

tische Selbstladepistolen und Munition. Außerdem baute Wilhelm W., der »kleine Waffennarr«, wie ihn Kurt K. bezeichnet, eine Handgranaten-Attrappe.

Ihren ersten gemeinsamen Überfall verübte das Trio im Dezember 1988 in Asemissen; sie raubten 120 000 Mark. 1989 holten die beiden Jüngeren in Rietberg-Bokel 72 000 Mark. Kurt K. wurde geschnappt und zu zehn Jahren Haft verurteilt. Seinen Komplizen aber gab er nicht preis. Kurz nach seiner Entlassung im Mai 1999 wollte er die englische Maschinenpistole aus dem Zweiten Weltkrieg ausbuddeln. Die hatte er vor seiner Verhaftung auf einem Acker vergraben. Die Polizei hatte sie damals nicht finden können. Für die Suche nahm er Kontakt zu seinen Kumpanen auf. Sie bargen die Waffe schließlich mit Hilfe eines Metalldetektors. Dabei müssen sie über eine »neue Kasse« geredet haben.

Kurt besorgte das Fluchtauto: Jahre zuvor hatte er in einem kleinen Ort bei einer Bäckerei ein paar Fahrzeuge mit steckendem Schlüssel gesehen. Nun kehrte er dorthin zurück.

»Und was soll ich Ihnen sagen?«, so der Ganove zum Richter. »Die standen da immer noch.« Den gestohlenen blauen Golf benutzten sie fortan für ihre Überfälle.

Jedes Jahr am 1. September trafen sie sich am Dortmunder Hauptbahnhof, um weitere Coups zu planen. Für diese nutzten sie den Schutz der Dämmerung, weshalb sie auch nur im Herbst und Winter aktiv waren – immer am langen Donnerstag, immer kurz vor Schalterschluss. Wilhelm W. hatten sie zuvor von seiner Werkstatt abgeholt.

»In seinem Arbeitsanzug ist Willi eingestiegen und ab ging 's zum Raubüberfall«, sagt Kurt K. »Er bestand darauf: ›Ich mach die Sturmspitze!‹ Der Willi hatte etwas Soldatisches an sich.«

Vierzehnmal zogen sie sich Kittel und grüne Handschuhe an, dazu die Masken, die sie aus abgeschnittenen Unterhosenbeinen gefertigt hatten. Dann stürmten sie, mit Pistolen und Handgranaten bewaffnet, in abseits gelegene Banken Westfalens und Niedersachsens. Mit Vorschlaghammer und Spaltaxt zertrümmerten sie die Panzerglasscheiben. Sie bedrohten Angestellte und Kunden mit Sprüchen wie: »Wenn das nicht schneller geht, schieße ich der Frau in den Bauch!« und »Beeil dich oder willst du erschossen werden?«

»Unser Bestreben war, Schrecken zu verbreiten«, sagt Kurt K. Die eingeschüchterten Angestellten sollten sofort den Tresor öffnen. Die Senioren hätten gewusst, dass die Banker bei einem Überfall keinen Widerstand leisten würden. Darum wollten sie selbst auch niemanden verletzen. Nur einmal habe sich versehentlich ein Schuss gelöst. Der drang in eine Holzverkleidung. Ein Splitter davon traf einen Angestellten.
Auch vor Handgreiflichkeiten schreckte das Trio nicht zurück: Einer Angestellten verdrehten sie den Arm. Einem Kassierer drückten sie den Lauf ihrer Maschinenpistole in die Rippen. Als ein anderer Angestellter nicht sofort den Tresor öffnen wollte, bekam er einen Schlag auf den Hinterkopf. »Im Vergleich zu den Frauen«, meint Kurt K., »hatten die Männer eher die Hosen voll.« Bei einem Überfall allerdings traf er auf eine panisch schreiende Angestellte.
»Das war das einzige Mal, dass mir jemand richtig leidtat.«

Mit den Jahren veränderte sich die Sicherheitstechnik der Banken. Sie rüsteten auf Tresore mit Zeitverzögerung um: Deren Türen öffnen sich erst nach fünfzehn Minuten – eine nur für ehrliche Kunden zumutbare Wartezeit. Kurt K. wollte es zunächst nicht glauben. Vor Gericht meint er: »Da habe ich mich so blöd angestellt!« Nachdrücklich habe er der Angestellten den Lauf der Pistole gegen die Brust gedrückt. Die reichte ihm einen 10-Euro-Schein und sagte: »Den kann ich Ihnen geben!« Frustriert sei er aus der Bank gerannt.

Auch die Tücken eines Sicherheitspaketes bekamen die Räuber zu spüren: Die Banken versehen das Geld mit einer Banderole, die eine Chemikalie enthält. Verlässt die Banderole einen definierten Umkreis, löst sich ein Mechanismus. Das Geld wird markiert und zerstört. So gingen etwa 60 000 Euro aus Bad Salzuflen buchstäblich in braunem Rauch auf.

Das waren nicht die einzigen Hindernisse für die Opa-Bande: Willis Prostata-Erkrankung zwang sie zu unfreiwilligen Pinkelpausen. Und als sie einmal nach einem Überfall flüchten wollten, rutschte der Älteste, der eine Handgranaten-Attrappe um den Hals trug, auf einer Eispfütze aus.

»Er kam nicht mehr hoch«, erinnert sich Kurt K. Nur mit Mühe hätten sie ihn in das Fluchtauto gehievt.

Obendrein fiel die Tatbeute immer geringer aus. 17 200 Euro aus einer Filiale in Schwerte lohnten das Risiko nicht. Wilhelm W. sagte: »Wenn das so weitergeht, kann ich auch arbeiten gehen.«

Angeblich hätten die Bankräuber tatsächlich ans Aufhören gedacht. Nur noch einen Überfall in Menden. Doch inzwischen waren den Ermittlern auf den Überwachungsvideos die alten Waffen aufgefallen, die das Trio benutzte. Sie erkundigten sich bei inhaftierten Bankräubern und im Rotlicht-Milieu und erhielten einen Hinweis auf Siegfried S.

Am 1. Juni 2004 wurde die Ermittlungskommission »Opa« gegründet. Man observierte die drei und verwanzte deren Autos. So erfuhr die Polizei beim September-Jahrestreffen vom nächsten geplanten Überfall.

»Hut ab vor der neuen Technik der Polizei«, lobt Kurt K. während der Verhandlung.
Bei ihrem letzten Treffen redeten die Senioren auch darüber, was sie tun würden, wenn die Polizei auftauchen würde, berichtet der leitende Ermittler.
»Wir schießen uns den Weg frei«, habe Siegfried S. getönt. »Mit einem Bullenwagen werden wir fertig.«
Am 4. November 2004, 18 Uhr sollte es losgehen. Im morgendlichen Berufsverkehr fuhr der führerscheinlose Kurt K. im gestohlenen Fluchtauto zum Tatort. »Da schwimmt man unauffällig mit.« Gegen 15 Uhr rammte ihn ein Krankenwagen. SEK-Beamte verhafteten zuerst ihn und später seine Mittäter.

Im Frühjahr 2005 findet der Prozess gegen die Opa-Bande in ungewöhnlich freundlicher Atmosphäre statt. Das Publikum, überwiegend ältere, rotgesichtige Männer, kommt auf seine Kosten. Überfall für Überfall bespricht der Vorsitzende mit den geständigen Angeklagten. Immer wieder entfährt ihm der Satz: »Das hat sich aber gelohnt!« Der mitteilsame Kurt K. setzt noch eins drauf: »Sie glauben nicht, Herr Richter, wie einfach es ist, eine Bank zu überfallen, wenn man es ein paarmal gemacht hat!«
Trotz ihres Alters sollen die einschlägig Vorbestraften keine Sonderkonditionen bekommen. Der Staatsanwalt fordert für jeden knapp fünfzehn Jahre Haft. Es handele sich bei ihnen »keineswegs um liebe, bedauernswerte Opas, sondern um eine Bande von Schwerverbrechern«. Nur auf eine anschließende Sicherungsverwahrung verzichtet der Ankläger. Dafür wären die Senioren bei ihrer Entlassung dann wirklich zu alt.

»Die Höhe der Strafe festzulegen war nicht leicht«, sagt der Richter, als er das Urteil begründet. »Man wird einem älteren Angeklagten die Hoffnung geben müssen, die Entlassung noch zu erleben.« Allerdings seien die Täter »barsch und rücksichtslos « vorgegangen. Ihre Opfer litten bis heute an Albträumen. Da könne es keinen übermäßigen Rabatt geben.
»Es handelt sich nicht um Kindereien älterer Herren, die man mit einem Augenzwinkern begleiten könnte«, so der Vorsitzende.

Neun Jahre Haft gibt es für Wilhelm W., der nur bei neun Überfällen mitfuhr, zehn Jahre für Kurt K., der einen Überfall schon »abgesessen« hat, und zwölf Jahre für Siegfried S. Allerdings sieht der Richter für die beiden Älteren durchaus die Möglichkeit einer vorzeitigen Entlassung: Entweder könne man sie für haftunfähig halten oder begnadigen.

Die Ehre des Politikers

Susi ist tot. An einem Samstagnachmittag im November 2006 fiel der weißgraue Terrier-Mischling aus dem sechsten Stock eines Berliner Mietshauses. Zehn Monate später muss sich Frauchen Ramona R. wegen grundlosen Tötens eines Wirbeltieres verantworten. Doch statt im Berliner Amtsgericht Susis tragischen Tod zu erklären, schweigt die kleine, schmale Siebenundvierzigjährige.

Redseliger ist ihr fünfundzwanzigjähriger Freund Steffen S., ein großer, dicker Mann mit flaumigem Vollbart. Sein lockiges Haar, das ihn allmählich verlässt, hat er zu einem dünnen Zopf gebunden. Als Zeuge schildert er die schwierige Beziehung zu der psychisch labilen, arbeitslosen Pflegerin, die er vor drei Jahren in Göttingen kennengelernt hat. Am Tag, als Susi starb, wohnte sie bei ihm.

»Wir haben uns oft gestritten«, sagt der Student der Politikwissenschaften. Seit Anfang des Jahres 2007 ist er Mitglied im Landesparteirat der Linkspartei PDS.

»Ramona ist suizidgefährdet. Sie wälzt oft Probleme und neigt zu Kurzschlussreaktionen«, sagt ihr Freund. Probleme bekämpfe sie mit rezeptpflichtigen Tranquilizern und Bier. So

auch an jenem Samstag, an dem es in der 35-Quadratmeter-Wohnung wieder einmal Streit gab.
Steffen S. will gerade am Computer gesessen haben, als seine Freundin plötzlich mit dem Hund unterm Arm den Balkon betrat und dort auf einen wackligen Stuhl stieg. Sofort sei er zu ihr gestürzt und habe sie ins Wohnzimmer gezerrt.
»Der Hund aber war weg. Er ist ihr vermutlich aus der Hand gerutscht«, sagt der einzige Tatzeuge.
Der Richter ist irritiert: Der Polizei hatte Steffen S. noch gesagt, »die Freundin habe den Hund geworfen«. So steht es in den Akten. Eindringlich fragt der Vorsitzende: »›Aus der Hand gerutscht‹ oder ›geworfen‹? Das ist ein großer Unterschied!« Der Zeuge antwortet: »Sie hat ihn auf keinen Fall geworfen! Sie hat diesen Hund geliebt.« Seine Aussage sei damals falsch aufgenommen worden.
»Der Beamte war nicht in der Lage, meinen Ausführungen zu folgen.«

An dieser Stelle macht das Gericht eine Pause. Hinter verschlossenen Türen diskutiert man möglicherweise darüber, ob man dem Entlastungszeugen glaubt und das Verfahren wegen geringer Schuld einstellt. Da mischt sich ein Prozessbeobachter ein. Der Fernsehjournalist hat am Vortag die Nachbarschaft abgeklappert und einen Zeugen aufgetan, der die Tat gänzlich anders schildert. Steffen S. soll es gewesen sein, der den Hund vom Balkon geworfen hat. Seine Freundin müsse nun vor Gericht den Sündenbock spielen, um die Karriere des Jungpolitikers nicht zu gefährden. Der Verdächtige muss deshalb nochmals in den Zeugenstand. Lächelnd erklärt er: »Das kann ich Ihnen definitiv sagen, dass das nicht so war.« Er habe auch gar kein schlechtes Gewissen.

Die Entscheidung über Ramonas Schuld oder Unschuld wird um drei Wochen verschoben. Der Mann ohne schlechtes Gewissen führt seine immer noch angeklagte Freundin aus dem Saal.
Am nächsten Verhandlungstag hört der Richter den Nachbarn. Der wiederholt seine Angaben: »Steffen S. hat sich aus Frust an dem Hund vergriffen.« Das habe ihm Ramona anvertraut, als er sie im Hausflur auf ihren Hund ansprach.
»Ich fand es nicht gut, dass sie das auf sich nimmt«, sagt der Zeuge.

Die Angeklagte schweigt noch immer. Der Richter verliest ihr Vorstrafenregister: Fahren unter Alkoholeinfluss, Diebstahl, ein kleiner Betrug. Verstöße gegen das Tierschutzgesetz sind nicht dabei. Der Vorsitzende will gerade die Beweisaufnahme schließen, da bittet der Verteidiger um eine letzte Unterredung mit seiner Mandantin. Danach sagt Ramona R. endlich aus.
Unter Tränen erzählt sie, wie sie zu Beginn ihrer Freundschaft mit Steffen S. feststellen musste: »Er mag Hunde überhaupt nicht.« Auch Susi habe das schnell gemerkt und häufig nach ihm geschnappt.
»Er hat sie gehasst«, sagt die Angeklagte. Nachdem Susi einmal versuchte, ihren Freund zu beißen, wäre er mit einem langen Messer und den Worten »Du Miststück, dich stech ich jetzt ab!« auf den Hund losgegangen. Ein anderes Mal hätte er sie wie einen Stein weggeworfen, einfach so.
Wenige Tage vor Susis Tod habe Ramona R. über ihren Freund einiges erfahren »was er macht und tut«. Das bedrückte sie so sehr, dass sie nach zehnjähriger Unterbrechung wieder zu Tabletten griff. Fast zwanzig Tranquilizer nahm sie in vier Tagen ein, trotzdem hätte sich das Paar »nur in der Wolle gehabt«, sagt die Angeklagte.

Als sie kurz nach halb vier Uhr nachmittags auf die Toilette ging, habe Steffen plötzlich »wie ein Racheengel« im Türrahmen des Badezimmers gestanden und zu ihr gesagt: »Du hast den Hund über den Balkon geschmissen! Du hast deinen Hund umgebracht!« Er rief die Polizei und lief herunter zur toten Susi.

»Wenn ich mich hätte umbringen wollen, hätte er mich doch nicht allein im 6. Stock gelassen«, sagt sie weinend.

Der Richter will wissen, wer die Idee hatte, Ramona R. als Täterin auszugeben. »Das war meine Idee«, antwortet sie. Sie wollte nicht gegen ihren Freund aussagen, mit dem sie auf seinen *ausdrücklichen* Wunsch noch immer liiert sei.

»Was soll ich denn machen? Der Hund ist tot! Aber Steffen ist jung, der hat noch was vor, der will in die Politik!« Er habe ihr auch sofort einen neuen Hund kaufen wollen. »Aber ich wollte keinen haben.«

Für den Staatsanwalt hat der Lebensgefährte »eine plausible Geschichte erzählt«. Der Angeklagten sei die Sache peinlich, darum rede sie sich heraus und bezichtige ihren Freund der Tat. Allerdings sei sie wegen der Beruhigungstabletten nur bedingt zurechnungsfähig gewesen. Darum soll es bei 900 Euro (60 Tagessätze) Geldstrafe bleiben. Mit den Worten »Der arme Hund!« endet das Plädoyer des Anklägers.

Der Verteidiger fordert Freispruch für seine tierliebende Mandantin. Der entfährt noch ein dramatisches »Ich war es nicht!«. Dann überlegt sich der Richter das Urteil: Freispruch wegen zu vieler Zweifel. Die Aussage von Steffen S. sei »nach Eindruck des Gerichts eine ganz klare Falschaussage«. Aber auch auf das Gerede der Nachbarn möchte der Richter nichts geben, und an der Schilderung der Angeklagten bleiben Zweifel.

Vor allem frage er sich: »Warum ist sie immer noch mit ihm zusammen?«
Letztendlich wisse man nicht, wie der Hund vom Balkon kam. Drei Möglichkeiten führt der Richter an: Ramona R. war es doch. Oder Steffen S., der seine Partnerin bestrafen wollte und Susi hasste. »Oder«, fügt er scherzhaft hinzu, »der Hund hat selbst das Weite gesucht, weil ihm der Beziehungskrach zu viel wurde.«

So endet das Verfahren mit einem Freispruch für Frauchen. Auch Herrchen hat nichts zu befürchten: Der Staatsanwalt ist froh, wenn er nicht mehr von seinen Kollegen geneckt wird. Die hatten ihn in den letzten Wochen mit der Frage genervt, ob er auf den Hund gekommen sei.

Susis Tod bleibt ungesühnt.

Kinderschänder wider Willen

Wie sieht ein typischer Kinderschänder aus? Ist er bärtig und weißhaarig? Ist er untersetzt? Treibt er sich auf Spielplätzen herum? Im Frühling 2008 beantwortete ein Berliner Polizist all diese Fragen mit »Ja«. Beim Anblick eines solchen Herrn witterte er die vermeintliche Gefahr und zog alle Register seiner Macht. Mit »Schieb deinen Arsch hier raus! Hau ab!« und »Wenn ich dich noch mal hier sehe, reiße ich dir den Kopf ab!« soll er den Verdächtigen vertrieben haben. Deshalb steht Thorsten T. wegen Nötigung und Beleidigung vor dem Richter.

Gut schaut er aus, der Kontaktbereichsbeamte aus dem Berliner Stadtbezirk Friedrichshain. Sein ebenmäßiges Gesicht mit den hellen Augen ist sonnengebräunt, die grauen Haare millimeterkurz geschnitten, die Figur sportlich. Zu den Vorwürfen der Anklage hat der fünfundvierzigjährige Familienvater einen Brief an das Gericht geschrieben.
An jenem Aprilvormittag war er mit dem Fahrrad unterwegs gewesen. Er kontrollierte einen großen Spielplatz. Auf dem hätten sich etliche Kinder mit und ohne Eltern befunden. Der

Beamte wollte gerade den Platz verlassen, als ihm ein etwa sechzig Jahre alter Mann auffiel.
»Er benahm sich anders als andere Personen«, schrieb Thorsten T. »Er warf mir einen kurzen, unauffälligen Blick zu.« Der Verdächtige habe den Spielplatz durch den Hinterausgang verlassen wollen, aber vergeblich an dem verschlossenen Tor gerüttelt. Der Polizist beschloss, ihn zu kontrollieren.
»Ich entbot den Tagesgruß und fragte, ob ich behilflich sein könne«, schrieb er in dem Brief an den Richter. Nein, habe der ältere Herr entgegnet. Er schaue sich nur um, weil er hier gewohnt habe. Der Beamte verlangte nun den Ausweis seines Gegenübers.
»Auf welcher rechtlichen Grundlage verlangten Sie den Ausweis?«, fragt der Richter. Der Angeklagte beruft sich auf das Allgemeine Sicherheits- und Ordnungsgesetz.
»Ich hatte ein komisches Bauchgefühl, was die Person da machte.« Deshalb habe er die Angaben prüfen wollen.
»Ihre Ermächtigungsgrundlage war also Ihr Bauchgefühl?«, hakt der Richter nach. »Da war doch keine Gefahr zu erkennen, die von der Person ausgeht. Er hat ja gar keine Kinder angesprochen!«
Er wolle den Mann ja nicht falsch verdächtigen, windet sich Thorsten T.
»Das Thema Kinderschutz ist ein kompliziertes Thema. Ich habe aus meinem Lebensgefühl als Familienvater, aus meinem Zivildasein und meiner Berufserfahrung heraus nun mal unangenehme Maßnahmen zum Schutz der Kinder durchzuführen.«
Ob es in seinem Umfeld schon einmal Vorfälle gegeben hat, die ihm persönlich nahegegangen seien, fragt der Richter.
»Etliche«, antwortet der Angeklagte. Aus den Medien habe er davon erfahren. Der Richter liest weiter: »›Dann herrschte die

kontrollierte Person mich an und sprach von einer willkürlichen Maßnahme. Er werde unter Generalverdacht gestellt.‹«
Der ältere Herr wollte wissen, was er falsch gemacht hatte. Er verlangte und erhielt T.'s Dienstnummer. Der Beamte erklärte, sein Gegenüber habe eine Ordnungswidrigkeit begangen. Er dürfe sich ohne Kinder nicht auf Spielplätzen aufhalten. Auf dem Eingangsschild stände nämlich: »Nur für Kinder bis 15 Jahren.«
Weiter schrieb Thorsten T.: »Ich habe ihm einen Platzverweis erteilt und diesen mit körperlichem Zwang durchgesetzt.«
»Da bekommt der Jurist in mir kräuselige Zehennägel«, sagt der Vorsitzende. »Das Schild verbietet nicht, dass sich dort Erwachsene aufhalten, sonst dürften auch die Eltern da nicht hin. Alles ist erlaubt, was nicht ausdrücklich verboten ist.« Der Angeklagte begehrt ein letztes Mal auf.
»Aber wenn die Banden nachts auf Kinderspielplätzen saufen? Wie will man denn sonst verhindern, dass Jugendliche wilde Partys feiern? Da werden Hunde mitgenommen et cetera p. p. !« Vehement bestreitet Thorsten T., den älteren Herrn beleidigt zu haben. Seit siebenundzwanzig Jahren sei er Polizist und könne sich solche Äußerungen verkneifen.

Dr. Wolfgang W. schildert die Auseinandersetzung ähnlich – bis auf den Schluss. Er habe damals wissen wollen, warum der Beamte ihm ohne Begründung einen Platzverweis erteile.
»Da kam nichts. Er schob sein Unterbecken gegen das meinige und äußerte in ziemlich aggressivem Ton: ›Wenn ich dich hier noch mal erwische, drehe ich dir den Hals um!‹ Vorher hat er noch nach links und rechts geguckt, ob ihn jemand gehört hatte. Das zeigte mir, dass er sich des polizeilichen Übergriffs bewusst war«, sagt der achtundsechzigjährige Journalist.
»Sprach der Angeklagte von ›Kopf abreißen‹ oder von ›Hals

umdrehen‹?«, fragt der Richter den Zeugen. Der antwortet: »Entschuldigen Sie, das ist doch dasselbe, nur in Grün!« Er weiß nicht, wie genau es Juristen nehmen.
»Haben Sie eine Vorstellung, warum Sie der Beamte angesprochen hat?«, will der Richter wissen.
»Vielleicht hat er gedacht: Das könnte ein potentieller Kinderschänder sein«, antwortet Dr. W. »Aber ich denke, wer etwas im Schilde führt, der versucht, schnell und unbehelligt davonzukommen. Ich jedenfalls fühle mich beleidigt. So kann sich niemand verhalten, der im öffentlichen Dienst arbeitet und von meinen Steuern bezahlt wird.«
Ratlos wirkt der Staatsanwalt in seinem Plädoyer. Er spricht von einer »undurchsichtigen Rechtslage«, auf dessen Grundlage der Angeklagte den Zeugen angesprochen habe. Er glaube dem Zeugen, halte aber auch den Polizisten für integer. Nach dem Willen des Anklägers soll Thorsten T. freigesprochen werden, »weil ich ihm die Tat nicht nachweisen kann.«

Der Verteidiger betont die Unglaubwürdigkeit des Zeugen: Wolfgang W. habe Vorurteile gegenüber Beamten, weil diese seine »Steuergelder verschleudern« würden. Der Angeklagte meint, er habe schon mehrere Retourkutschen erlebt.
»Diese übertrifft an Boshaftigkeit alles. Ich werde auch in Zukunft weiter so handeln müssen. Ich weiß nicht, wie ich sonst meinen Beruf weiter ausüben könnte.«

Unbeeindruckt von seinen Kollegen entschließt sich der Richter zu einer Verwarnung. Normalerweise hätte er das Verfahren eingestellt. In seinen Augen habe der Angeklagte die Sachlage falsch eingeschätzt und übertriebenen Diensteifer gezeigt. Doch Thorsten T. passiert so etwas nicht zum ersten Mal. Ein zweites Mal steht dem Gericht diese Möglichkeit nicht zur

Verfügung, so die Gepflogenheit. Darum muss der Polizist die 1 600 Euro (20 Tagessätze) nur dann zahlen, wenn er innerhalb der nächsten zwei Jahre eine weitere Straftat begeht. In jedem Fall aber soll er 150 Euro Schmerzensgeld an Dr. W. überweisen, denn der Richter geht davon aus, dass die Worte »Schieb deinen Arsch raus! Hau ab!« gefallen sind. Die andere Beleidigung habe nicht geklärt werden können. Für die Verurteilung genüge jedoch der erste Satz.

»Nicht wegen des Arschs – das ist ein unschöner Ausdruck –, sondern weil er ihn geduzt hat. Beamte können nicht das tun, was sie selbst zur Anzeige bringen«, argumentiert der Richter. Auch der Platzverweis sei völlig rechtswidrig. Um ihn auszusprechen, bedürfe es einer konkreten Gefahr, keiner bloßen Vermutung.

»Ein älterer Mann auf einem Spielplatz begründet keine Gefahr«, sagt der Richter. Er glaubt aber nicht, dass der Polizist eine Gefahr bannen wollte. »Wohl eher wollte er sich das opponierende Verhalten von Dr. W. nicht gefallen lassen. Ich folge dem Zeugen, weil sich seine Version zwanglos in den Ablauf einordnet«, führt er weiter aus. Am Anfang hätten die beiden Herren noch friedlich miteinander gesprochen. Dann habe der Beamte den Ausweis verlangt und so die erste Stufe der Auseinandersetzung eingeleitet.

»Es hat keine Steigerung der Gefahr gegeben, doch Thorsten T. entschloss sich trotzdem zur nächsten Stufe, dem Platzverweis.« Für den Richter ist klar: »Der aggressivere Part lag beim Angeklagten.«

Thorsten T. zieht vor das Landgericht, wo man sich über alle Gepflogenheiten hinwegsetzt und das Strafverfahren einstellt – ohne Auflagen.

Immer von hinten

Die junge Zahnärztin litt an Fieber, Hals- und Gliederschmerzen. Sie arbeitete über der Praxis eines Allgemeinmediziners, der eine Zusatzausbildung auf dem Gebiet der Enddarm-Erkrankungen absolviert hatte. Von ihm wollte sie erfahren, ob sie an einer eitrigen Mandelentzündung litt.

Bereits beim Betreten der Praxis wunderte sie sich: Sie sah keine Schwester und keinen Patienten, nur den Arzt. Der stellte sich im Behandlungszimmer vor sie hin, umarmte sie und tastete ihren Rücken ab. An die Patientin geschmiegt bog er sie nach hinten, als ob er sie einrenken wollte.

»Aber ich hatte keine Rückenbeschwerden«, sagt die Zeugin vor Gericht.

Bevor er sie abhorchte, zog der Mediziner ihren Büstenhalter an den Trägern herunter.

»Ich habe noch nie einen Arzt erlebt, der das macht.« Es kam noch schlimmer: Er zog sich Handschuhe an und erklärte, die hübsche Blondine rektal untersuchen zu müssen. Die dachte damals: Komisch, ich habe doch Halsschmerzen? Ist das vielleicht eine besonders gründliche Untersuchung?

Das klärt nun ein Schöffengericht: Handelte Ferhat F. kunstgerecht oder missbrauchte er von Oktober 2005 bis April 2008 fünf Frauen unter Ausnutzung eines Behandlungsverhältnisses?

Für ein Geständnis bietet der Richter zwei Jahre Haft auf Bewährung an. Darauf will sich der vierundfünfzigjährige Iraner nicht einlassen: Er arbeitet seit zwanzig Jahren als Arzt, lässt der kleine Mann im Anzug von seinen Verteidigern vortragen. Ja, er müsse sich vorwerfen lassen, den BH seiner Patientin selbst geöffnet zu haben. Dies sei dem Zeitdruck geschuldet, genauso wie die flapsigen Sprüche, die er gemacht habe. Die Untersuchung des Intimbereichs sei für ihn Routine, da sei er vielleicht etwas abgestumpft.

»Das hätte ich kontrollieren müssen.« Er könne auch nicht ausschließen, versehentlich Brust oder Vagina seiner Patientinnen berührt zu haben. Dafür wolle er sich entschuldigen. Aus den Vorwürfen habe er gelernt: Zukünftig untersuche er nur noch im Beisein einer Arzthelferin.

»Das ist kein Geständnis«, erklärt der Richter und lässt die fünf jungen, hübschen Zeuginnen von den seltsamen Behandlungsmethoden berichten. Die Zahnärztin berichtet, wie sie sich noch ein zweites Mal zur Blutentnahme in die Praxis schleppte: »Ich dachte, das Schlimmste sei hinter mir.« Doch wieder habe sie der Mediziner unten herum untersucht. Da glaubte sie nicht mehr an eine medizinische Notwendigkeit.

Einer Siebzehnjährigen soll F. etwas von »Überbeinen am Steiß« erklärt haben, die er regelmäßig massieren wolle. Während der Behandlung berührte der Arzt ihre Brust. Einer Studentin griff der Mediziner in den BH und entdeckte dabei ein Piercing. Im anschließenden Gespräch erklärte der Familienvater, seine Arbeit mache ihm Spaß, weil er sich mit den Patientinnen vergnügen könne.

Einer Rechtsanwalts- und Notars-Gehilfin erklärte er während einer »analen Dehnung«, auf diese Weise könnten auch Frauen zum Höhepunkt kommen. Im Übrigen sollte ihr Freund froh sein, dass er sie jetzt wieder richtig von hinten nehmen könnte. Zum Schluss erkundigte sich F., ob sie jetzt im siebten Himmel schwebe?

»Ich war so perplex, so baff von dieser Behandlung …«, sagt die junge Frau noch immer fassungslos.

Eine sechsundzwanzigjährige Verwaltungsbeamtin suchte die Praxis mit Magen-Darm-Krämpfen und Durchfall auf. Der Arzt fand Hämorrhoiden. Auch sie musste sich nach Analverkehr fragen lassen und erduldete eine zwanzigminütige Massage, bis F. wort- und grußlos in einem Nebenraum verschwand. Sie verließ die Praxis mit Schmerzen.

»Ich fühlte mich rektal vergewaltigt«, sagt die weinende Zeugin. Sie ging zur Polizei und zeigte den Arzt an.

Ein Gutachter soll das Gericht zu der Frage beraten, ob das Geschilderte medizinisch notwendig sei. Der Proktologe mit dreißigjähriger Berufserfahrung erklärt: Beim Analverkehr könnten auch Chlamydien übertragen werden. Aber eine an Durchfall leidende Patientin danach zu fragen, »ist nicht das, worauf ich als erstes käme«.

Der Experte wird noch deutlicher: Die rektale Untersuchung der Zahnärztin war überflüssig. Überbeine kämen am Steiß nicht vor und beschwerdefreien Patienten muss man nicht den Anus massieren. In stundenlanger Erörterung sämtlicher Enddarm-Erkrankungen und deren Behandlung muss sich der Angeklagte einige Kritik anhören.

»Das ist ein sehr unglückliches Vorgehen« ist noch der harmloseste Vorwurf. Sätze wie »Das ist nicht angezeigt!«, »Das entbehrt jeder Grundlage!« und »Das erschließt sich mir nicht!« prasseln auf F. ein. Auch ein zweiter, vom Angeklagten selbst bestellter Gutachter, entlastet ihn nicht.

Dennoch will der Iraner freigesprochen werden.

»Ärzte, die Patienten im Intimbereich untersuchen, setzen sich Vorwürfen des sexuellen Missbrauchs aus«, argumentiert sein Verteidiger. Doch das Gericht schickt den Angeklagten für dreißig Monate in Haft. Durch diesen Aufenthalt, da ist sich der Richter sicher, werde F. von Wiederholungstaten abgehalten. Die Ärztekammer prüft nun den Entzug der Zulassung.

Wieder nicht auf der Gästeliste

Agathe A. ist empört: »Seit Jahren zieht die Presse über uns her. Angeblich schmuggeln wir uns ständig ohne Einladung auf irgendwelche Events. Wir sind das Opfer einer Intrige!« Dafür seien die Klatsch-Reporter verantwortlich. Der von der »Berliner Zeitung« bezeichnete Frau Agathe gar als »stadtbekannte Party-Einschleicherin aus Kleinmachnow«, der es im September 2006 gelang, einen Parteivorsitzenden als lebende Eintrittskarte zu missbrauchen: Im Windschatten des Politikers schlüpfte sie unkontrolliert auf die Bertelsmann-Party.
Dieses Husarenstück bekam Melanie M. aus dem Augenwinkel mit und berichtete darüber in der »Revue«. Das ärgerte die A.'s so sehr, dass sie zur Polizei fuhren und die Klatschreporterin wegen Verleumdung anzeigten. Es sollte ein Bumerang werden: Der Artikel sei zwar nicht in allen Punkten, aber im Kern richtig, ermittelte die Staatsanwaltschaft und eröffnete nun gegen die A.'s ein Verfahren wegen falscher Verdächtigung. So kam das Paar doch noch zu einer Einladung – zu einer Einladung ins Amtsgericht.
Auf dem Gerichtsflur sind die beiden nicht zu übersehen: Sie mogeln sich nicht nur auf Partys rein, sondern mit Turbo-

Bräune, Jeans und Turnschuhen auch ihr Alter weg. Der siebzigjährige Alfred federt – so gut es noch geht – in den Knien und färbt sein schütteres Haar nebst Oberlippenbart. Die vierundsechzigjährige Agathe verjüngt sich mit blonden Strähnen, die ihr starres, auffallend glattes Gesicht rahmen. Für den Gang vor den Richter hat die angebliche Heilpraktikerin eine quietschgelbe, nietenbesetzte Lederjacke angezogen. Gern wirft sie sich mit mädchenhaft eingeknickter Hüfte in Pose.

»Sie bekennen sich als ›nicht schuldig‹«, erklärt ihr Verteidiger, bevor er seiner Mandantin das Feld überlässt. Die bezeichnet die Artikel aus »Revue« und »Berliner Zeitung« als persönlichen Racheakt.
»Es gibt Tausende von Journalisten. Keiner tut uns was, nur Melanie M. und ihr Kollege«, klagt die Blondine. Ihre Gesundheit habe unter dieser Kampagne gelitten. Auch ihr Haus in Kleinmachnow, wo das Paar seinen Lebensabend verbringen wollte, hätte man deswegen verkaufen müssen. Das Haus sei von der Presse umlagert und in der Zeitung abgebildet worden. Eines Abends wurde es ausgeräumt – da feierten die A.'s gerade auf der Preisverleihung »Das goldene Lenkrad«.
Man könne auf keine Party mehr gehen, ergänzt ihr Mann. Die beiden von seiner Frau genannten Journalisten würden auf der Gästeliste nach dem Namen »A.« schauen. Falls der dort nicht stünde, würden sie Kontrollen durch die Gastgeber veranlassen. Um all diese Intrigen »aktenkundig« zu machen, hätten er und seine Frau die Klatschreporterin angezeigt.
»Ich will nicht als Party-Einschleicherin dastehen!«, klagt Agathe A. Sie habe es nicht nötig, vor dem Eingang der Bertelsmann-Party herumzulungern, um einen Prominenten abzupassen, wie in der »Revue« zu lesen gewesen war. Vielmehr hätte das Paar den Parteivorsitzenden wenige Stunden zuvor

auf einem Empfang in der Chinesischen Botschaft getroffen. Als der Politiker sich mit dem Hinweis auf die Bertelsmann-Party von ihnen verabschieden wollte, habe Alfred A. gefragt, ob der Parteichef nicht seine Frau dorthin mitnehmen könne, die keine Einladung hatte. Er selbst wollte mit einem südafrikanischen Diplomaten nachkommen. Der Angesprochene habe sofort eingewilligt, behaupten Alfred und Agathe A.

Im Zeugenstand widerspricht der Politiker. Alfred A. habe lediglich gefragt, ob er seine Frau im Taxi mitnehmen könnte. Er sei überrascht gewesen.

»Ich kannte die A.'s nicht so gut. In einer vergleichbaren Situation hätte ich nicht gefragt: ›Nehmen Sie meine Frau mit?‹ «

Schließlich habe er eingewilligt. Am Ziel angekommen, habe er sich bemüht, nicht den Eindruck zu erwecken, als sei Agathe A. seine Begleiterin. Er sei davon ausgegangen, sie sei eingeladen. »Hätte sie mich um eine Schleuser-Tätigkeit gebeten, hätte ich gesagt: ›Was soll denn das?‹ «

»Sie haben mich doch noch der Bertelsmann-Chefin vorgestellt – die hat mich sogar später in der Semper-Oper wiedererkannt«, begehrt Agathe A. auf. »Und Sie haben mich gefragt: ›Darf ich Sie allein lassen?‹«

»Ja«, antwortet der Parteivorsitzende. »Das war die höfliche Form, Ihnen deutlich zu machen, dass ich nicht möchte, dass Sie sich weiter an mich klammern.« Er ist sichtlich genervt vom Diskussionsgegenstand, von den A.'s und von seiner Rolle als Zeuge.

»Entschuldigen Sie die Unannehmlichkeiten, die Ihnen entstanden sind«, schmeichelt Alfred A. »Aber wenn Sie als Politiker jemanden eingeschleust haben, bleibt Ihnen doch nicht anderes übrig, als sich geschickt aus der Affäre zu ziehen!«

»Wollen Sie damit sagen, er lügt?«, fragt der Richter. Nein, so direkt will der Angeklagte das nicht äußern. Dann überlässt der prominente Zeuge seinen Platz der Klatschreporterin.

»Als der Parteichef am Eingang gefragt wurde, ob er mit Begleitung gekommen sei, gab er keine Antwort«, erinnert sich die attraktive Brünette, die im kurzen Rock und extravaganten Pumps erscheint. Aus Respekt vor dem Politiker habe eine junge Hostess nicht nachgehakt. Agathe A. habe sich ständig bei dem Parteichef für das Mitnehmen bedankt. Dem sei die Situation unangenehm gewesen.

Die A.'s beim Einschleichen zu beobachten sei seit Jahren »eine Gaudi von uns Gesellschaftsjournalisten«, berichtet die Zeugin. Köstlich hätten sich die anwesenden Reporter darüber amüsiert, dass die Party-Schummlerin diesmal den Politiker erwischt hatte.

»Ich denke, der wusste gar nicht, was ihm da passiert«, sagt Melanie M. Dabei war dieses Manöver bei der Bertelsmann-Party gar nicht so einfach – wegen der Bundeskanzlerin galt dort höchste Sicherheitsstufe. Selbst Journalisten mussten sich zuvor mit ihrem Personalausweis anmelden. Agathe A. aber fand die Lücke im System.

Zwanzig Jahre ist die Reporterin im Geschäft. Sie habe schon erlebt, wie Alfred A. als angeblicher Chauffeur eines Bürgermeisters oder Ministers diverse Einlasskontrollen überwand. Er sei auch einmal als falscher Major aufgetreten und habe wegen Amtsanmaßung eine saftige Geldstrafe zahlen müssen. Agathe A. dagegen schwindele oft: »Mein Mann ist mit den Karten schon drin.« Auf den Partys würde sich das Pärchen gern an Prominente heften und mit ihnen fotografieren lassen.

Agathe A. kann das Ganze immer noch nicht fassen.
»Wir haben eine Anzeige aufgegeben und sind jetzt selbst angeklagt«, sagt sie zu der Polizeibeamtin, die im Dezember 2006 die Anzeige der A.'s bearbeitet hat. Wahrscheinlich seien sie falsch verstanden worden, sagt Alfred A. Zwei Stunden hätten sie sich mit der Beamtin unterhalten, die Lügen geschildert, die man über sie verbreitet hätte. Wo sie doch Wochen vorher auf die Bertelsmann-Party eingeladen wurden! Das schrieb die Polizistin ins Protokoll. Ungelesen wollen es die A.'s unterschrieben haben. Ihre Augen seien so schlecht und dummerweise habe sie ihre Brille nicht dabeigehabt, sagt die Angeklagte. Sie räumt ein, nur für ihren Mann sei vorher klar gewesen, dass er den südafrikanischen Diplomaten auf die Party begleiten könnte. Sie hätten der Beamtin vertraut, dass sie ihre Angaben schon richtig aufgeschrieben hätte. Diese Ausrede lässt der Richter nicht gelten: Dann hätten sie die Polizistin eben bitten müssen, den Text nochmals vorzulesen.

Er verurteilt die beiden zu einer Geldstrafe von jeweils 600 Euro (30 Tagessätze). Auch wenn die Klatschreporterin nichts von der Begegnung in der Chinesischen Botschaft wusste, habe sie »es gar nicht so falsch beschrieben«, sagt der Richter. »Sie haben sich bei der Polizei geriert, als hätten Sie eine Einladung gehabt und die böse Frau M. hätte völlig falsch berichtet.«
Stumm vor Wut sitzt das Paar neben seinem Verteidiger. Agathe A. gewinnt als Erste wieder die Fassung.
»An wen muss ich mich denn wegen der Anzeige gegen Frau Melanie M. wenden?«, will sie vom Gericht wissen. Die habe nämlich geschrieben, Agathe A. habe sich auf das Boot der Familie eines Ministers eingeladen. Dabei sei es doch umge-

kehrt gewesen: die Frau des Ministers sei auf dem großen Schiff der A.'s zu Gast gewesen! Der Richter verweist sie an die Polizei.

»An die Polizei soll ich mich wenden?«, fragt Frau Agathe. »Damit ich dann wieder hier sitze?«

Keine Frage, dass die A.'s das Urteil nicht akzeptieren. Beim Landgericht kommen sie tatsächlich besser weg: Das Verfahren wird eingestellt, wenn das Paar 600 Euro an einen gemeinnützigen Verein zahlt.

Frisiersalon »Umkleidekabine«

Diebstahl mit Waffen‹ ist ein ernster Vorwurf«, sagt der Richter. Und eine Nagelschere sei nun einmal eine solche. »Stellen Sie sich mal vor, Sie wären an einen nicht so netten Detektiv geraten und Ihnen wäre eingefallen, die Nagelschere auch noch einzusetzen! Auf eine solche Tat stehen mindestens sechs Monate Haft.«

»Ich habe die Nagelschere nicht mitgenommen, um jemanden anzugreifen, sondern um mir die Haare zu schneiden!«, sagt Marietta M., eine kleine, füllige Sechzigjährige. Ihre Haare, die im Mittelpunkt der Verhandlung stehen, sind auf Bob-Länge gestuft und tiefrot gefärbt. »Ich weiß, das klingt lustig. Aber seit zehn Jahren gehe ich in dieses Kaufhaus und schneide mir in der Umkleidekabine die Haare. Dort gibt es einen großen Spiegel, wo man sich von hinten begucken kann.«

Als die Ernährungswissenschaftlerin im April 2008 auf dem Weg zu ihrem Frisierspiegel war, entdeckte sie ein T-Shirt, das ihr gefiel. Sie probierte es in der Kabine an.

»Es passte gut zu meinem Pullover.« Sie beschloss, das sechs

Euro teure Stück anzubehalten. Mit der Nagelschere schnitt sie die »die Pieps-Dinger« heraus und legte sie in ihre Tasche. Sie habe der Kassiererin die Etiketten später geben wollen. Das hätte wohl auch geklappt, wenn die an Multiple Sklerose erkrankte Frau nicht anschließend in die Lebensmittel-Abteilung gegangen wäre. Die Krankheit führt nämlich zu motorischen und kognitiven Defiziten: »Marietta M. hat Probleme, sich zu konzentrieren und etwas zu merken«, steht in dem ärztlichen Attest, das sie dem Richter überreicht.

Über ihrem halbstündigen Einkauf vergaß die Kundin nicht nur die abgetrennten Sicherungsetiketten; auch das neue T-Shirt an ihrem Leib war ihr nicht mehr präsent. Es fiel ihr auch nicht mehr ein, als sie ihre Lebensmittel bezahlen wollte und mit den Etiketten in ihrer Tasche einen Alarm auslöste.

»Ich war total geschockt, völlig perplex«, erzählt die Angeklagte dem Richter. Ein herbeigeeilter Detektiv schaute in ihre Tasche, in der er zunächst nur eine Nagelschere, eine Tüte und einen Schlüsselbund entdeckte. Ob sie ein Kleidungsstück mit einer Wäschesicherung trage? Marietta M. wusste es nicht. Aus einer kleinen Seitentasche förderte der Detektiv die abgetrennten Etiketten zutage. Selbst deren Anblick setzte die Erinnerung der Kundin nicht in Gang. Erst als sie sich in Gegenwart einer Kassiererin ausziehen sollte, fiel es ihr ein.

»Ich habe es zum ersten Mal gemacht«, soll sie dem Detektiv gesagt haben.

»Das glaubte ich der Dame, denn sie wurde knallrot«, sagt der Zeuge dem Gericht. Er kann sich noch sehr gut an diese Kundin erinnern. »Sie war sehr höflich und sachlich.« Auch Marietta M. fühlte sich gut von ihm behandelt. Sie lobt ihn von der Anklagebank.

»Ich habe nicht mit Vorsatz geklaut, sonst hätte ich die Etiketten weggeschmissen. Das waren sechs Euro, das kann ich mir leisten«, sagt die Frau, die seit der Schließung ihres kleinen Bio-Ladens einen 500-Euro-Job als Betreuerin von Demenzkranken ausübt.

»Formaljuristisch ist das ein Diebstahl«, sagt Melanie M. Ihre halbe Familie einschließlich ihrer Tochter seien studierte Juristen. »Aber die wissen nicht, dass ich hier bin«, sagt sie mit spitzbübischem Lächeln.

Der Richter gibt sich skeptisch: Wieso schneide sich die Angeklagte ihre Haare ausgerechnet mit einer Nagelschere? Das dauere doch ewig?

»Ich schneide die doch nicht gerade!«, erwidert Melanie M. »Ich ratsche die mit der Schere so ab, damit das ein bisschen wuscheliger aussieht.« Und das funktioniere mit einer Nagelschere, erkundigt sich der Richter.

»Ganz toll!«, versichert ihm sein Gegenüber.

»Mir wurden noch nie die Haare mit einer Nagelschere geschnitten«, stellt der Vorsitzende fest. Sein Haar ist glatt zur Seite gescheitelt. Die Angeklagte pariert: »Sie haben ja auch eine gerade Schnittkante! Ich dagegen will die Strähnen durcheinander haben!« Und wo sind die abgeschnittenen Haare geblieben? In einer Tüte, die sie auf dem Weg zur Lebensmittelabteilung in einen Abfalleimer getan habe.

Den jungen Referendar der Staatsanwaltschaft überzeugt diese Erklärung nicht. Er fordert sechs Monate Haft zur Bewährung. Doch der Richter spricht Melanie M. frei – mit einem Lächeln.

»Objektiv haben Sie einen Diebstahl begangen, aber subjektiv? Ich kann es Ihnen nicht nachweisen.« Er hege trotz ihrer absolut einzigartigen Erklärung Zweifel, dass sie vorsätzlich gehandelt habe. Wenn man schon so professionell die Etiketten abschneide, würde man diese hinterher auch wegschmeißen. »Und wenn man dann erwischt wird, dann denkt man sich eine andere Geschichte aus, als diese hier. Sie sagen ja selbst, Ihre Erklärung klingt absurd.« Er habe in der Verhandlung einen Eindruck von der Angeklagten gewonnen und glaube ihr. »Man mag Sie als exzentrisch bezeichnen – dazu gehört sicherlich auch Haareschneiden in der Umkleidekabine.«

Der gefesselte Trommler

Langsam und vorsichtig schiebt sich der Mann mit seinem Rollator in das Gerichtsgebäude. Sein Rücken ist gebeugt, die Hose schlottert um seine dürren Beine. Ein dichter Bart kaschiert sein eingefallenes Gesicht. Vor drei Jahren erlitt Bodo B. einen Schlaganfall. Seitdem lebt der Neunundvierzigjährige in einem Pflegeheim.

Dorthin schickte ihm die Staatsanwaltschaft eine Anklage wegen einer gefährlichen Körperverletzung. Den Zusatz »gefährlich« verdient man sich unter anderem, wenn man für seine Tat mehr als nur den bloßen Körper benutzt. Auf diese Weise mutieren Alte und Gebrechliche schon mal zu respektablen Straftätern. Bodo B. steigerte die Qualität seiner Straftat mit einem Telefonkabel: Mitten in der Nacht nahm er das »gefährliche Werkzeug«, band es um die Hand seines bettlägerigen Zimmergenossen Herbert und fixierte diese am Bettgitter. Als die Pfleger am nächsten Morgen kamen, war die Hand bereits stark geschwollen. Was sollte das Ganze?

»Tja«, sagt der Angeklagte. Dann trommelt er mit seiner Hand auf den Tisch. So habe Herbert H. auf Bettdecke und Nachttisch geschlagen.

»Dat machte der auch nachts.« Ende der Erklärung.
»Warum haben Sie nicht den Pflegekräften Bescheid gesagt?«, will der Richter wissen.
»Hab ick doch jetan. Aba die konnten ooch nüscht machen.«
»Und dann haben Sie gemeint, Sie binden den fest?«
»Ja«, antwortet Bodo B.
»Ick weeß, dit war nich richtig.« Die Pfleger hätten mit ihm darüber gesprochen: »Aba nich groß.«
Wirklich aktiv wurde das Personal dann erst, als man eines Tages zwei Blutergüsse in Herbert H.'s Gesicht entdeckte. Der Verdacht fiel sofort auf Bodo B., schließlich hatte der seinen Zimmergenossen schon einmal traktiert. Nun reichte es der Heimleitung: Man trennte die beiden Männer und erstattete Strafanzeige.
»Ein Skandal«, sagt der Richter, dabei sei doch der erste Fall der wesentlich schlimmere Vorfall gewesen – aus juristischer Sicht. Der Angeklagte gibt jedoch nur die erste Tat zu.
»Ick habe den ansonsten überhaupt nich anjefasst.« Das Gegenteil lässt sich nur durch die Aussage von Herbert Hund beweisen, den aber kann das Gericht nicht fragen. Der Richter überlegt, ob man das Verfahren mit Zahlung einer Geldbuße beenden könnte.
»Wie sieht es denn bei Ihnen finanziell aus?«, fragt er Bodo B. Der bekommt 94 Euro Taschengeld.
»Im Monat.« Davon bestreite er die Kosten für Friseur und Fußpflege sowie Zuzahlungen für Medikamente. Hinzu kommen noch zehn Euro, die er monatlich an die Berliner Justizkasse überweisen muss: Im Frühjahr diesen Jahres wurde er nämlich wegen eines Ladendiebstahls zu 600 Euro verurteilt: »Da hab ick noch ne Weile zu zahlen.«
Das Gericht beschließt, den Vorfall mit dem Telefonkabel ohne Geldauflagen zu den Akten zu legen.

»So was darf sich aber unter keinen Umständen wiederholen«, gibt der Richter dem Angeklagten mit auf den Heimweg. Geräusche seien keine Entschuldigung dafür, sich an einem hilflosen Mitbewohner zu vergreifen. Das nächste Mal solle er den Pflegern Bescheid sagen. Das habe er doch, beteuert Bodo B.

»Die haben mir Ohropax jejeben. Aba dit vertrag ick nich.« Er beschreibt mit seinen Armen zwei opulente Halbkreise zu beiden Seiten seines Kopfes. »Da krieg ick so 'ne Ohren!«

Rätsel um einen leeren Karton

Über dreißig Jahre lang besuchte Veit V. regelmäßig das Berliner KaDeWe. Der Siebenundsechzigjährige war Stammkunde am Hummer- und Austernstand, genauso wie in der Tabakwarenabteilung. Dort kaufte er kistenweise kubanische Zigarren und regelmäßig auch edle Feuerzeuge.

»V. liebte das KaDeWe!«, sagt sein Anwalt. Neben ihm sitzt sein Mandant, ein pensionierter Urologe im eleganten Nadelstreifenanzug. Nein, er mache keine Angaben, sagt der Lebemann mit dem grauen Schnurrbart und lauscht schweigend, warum er am Verschwinden eines edlen Feuerzeuges beteiligt gewesen sein soll.

Hehlerei unterstellt ihm die Staatsanwältin: Eine Mitarbeiterin des KaDeWe soll den Luxusartikel gestohlen und dann dem Arzt zu einem günstigeren Preis verkauft haben – aus Gefälligkeit, weil der Arzt sie regelmäßig mit Medikamenten versorgte.

Jahreswechsel 2005 / 2006. Veit V. feierte mit seinen Freunden in der Lebensmittelabteilung seines Lieblingskaufhauses. Zwei Tage später führten die Mitarbeiter der Tabakwarenabteilung

eine Inventur durch. Dabei tauchte eine leere Schatulle auf. In der befand sich die Garantiekarte für ein Feuerzeug namens »Diamond Drops«, ein platiniertes, mit zweiundzwanzig Diamanten besetztes Luxusstück im Wert von 1 620 Euro. Die französische Firma »S. T. Dupont« hatte es anlässlich eines Firmenjubiläums in einer limitierten Auflage von 1 952 Stück auf den Markt gebracht.
Nach dem Fund rotierte der Leiter der Abteilung Tabakwaren: Hatte vielleicht einer seiner Mitarbeiter das Feuerzeug verkauft, ohne sofort den Chef über dieses freudige Ereignis zu unterrichten? Er befragte alle seine Verkäufer, aber niemand konnte sich an das »Diamond Drops« erinnern. Nur eine Frau blieb für seine Nachfragen unerreichbar: Renate R. war ein Vierteljahr zuvor erwischt worden, als sie ihren Arbeitsplatz mit zwei unbezahlten Zigarettenstangen verlassen wollte. Die langjährige Mitarbeiterin sei dann zur Kündigung angefordert worden.

»Aber gerade Frau R. hätte mir Bescheid gesagt«, sagt der Abteilungsleiter. Warum der Verkauf gleich dem Chef kundgetan werde, erkundigt sich die Richterin bei einem Tabakwaren-Mitarbeiter.
»Bekommen Sie denn eine Provision?«
»Nein«, antwortet der Zeuge, »aber man ist sehr stolz, wenn man so ein Feuerzeug verkauft hat.«
Ein Warenwirtschaftssystem, anhand dessen man Einkauf und Verkauf hätte vergleichen können, existiert im KaDeWe nicht.
»Wäre die leere Schatulle im Mülleimer gelandet, wäre der Diebstahl niemals aufgefallen«, sagt der Abteilungsleiter. Um die Tat zweifelsfrei nachzuweisen, hätte jede Bon-Rolle kontrolliert werden müssen. So weit gingen die Bemühungen des

Zeugen jedoch nicht. Auch ohne aufwändige Bon-Kontrolle stand für ihn fest: Das Feuerzeug war nicht regulär über den Ladentisch gegangen.

»Keine Meldung, kein Verkauf«, lautete die einfache Gleichung des Abteilungsleiters.

Aber wo war nun der Inhalt der Schatulle geblieben?

Die Antwort kam ein halbes Jahr später, als die Lebensgefährtin von Veit V. das Feuerzeug in die Tabakwaren-Abteilung zum Reinigen und Befüllen brachte. Jeglicher Zweifel war ausgeschlossen, die Serien-Nummer des gebrachten Stücks war mit der des vermissten »Diamond Drops« identisch. Die Mitarbeiter suchten nun nach der leeren Schatulle mit der Garantiekarte. Alles Kramen blieb vergeblich – niemand der anwesenden Verkäufer kannte deren Verbleib. Erst Tage später wurden sie im Keller wieder gefunden. Darum ließ man, ohne sich etwas anmerken zu lassen, die Lebensgefährtin mit dem gereinigten und befüllten Feuerzeug wieder gehen.

Nach diesem Vorfall geschah erst einmal monatelang nichts, bis ein Dreivierteljahr später – im März 2007 – der Doktor persönlich zum Reinigen und Befüllen kam. Inzwischen war man für diesen Fall gewappnet: Griffbereit lag die Schatulle bei den beiden Hausdetektiven mit Vornamen »Heiko«. Die baten den Verdächtigen in ihr Büro, wo sie ihn mit den Beweisen konfrontierten. Veit V. sagte, er habe das »Diamond Drops« für 1 400 Euro bei Frau Renate R. im KaDeWe erworben. Einen Kontoauszug konnte der Arzt nicht beibringen, er habe in bar bezahlt. Warum er die Garantiekarte nicht mitgenommen habe, bohrten die »Heikos« weiter. Solche Zertifikate seien ihm nicht wichtig. Für ihn sei ein Feuerzeug ein Gebrauchsgegenstand, soll der Beschuldigte geantwortet haben. Vorsorglich erteilten die Detektive dem treuen Stammkunden ein Hausverbot. Das traf ihn schwer: Zwei Wochen später erlitt Veit V. einen Herzinfarkt. Der zwang ihn, so sein Verteidiger, seine Praxis aufzugeben. Der Angeklagte selbst formuliert es auf dem Gerichtsflur etwas optimistischer: »Ich habe eine Menge Geld gespart.«

Da der Urologe keinen Zugang zu den Waren besaß, ist die Version, er habe das Feuerzeug von Renate R. zu einem Freundschaftspreis erhalten, nicht von der Hand zu weisen. Doch warum sollte die ehemalige Mitarbeiterin dieses getan haben? Aus Gefälligkeit, davon gehen Kaufhaus-Leitung und Anklage aus. Dr. V. habe R. regelmäßig, etwa alle drei Wochen, in einem kleinen Plastiktütchen Medikamente über den Ladentisch gereicht. Das habe der Abteilungsleiter angeblich erst nach deren Kündigung erfahren.
Auch einer Verkäuferin aus der Lebensmittelabteilung soll der Urologe regelmäßig Tütchen überreicht haben. Die Frau war »ihrem Doktor« so dankbar, dass sie für ihn ein Glas Kaviar im Wert von über 250 Euro entwendete und ihm durch einen Kollegen überreichen lassen wollte. Zum Pech für die Mitarbeiterin der Lebensmittelabteilung kam dies dem Kollegen merkwürdig vor. Die Frau habe ebenfalls kündigen müssen.
Die beiden Verkäuferinnen sollen aber nicht die einzigen Medikamenten-Empfängerinnen gewesen sein.
»Ich habe allen Tabletten mitgebracht«, sagt Dr. V. in seiner einzigen, kurzen Wortmeldung vor Gericht. Ein Mitarbeiter der Tabakwaren-Abteilung und auch die Kronzeugin Renate R. bestätigen das.
»Ja, die hat er nicht nur mir mitgebracht, fast alle Kollegen haben von ihm Medikamente bekommen«, sagt die ehemalige Mitarbeiterin des Luxus-Kaufhauses. Kopfschmerztabletten seien es gewesen, Allergietabletten, auch mal eine Salbe. »Was

man halt so brauchte.« Bezahlen musste niemand, erinnert sich die Zeugin.
Auch sie will das »Diamond Drops« nicht verkauft haben. Aber jeder Mitarbeiter, jede Aushilfe hatte Zugang zu den wertvollen Waren.
»Die Feuerzeuge waren überhaupt nicht gesichert. Die lagen ganz offen im Regal.« Ob sie ein besonderes Verhältnis zu dem Urologen gehabt hätte, will die Richterin wissen.
»Wir haben uns gut verstanden, er war mein Kunde.« Ob er das diamantbesetzte Stück von ihr günstiger erworben hätte? Bei dieser Frage muss die füllige Frau mit dem blondierten Deckhaar lachen.
»Nee, von mir nicht.« Ob sie die Verpackung immer mitgegeben hätte? Nein, es habe des Öfteren Kunden gegeben, die das nicht wollten, die das Erworbene gleich in die Hosentasche steckten. »Die gingen mit einem 1 000-Euro-Feuerzeug um, wie wir mit einem für 1 Euro.«

Für die Staatsanwältin liegen die Parallelen zum versuchten Kaviar-Diebstahl auf der Hand. Renate R. bekam Pillen, darum verkaufte sie das Feuerzeug billiger. Der Arzt hätte den Schwindel wittern müssen und soll nun eine Geldstrafe von 70 Tagessätzen zahlen. Für den Verteidiger aber ist an diesem Fall noch gar nichts klar: Warum, bitte schön, brachte der Angeklagte das corpus delicti gleich mehrfach zum Befüllen ins KaDeWe, wo man es doch vermissen musste? Er hätte diese Dienstleistung auch in anderen Geschäften bekommen können. Der Anwalt fordert Freispruch.
Die Richterin setzt sich über diese Argumentation hinweg. Sie hält das wiederholte Befüllen für eine besondere Dreistigkeit des Urologen.
»Einmal ist es gutgegangen, dann wähnte er sich sicher.« Sie

glaubt Veit V. seine Version vom 1400-Euro-Kauf. Doch sie versteht nicht, warum er diese Zahlung nicht nachweisen kann und warum er auf die Garantiekarte verzichtet hatte. Darum unterstellt sie dem Sammler edler Feuerzeuge, die wahren Umstände für das vermeintliche Schnäppchen gekannt zu haben.

»Wer den Deal mit V. gemacht hat, konnte nicht festgestellt werden«, sagt die Richterin. »Doch es ist nicht auszuschließen, dass sich die Verkäuferin bemüßigt sah, eine Gegenleistung für die Medikamente zu erbringen.« Sie verurteilt den Pensionär zu einer Geldstrafe von 2800 Euro (70 Tagessätze). Das Feuerzeug verbleibt in der Asservatenkammer der Justiz.

In Sachen »Diamond Drops« ist das letzte Wort noch nicht gesprochen. Der Verteidiger kündigt an, wegen eines Verfahrensfehlers in Revision zu gehen: Die Richterin habe vergessen, die Zeugin Renate R. über ihr Schweigerecht zu belehren, denn auch sie soll bald wegen des gestohlenen Feuerzeuges auf der Anklagebank sitzen. Zum Schluss gibt der Anwalt von V. allen potentiellen KaDeWe-Kunden einen guten Rat: »Vergessen Sie niemals Ihren Karton!«

Der geraubte Kuss

Lief die junge Frau mit geöffnetem Mund über den Weihnachtsmarkt? Glitt der küssende Schmuckverkäufer versehentlich von ihrer Wange ab? Geriet so sein Mund nebst Zunge auf beziehungsweise *in* ihren Mund? Nur schwer kann sich die Richterin vorstellen, wie es zum Raub eines Zungenkusses kommen kann.

Doch der Vorwurf ist in der Welt: Carlos C. ergriff seine Kundin an beiden Handgelenken und gab ihr einen Zungenkuss. Die damals Neunzehnjährige erschrak, sie wollte nur schnell weg von dem Stand, an dem sie soeben zwei Ringe erstanden hatte. Sie zeigte den Peruaner an. In der Anklage wegen Beleidigung heißt es nun: »Er degradierte die Geschädigte zum bloßen Objekt seiner sexuellen Begierde.«

Der Küsser bestreitet seine Tat nicht. Es wäre auch nicht zur Verhandlung gekommen, wenn Carlos C. mit der im Strafbefehl vorgeschlagenen Geldstrafe von 800 Euro (40 Tagessätze) einverstanden gewesen wäre. Doch Schmuckverkäufer verdienen nur in der Weihnachtszeit gut, erklärt der Angeklagte, der trotz Geldnot einen Verteidiger engagierte.

»Sie hat zwei Ringe gekauft – ich habe mich gefreut. Ich wollte

mich nur bedanken«, sagt der stämmige, pausbäckige Lockenkopf mit den indianischen Lippen – den Tatwerkzeugen. Es habe sich um einen Verabschiedungskuss auf die Wange gehandelt, »was ganz normal ist in Südamerika«, sagt der Neununddreißigjährige, den die Liebe einst nach Berlin verschlagen hatte. Vor vier, fünf Jahren trennte er sich von seiner deutschen Frau. Über seine damalige Kundin sagt er: »Sie war so schnell weg. Wenn sie falsch verstanden hat, es tut mir leid.«
Er wiederholt seine Entschuldigung noch einmal im Beisein von Jasmin J., der Zeugin der Anklage. Die Kindfrau mit dem langen, rotblonden Strubbelhaar sagt: »Das habe ich verstanden. Das nehme ich auch so an.« Noch mehr scheint sie sich darüber zu freuen, dass sie jetzt sofort das Gerichtsgebäude verlassen kann, um endlich mit ihrem Freund eine Zigarette zu rauchen.
450 Euro (30 Tagessätze) soll Carlos C. zahlen, befindet die Richterin.
»Er hat sich entschuldigt. Das zeigt, dass er sein Fehlverhalten eingesehen hat und bedauert.« Für die Zukunft empfiehlt sie dem Angeklagten »nicht mehr vor lauter Freude die Mädchen zu küssen. Freuen Sie sich auf eine andere Art, aber nicht so!«
Der Südamerikaner will zukünftig asiatisch jubeln. Zur Demonstration hält er die aneinandergelegten Handflächen vor die Brust und deutet eine Verbeugung an.

Der Schniedelwutz

Beflissen eilt die mädchenhafte Frau ihrem Verteidiger hinterher, als suche sie Schutz unter den schwarzen Flügeln seines Talars. Noch nie musste sich die Zweiundsechzigjährige einem Richter erklären.

Die Ostberliner Chefarzt-Gattin ist als »Badewart« in einer Schwimmhalle am Berliner Stadtrand beschäftigt. Nein, sie habe niemanden beleidigt, beteuert Tamara T. Und sie gucke den nackten Badegästen stets ins Gesicht.

»Ich schaue nirgendwo anders hin.«

Seit achtzehn Jahren arbeite sie in allen Bereichen der Schwimmhalle: Bei den Frauen, bei den Männern, in der Sauna. Noch nie habe sich jemand beschwert – bis es vor einem halben Jahr zu jener Auseinandersetzung mit Udo U. kam.

Der betritt auf dicken Plateau-Sohlen den Verhandlungssaal. Ein Mann, so hoch wie breit. Er sei regelmäßiger Besucher jener Schwimmhalle gewesen, erzählt der arbeitslose Bauer aus Brandenburg.

An jenem Nachmittag befand er sich allein in der Männerumkleide. Er stand gerade unter der Dusche, als Tamara T. an ihm vorbeilief. Das sei ihm unangenehm gewesen. Als sie noch ein zweites Mal in die Umkleide kam, stellte er sie zur Rede. Was sie hier zu suchen hätte, wollte er wissen. Sie mache sauber, hätte sie geantwortet. Das glaubte er ihr nicht, sie hätte doch gar keine Putzmittel dabei. Sie würde den Müll einsammeln und vergessene Dinge aus den Schränken räumen, rechtfertigte sich die Angestellte.

So schnell war der Badegast nicht zu besänftigen. Er zog sich an und schritt Richtung Ausgang, wo er sich eine Entschuldigung von Tamara T. abholen wollte. Die saß gerade an der Kasse und kümmerte sich um die Frauengruppe, deren Aqua-Fitness-Kurs gleich beginnen sollte. Schon von weitem brüllte Udo U. die zwanzig Jahre Ältere an.

»Es ist eine Frechheit, dass Sie dort durchlaufen!« Ob das nicht die männlichen Angestellten machen könnten, die er in der Schwimmhalle gesehen hätte. Nein, das seien Bademeister. Die hätten andere Aufgaben, rechtfertigte sich die Angesprochene. Den Tränen nahe versicherte sie ihm: »Ich mache doch nur meine Arbeit!« Der kleine Mann war nicht zu überzeugen. Was sie sich einbilden würde, das sei Nötigung, er wolle die Polizei holen.

Die lautstarke Auseinandersetzung blieb den Frauen des Aqua-Fitness-Kurses nicht verborgen.

»Wir haben uns köstlich über das laute Spektakel amüsiert, weil wir den Grund seiner Aufregung gar nicht verstanden haben«, sagt eine der Frauen, eine siebenundfünzigjährige Sachbearbeiterin, dem Richter. »Wissen Sie«, erklärt die Zeugin, »der Kurs dient uns dazu, die Seele baumeln zu lassen. Wir gackern schon im Wasser ziemlich viel. Da bedarf es keines großen Anlasses zum Kichern.«

Das Gelächter der vielen Frauen muss den kleinen Untersetz-

ten völlig verunsichert haben. Plötzlich meinte er, einen Satz aus dem Mund von Tamara T. zu vernehmen: »Bei Ihnen gibt es gar nichts abzugucken! Bei diesem kleinen Schniedelwutz!«
Vor Gericht erwähnt Udo U. den »Schniedelwutz«, mit dem er damals die Anzeige begründete, nicht mehr. Aber er bleibt dabei, die Angestellte habe ihn vor den anwesenden Frauen lächerlich gemacht.
»Dit war mir so wat von peinlich!« In die Schwimmhalle setze er seitdem keinen Fuß mehr. Dennoch antwortet er mit einem »nicht wirklich«, als der Richter ihn fragt, ob ihm die Bestrafung der Angeklagten wichtig sei.

»So einen Satz habe ich noch nie in meinem Leben gesagt«, versichert die biedere Frau. Überdies sei ihr der Ausdruck »Schniedelwutz« völlig fremd. »Wenn ich so etwas gesagt hätte, würde ich es auch zugeben.«
Sie habe den Herrn unter der Dusche zunächst auch gar nicht bemerkt. Erst seine »Hallo«-Rufe brachten sie dazu, näher an ihn heranzutreten – er hätte ja medizinische Hilfe benötigen können.
»Kann die Betreuung der Männerumkleidekabinen nicht von einem Mann übernommen werden?«, will die Staatsanwältin von Tamara T. wissen. Bei Leibesvisitationen beachte man das schließlich auch.
»Nein«, sagt die Angeklagte, die Servicekräfte seien alles Frauen. Die arbeiten immer zu zweit in einer Schicht. Eine kümmere sich um die Sauna und den Frauenumkleideraum, die andere sitze an der Kasse und räume bei den Herren auf.
»Das ist schon schlecht geregelt«, findet die Staatsanwältin. »Aber man geht immer davon aus, dass Frauen sich mehr genieren als Männer.«

Was ist nun mit der Beleidigung? Hat eine der Frauen vom Aqua-Fitness-Kurs sie gehört? Oder hatte sich eine von ihnen – gackernd und gruppendynamisch beflügelt – zu diesem Satz hinreißen lassen?

Nein, keine der Zeuginnen will den Satz gehört oder gar gesagt haben. Ganz im Gegenteil, sagen die Frauen. Sie hätten die in Tränen aufgelöste Tamara T. noch getröstet. Keine Spur von Angriff oder gar Beleidigung.

Die Staatsanwältin ist zwar nicht restlos von der Unschuld der vor ihr Sitzenden überzeugt. Doch die Zweifel überwiegen, sie fordert Freispruch. T.'s Verteidiger ist derselben Meinung.

»Wenn ich aus sieben Metern Entfernung rumbrülle und da sitzen zwanzig Frauen, muss ich mich nicht wundern, dass sich jemand amüsiert.«

Der Richter stellt sich dem nicht entgegen. Er könne sich zwar eine solche Bemerkung vorstellen, mit der die Angeklagte zum »verbalen Befreiungsschlag ausgeholt hätte, um sich von dem Quälgeist zu befreien«. Allein, es fehlen die Beweise. Er empfiehlt den beiden Betroffenen sich vor dem Saal »mal darüber auszusprechen und sich mit einem Lächeln voneinander zu verabschieden – dann ist man vielleicht menschlich über den Berg!«

Nach diesen Worten strebt Udo U. zügig und ohne Lächeln aus der Saaltür.

Die störrische Anwältin

In einer Ecke des schmalen Flurs steht eine zierliche Frau mit rotblonden Locken. Ihr Gesicht hat sie zur Wand gedreht. Emsig kritzelt sie in Papieren, die sie in der Hand hält. Mit dieser Vogel-Strauß-Taktik versucht Lotte L., ihre Mitmenschen demonstrativ zu ignorieren. Die angeklagte Anwältin rüstet sich für den Kampf. Ihre Abwehrschilde, die sie später aus einer ihrer drei Taschen ziehen und demonstrativ vor sich auf den Tisch legen wird, bestehen aus zwei Wälzern: der Strafprozessordnung und dem Strafgesetzbuch.

Als Frau L. in den Sitzungssaal gerufen wird, verlangt sie sofort den Ausschluss der Öffentlichkeit.

»Es geht schließlich um meinen Ruf als Rechtsanwältin!« Doch Richter und Staatsanwalt sind anderer Meinung. Das veranlasst die Frau mit dem ebenmäßigen Gesicht, das hinter Locken und Brille fast verschwindet, zur nächsten Attacke.

»Ich behalte mir Rechtsmittel gegen diese Entscheidung vor!« Der Richter, ein besonnener Mensch, mahnt: »Mit diesem Ton, den Sie hier anbringen, ist es schwierig, zu einer einvernehmlichen Lösung zu kommen.« Schließlich hätte ihn die Angeklagte Tage zuvor angerufen und um ein mildes Urteil gebeten.

Der siebenunddreißigjährigen Anwältin wird Gebührenüberhebung und Untreue vorgeworfen. Etwa 1 000 Euro berechnete sie zu viel, denn sie vertrat ihren Mandanten nur vor Gericht und nicht, wie von ihr berechnet, auch außergerichtlich. Außerdem leitete sie etwa 2 500 Euro, die eine Rechtsschutzversicherung an sie überwies und die sie treuhändisch in Empfang nahm, nicht an ihren Mandanten weiter. Beide Summen erstattete Lotte L. vor der Verhandlung zurück. Jetzt soll der Richter ihre Vergehen ahnden und anschließend den Schuldspruch mit einer früheren Geldstrafe wegen versuchter Körperverletzung verbinden. Die angriffslustige Frau wollte nämlich im März 2006 eine Kernspintomographie machen lassen. Beim Arzt entrichtete sie zehn Euro Praxisgebühr. Während der Untersuchung kam es zum Streit. Sie habe sich von dem Arzt »mit den Augen ausgezogen gefühlt«. Als dieser sie »unsittlich am Bauch berührte«, wie L. sagt, brach sie die Behandlung ab, zog sich wieder an und forderte ihre Praxisgebühr zurück. Der Arzt weigerte sich, da er die Behandlung bereits begonnen hätte. Nun verlangte die Patientin ein Telefon: Sie wollte wegen des vermeintlichen Betruges die Polizei rufen. Der Arzt forderte sie zum Verlassen der Praxis auf und schob die kleine Frau in Richtung Ausgang. »Sie versetzte ihm einen deutlich hörbaren Schlag gegen den Brustkorb«, steht in der Begründung des Urteils, das drei Monate zuvor gesprochen wurde.

90 Tagessätze bietet der Staatsanwalt der Angeklagten an – falls sie ihre Taten gesteht. Es ist ein moderates Angebot für drei Delikte. Mit diesem Urteil würde die Anwältin gerade noch als nicht vorbestraft gelten. Doch die renitente Heidelbergerin befindet sich auf dem Kriegspfad. Statt Geständnis erfolgt ein Angriff.

»Sie müssen mir sagen, was ich sagen soll«, verlangt sie vom Richter. »Ich habe mich völlig korrekt verhalten.« An diesem Punkt möchte der Staatsanwalt sein Angebot am liebsten zurücknehmen. Zu einem Geständnis gehören schließlich Einsicht und Reue.

»Also gut«, begehrt L. auf, »dann werde ich lügen!« Dies brächte sie allerdings in einen Gewissenskonflikt, als Anwältin habe sie sich per Eid der Wahrheit verpflichtet.

Diplomatisch bietet der Richter an, die Verhandlung zu vertagen. Sie könne ja das nächste Mal mit einem Verteidiger kommen.

»Was natürlich mit Kosten verbunden ist«, überlegt L. »Mit enormen Kosten!« Dafür fehle ihr das Geld. Sie lebe derzeit von ihrem Dispo-Kredit, erklärt die in einen edlen grauen Hosenanzug gekleidete Frau dem Richter. Auf dessen skeptischen Einwurf: »Sie sind ja sehr schick angezogen, was auch einiges kostet«, entgegnet die Anwältin lapidar: »Alles Anschaffungen aus dem letzten Jahr!«

Dann will sie sich noch einmal die Anklage durchlesen. Als sie damit fertig ist, ruft sie schnippisch in den Saal: »Also gut, ich sage ja zu dieser Story!« Es ist ein seltsames Geständnis, doch der Staatsanwalt muss es ihr in seinem Plädoyer positiv anrechnen. Er fordert eine Geldstrafe von 4500 Euro (90 Tagessätze).

»4500 Euro soll ich zahlen?«, fragt L. entrüstet. »Dann möchte ich mein Geständnis widerrufen!« Geduldig bremst der Richter die empörte Frau. Er habe ja noch nicht sein Urteil gesprochen. Er glaubt der Angeklagten ihre Geldnot und verurteilt sie zwar zu 90 Tagessätzen, wie mit dem Staatsanwalt vereinbart, aber ihre Angaben hätten ihm gezeigt, »dass Ihnen das Wasser bis zum Hals steht«. Darum halbiert er die Höhe der Tagessätze. Seiner Meinung nach habe sie die Gebührenüber-

hebung und die Untreue nicht aus bösem Willen begangen, sondern aus Unerfahrenheit.
Lotte L.'s Auftritt ist noch nicht beendet. Sie will wissen, ob der Staatsanwalt das Urteil anfechten wird. Der sagt, das wisse er noch nicht. Er müsse erst mit seinem Abteilungsleiter sprechen. L. lässt nicht locker.
»Können Sie den anrufen?« Nein, das kann der Staatsanwalt nicht. Der Chef sei im Moment nicht da. Jetzt mahnt der Richter die soeben Verurteilte: »Ihr Verhalten macht keinen guten Eindruck!« Rechthaberisch entgegnet die Anwältin: »Wieso? Deals sind jederzeit möglich!« Der sichtlich genervte Staatsanwalt versichert ihr, er werde sich bei seinem Chef nicht für eine Berufung aussprechen. Dann wolle sie das Urteil annehmen, triumphiert L. Ob sie noch eine Belehrung über die Rechtsmittel hören wolle, fragt sie der Richter zum Schluss.
»Nein, ich kenne mich aus«, versichert die kleine Frau und verstaut die dicken Bücher in ihren Taschen.

Alles wegen Ulla

Gerd G. empört sich: »Ich und Drogenhandel! Ich trinke ja noch nicht einmal Alkohol!« Dennoch wurde er vor einem Jahr wegen Beihilfe zum Betäubungsmittelhandel verurteilt, musste sich in einem anderen Prozess wegen Sachbeschädigung verantworten und sitzt nun wegen falscher Verdächtigung wieder einmal vor dem Richter. Und alles nur wegen ein paar Monaten, die er mit einer Frau verbracht hatte, die noch nicht einmal sein Typ gewesen war!

Im Herbst 2007 begann die Serie von Schicksalsschlägen im Leben des Metall-Ausbilders. Erst wurde er von einem Auto angefahren und erlitt einen komplizierten Bruch des Sprunggelenks. Weil sein Ellbogen nicht belastbar ist, konnte er nicht an Krücken laufen und musste die Genesungszeit im Rollstuhl verbringen. Doch wie bewegt man sich so in einer Dachgeschosswohnung, die sich über zwei Etagen erstreckt? Rettung versprach das Angebot von Ulla U., die er über seinen Mitbewohner kennengelernt hatte: Sie schlug dem Gehbehinderten vor, sich in ihrer Erdgeschoss-Wohnung einzuquartieren. Zunächst sei das Verhältnis zu der Endvierzigerin rein freundschaftlich gewesen, berichtet der Siebenundvierzigjährige. Er sei dankbar gewesen und tolerierte sogar den Haschisch-Handel seiner Vermieterin.

»Dabei bin ich für illegale Sachen gar nicht zu haben.«

An einem Novemberabend ging Ulla wegen ihrer Kopfschmerzen früher als sonst zu Bett. Sie bat ihren Mitbewohner, die Drogenkonsumenten zu bedienen, was er auch tat. Zweimal verkaufte er etwa ein Gramm Cannabis an der Haustür. Der letzte Kunde wurde anschließend von der Polizei abgefangen. Eine Hausdurchsuchung bei Ulla förderte weitere 33 Gramm Haschisch zutage.

Aber auch das trübte die Freundschaft zwischen ihr und Gerd G. nicht nachhaltig. Irgendwann wies ihnen eine Mischung aus Alkohol, Sympathie, Vertrautheit und Einsamkeit sogar den Weg ins Bett.

»Es hat sich einfach ergeben … Wie das in der heutigen Zeit eben so ist unter Erwachsenen … dass man auch ohne Beziehung mal Geschlechtsverkehr hat«, sagt der schlanke Mann, den man nur mit »mittel« beschreiben kann: mittelgroß, mittelgrau, mittelattraktiv – dazu Jeans, Hemd, Jackett. Er habe seine Partnerin gefragt, ob sie gesund sei. Ja, habe Ulla U. gehaucht und bekundet, sie hätte seit acht Jahren keinen Sex mehr gehabt.

»Da war meine Hemmschwelle abgebaut«, sagt der Angeklagte. Gewundert habe ihn nur, dass sie abrupt den Verkehr abbrach. Weil das auch in den folgenden Schäferstündchen passierte, stellte er sie zur Rede. Da habe sie ihm kleinlaut gebeichtet, HIV-positiv zu sein.

»Das war erst nach mehreren gemeinsamen Nächten«, sagt Gerd G. Die ehemalige Drogenabhängige soll geschwiegen haben, weil sie Angst hatte, ihn zu verlieren.

»Ich bin danach völlig abgesackt«, sagt der Angeklagte. Er zog

zurück in seine Wohnung und ließ sich testen. Dann zeigte er Ulla U. wegen fahrlässiger Körperverletzung an. Damals war noch unklar, ob er sich infiziert hatte.
»Dieses Unwissen hat mich völlig gelähmt!« Er fürchtete die Ächtung seiner Mitmenschen. »Es hat zu einem Umdenken in meinem Leben geführt.« Erst nach drei Tests hatte er Gewissheit. Seine Vermieterin sah er nie wieder.
»Ich bin kein Selbstmörder«, sagt Gerd G. »Ich habe Glück gehabt: Ich bin nicht infiziert.« Wäre es anders gekommen, wäre Ulla seine letzte Sex-Partnerin gewesen, glaubt er. »Ich würde niemals eine andere Person in Gefahr bringen.« Das Wort »Kondom« kommt nicht ein Mal über seine Lippen.
Mit dem negativen Testergebnis war das Kapitel »Ulla« für ihn nicht erledigt. Wegen Beihilfe zum Betäubungsmittelhandel verurteilte ihn ein Richter zu 900 Euro (50 Tagessätze) Geldstrafe. Ein Verfahren um ein angeblich von ihm zerbrochenes Fenster in Ullas Haus wurde eingestellt. Heute erlebt er seinen dritten Prozess. Den verdankt er der Aussage von Gino, seit dreißig Jahren Ullas Busenfreund: »Man darf die beiden nicht als einzelne Personen sehen, sondern nur als Einheit«, so der Angeklagte«.
Gino behauptete, Gerd G. habe von der tödlichen Gefahr schon vor dem ersten Geschlechtsverkehr gewusst. Demnach müsse dessen Anzeige eine falsche Verdächtigung sein, meinte die Staatsanwaltschaft und drehte den Spieß um.
Gino, eigentlich Hans-Joachim, ist ein fast sechzigjähriger Lebemann. Nachlässig hat er seine Haare gefärbt, zum Nadelstreifenanzug trägt er eine lila Krawatte. Seine Freundin habe sich immer schwer damit getan, über ihre HIV-Erkrankung zu sprechen, sagt er dem Richter. Er will Gerd und Ulla besucht haben, als die noch zusammen wohnten. Während die Wohnungsinhaberin im Bad geweilt habe, soll der Rollstuhlfahrer

ihm ein Päckchen »Retrovir« gezeigt und gefragt haben, ob Ulla positiv sei.

»Das musst du sie selbst fragen – da mische ich mich nicht ein!«, will Gino geantwortet haben. »Das war noch vor dem ersten Geschlechtsverkehr.« Der habe nämlich erst zwei Wochen später stattgefunden, das wisse er von Ulla. Der Angeklagte habe sie nur angezeigt, weil sie ihn rausgeschmissen hatte, glaubt der Zeuge.

»Gino, das ist unglaublich, was du hier abziehst«, sagt Gerd G. Der Zeuge lässt sich nicht beirren. Der Richter müsse entscheiden, wer die Wahrheit sage, meint er lächelnd. Im Übrigen müsse er gleich zu einer anderen Verhandlung, wo er ebenfalls aussagen soll. Es ist der Prozess gegen Ulla U., die sich wegen Drogenhandels und -besitz verantworten soll. Doch die HIV-Positive bleibt nicht nur dem Prozess gegen den ehemaligen Mitbewohner fern, auch zu ihrem eigenen erscheint sie nicht – angeblich ist sie erkrankt.

Richter und Staatsanwalt beraten kurz über das Schicksal des Angeklagten. Wie glaubwürdig ist die Aussage von Gino, dessen Datumsangaben keinen Sinn ergeben und dessen Ortsangaben fürchterlich schwanken? Würde Ulla U. irgendwann einmal zum Prozess erscheinen und wenn ja, würde ihre Aussage das Geschehen erhellen? Das Gericht beschließt, das Verfahren einzustellen: Die möglicherweise falsche Verdächtigung wiegt weniger schwer als die bereits verurteilte Beihilfe zum Drogenhandel. Man könnte auch sagen: Gerd G. ist genug bestraft.

Flüsternde Sponsoren

Mühsam schleppt sich die verwahrlost wirkende Frau über den Flur. Ihr massiger Körper steckt in einem ehemals dunkelblauen Jogginganzug, ihre Füße in Ringelsöckchen mit Garten-Clogs. Ihr langes, strähniges Haar trägt sie offen. Mit Ariane A. schwebt eine Wolke aus Katzen-Urin und Schweiß in den Gerichtssaal. Dort lässt sie sich auf einen Stuhl plumpsen.

»Ich bin erst mal froh, dass ich sitze«, verrät sie dem Richter. Der ist froh, dass die Siebenundvierzigjährige pünktlich erscheint, ganz ohne Polizei-Eskorte wie beim letzten Mal. Dann geht er die Personalien durch. Ledig sei sie, ja das stimmt.

»Sie meinen ›formell‹?« Zum Thema Kinder möchte sich die Angeklagte allerdings nicht äußern. Es scheint sie zu bedrücken.

Ariane A. wird Betrug vorgeworfen. Zehn Überweisungsaufträge fälschte sie zu ihren Gunsten und zu Lasten diverser Rechtsanwälte, eines Inkasso-Unternehmens, der Gasag sowie von Yellow Strom. Rund 6 500 Euro flossen unberechtigt auf ihr Konto. Beim letzten Gerichtstermin bestritt die Angeklagte ihre Taten, deshalb müssen nun vier bebrillte Herren mit schwarzen Aktenkoffern als Zeugen erscheinen. Auch ein psychiatrischer Gutachter nimmt an der Verhandlung teil – es gibt deutliche Hinweise darauf, dass Ariane A. geisteskrank ist.

Plaudernd erzählt sie dem Gericht von jener »Schwachphase«, die sie vor einem Jahr ereilt hatte. Ihr Portemonnaie war verschwunden und mit diesem auch die Lust, sich an den für ihre Geldangelegenheiten zuständigen Betreuer zu wenden.

»Ich hatte keine Lust, meine Papiere zusammenzusuchen«, sagt die Angeklagte. Stattdessen bat sie ihre Bank um 200 Euro. Vergeblich. Zur Verabschiedung habe ihr der Kundenbetreuer gesagt, »ich solle die Möglichkeiten nutzen, die ich habe«. Dieser Satz habe sie beruhigt. In ihrem Briefkasten fand sie einen Überweisungsträger. Da war ihr alles klar.

»Sonst ist es ja immer umgekehrt. Aber warum soll ich nicht mal die Begünstigte sein?« Mit zwei 50-Euro-Beträgen fing die achtwöchige Betrugsserie an. »Ich habe versucht, ganz vorsichtig zu sein«, beteuert Ariane A. »Das waren reine Hilfeleistungen«, sagt sie und beschreibt sich als Teil der Volkswirtschaft. »Ich nehme ja zu Hause am Markt teil, meine Versorgung wäre sonst zusammengebrochen.« Stimmen hätten ihr das Geld angeboten. »Ich habe nur zugehört, fein brav mitgeschrieben und aufgepasst, dass das nicht ausartet.«

Als Nächstes fielen ihr diverse Anwaltsbriefe in die Hände.

»Man hat mir öfter gesagt, dass ich eine Vertrauensperson sei. Es bekommt ja nicht jeder die Kontodaten auf die Papiere gereicht.« In einem Jahre alten Schreiben begründete der unterzeichnende Jurist das Ende von A.'s Mietverhältnis mit einer fehlenden Zahlung. Damals wurde ihre Wohnung zwangsgeräumt und der Hausrat auf den Hof gestellt. Auf 4 000 Euro beziffert sie den entstandenen Schaden, mehrfach habe sie

nachgerechnet. Sie beschloss, den Anwalt zum Schadenersatz heranzuziehen. Dessen Brief hätte sich ganz oben auf ihrer Ablage befunden.
»Das Papier ist mir halt hinterhergehüpft«, sagt die Angeklagte.

Von einem Inkasso-Unternehmen, das ihr monatelang Mahnungen und Vollstreckungsbescheide geschickt hatte, holte sie sich ebenfalls 300 Euro. Am Richtertisch deutet sie auf eine der Zahlungsaufforderungen und erklärt: »So etwas stört mich sehr. Geschäftlich muss alles seine Ordnung haben, da bin ich ganz pingelig! Das müssten doch eigentlich Gutschriften sein! Aber es ist wirklich geschrieben, als ob es eine Rechnung wäre!«

Auch von Yellow Strom besorgte sie sich Geld. Das habe ihr zugestanden, meint die Arbeitslose, die früher einmal Leiterplatten für Telefone montierte.
»Damit wurden ganze Firmen errichtet – die Leiterplatten können zig Jahre halten«, verkündet sie ernst. Mit den Telefonen würden die Stromfirmen Geld verdienen, dafür müsse sie Anteile bekommen. Ein Hausbesitzer erhalte schließlich auch jeden Monat seine Miete. 1 000 Euro akzeptierte sie als Gewinnausschüttung.
»Das hat mir jemand zugerufen. Ich finde das glaubhaft. Ich pass schon auf, ob das einer gesunden Logik entspricht.«

Von dem ergaunerten Geld gab sie nur 2 000 Euro aus.
Sie kaufte sich etwas zu essen, vom Rest profitierten Freunde, die nichts von der wahren Herkunft des Geldes wussten. Dieses Geständnis macht die Aussagen der Aktenkofferträger überflüssig, der Richter will sie entlassen. Bevor die Herren

eintreten, überlegt Ariane A.: »Ich habe mich beim letzten Mal schon für die Unterstützung bedankt.«
»Ich glaube, die wollen ihr Geld zurück haben«, flüstert ihr der Richter verschmitzt zu. Den Zeugen teilt er mit: »Frau A. meinte, sie werde alimentiert.«
»Ja, Ihr Papier arbeitet auch für Sie«, fügt die Angeklagte hinzu und erntet höflich verlegenes Lachen.
»Sie merken, wo das Problem liegt?«, sagt der Richter zu den Herren. Deutlicher kann er nicht werden.
Der Psychiater hält Ariane A. für nicht schuldfähig. Die Stimmen, die sie höre, seien Symptome ihrer Schizophrenie, einer Wahnerkrankung. Solange sie nicht gewalttätig werde, müsse sie aber nicht in die Psychiatrie.
»Es stimmt nicht, was er sagt«, schimpft die Angeklagte. »Eine Erkrankung sehe ich bei mir nicht. Man ist ja nicht immer gleich stark. Ich war teilweise überfordert. Vielleicht meint er das mit ›Wahn‹?«

Für ihre Taten kann sie nicht bestraft werden. Dennoch redet der Richter der wenig Schuldbewussten ins Gewissen. Mehrmals unterbricht sie ihn dabei.
»Ich habe das nicht selbst, das hat mir jemand beigebracht …«
Überdies habe sie gedacht, sie bekomme hier im Gericht noch etwas Geld. Der Richter schaut sie fragend an. »Na, Fahrgeld«, erklärt sie ihm.
»Die kurze Strecke sind Sie doch bestimmt gelaufen?«, entgegnet der Vorsitzende. Nein, das schaffe sie nicht. Also gut, Kurzstrecke. Ja, sie könne einen Antrag auf Rückerstattung stellen. Hoffentlich steht auf dem Formular nicht die Kontoverbindung der Justizkasse.

Blutspur zum Sozialistenfriedhof

Enrico E. kam gerade von der Toilette. Da lag sein Freund Ralf »Ralle« R. auf dem Boden. Auf ihm saß Sven S. und schlug immer wieder auf sein Opfer ein – bis dieses sich nicht mehr rührte. Unterdessen setzte sich Enrico E. auf die Couch und hielt die Hunde fest. Seinem Kumpel half er nicht. Warum er so handelte, soll er in einem Prozess um unterlassene Hilfe erklären.

Ergeben hockt der untersetzte Mann vor der Richterin und beantwortet geduldig alle Fragen. In seinen Antworten schwingt kein Eifer, sich ins rechte Licht zu setzen. Ebenso hält er es mit seiner Kleidung. Wo andere im Anzug erscheinen, trägt der Fünfunddreißigjährige eine kurze, ausgeleierte Turnhose. Auf seiner kräftigen Wade prangt ein verblasster Raubtierkopf. Seine Nase verrät Schläge, die sie plätteten, seine »Lonsdale«-Kapuzenjacke passt zum Stadtbezirk Lichtenberg, wo Ralle im letzten Herbst starb und Enrico E. immer noch wohnt.

Vor dem Tod des Sechsundvierzigjährigen hatte das Trio schon die ganze Woche getrunken. Jeden Tag zehn, zwölf Flaschen Bier, und dann hätten sie sich noch eine Flasche »Roter Apfel«-Likör geteilt.

»Ich hatte schon genug «, sagt der Angeklagte über sich selbst. Warum der Streit eskaliert ist, wisse er nicht.

»Ich war auf der Toilette. Als ich zurückkam, war Sven S. schon auf Ralle drauf.« Vielleicht ging es um den Hund von Ralf R.? Sven S. habe ihn kaufen wollen.

»Ich bin rin in die Stube. Ich habe Ralle am Oberarm gefasst und gesagt: ›Hau ab, geh lieber!‹ « Doch der Geschlagene habe nur »ne, ne« gesagt, während Sven S. weiter auf ihn einprügelte. Da habe sich Enrico E. auf das Sofa gesetzt, die Hunde zurückgehalten und sein Bier ausgetrunken. Hätte der Ralle denn noch gehen können, will die Richterin wissen.

»Ich glaube nicht, dass er dazu noch in der Lage gewesen wäre«, antwortet der Angeklagte. »Er hat nichts mehr gesehen. Wo ich reingekommen bin, war sein Gesicht schon Mus.«

»Das war ja dann ein ziemlich halbherziger Spruch: ›Geh lieber!‹. Wäre Ihr Ansprechpartner nicht eher der Herr S. gewesen?«, fragt die Richterin. Der sei fünf Zentimeter größer und kampfsporterfahren, bekommt sie zur Antwort.

»Auch Sie haben Kampfsport betrieben«, entgegnet die Richterin. Ja, er habe mit acht Jahren mal ein halbes Jahr Judo trainiert, sagt der kleine, untersetzte Mann. »Das wurde mir dann mit achtzehn Jahren vorgeworfen.« So alt war er, als er im Suff mit seinem Mitbewohner in Streit geraten war. Als sein Gegenüber damals mit einem Messer herumgefuchtelt hatte, begann Enrico E. ihn zu würgen, bis sein Opfer sich nicht mehr bewegte. Mit einer um den Hals gelegten Hundeleine zog er den Bewusstlosen aus dem Zimmer, der dadurch starb. 1991 wurde der Totschläger zu vier Jahren und sechs Monaten Haft

verurteilt. Seitdem habe er »panische Angst vor Gewalt«. Natürlich hätte er mit einem Gegenstand auf Sven S. einschlagen können.
»Aber dann hätte ich den auch noch getötet«, sagt der Angeklagte. »Dann hätte ich den auch noch in der Wohnung zu liegen.« Jene Tat vor knapp achtzehn Jahren sei ein Unglücksfall gewesen: »Ich hab mit Streit gar nichts mehr zu tun«, beteuert Enrico E. Darum habe er in jenem Moment, als sein Freund Ralle starb, nicht gewusst, was er machen sollte.
Wieso benutzte er nicht sein Handy, wieso holte er nicht seinen Nachbarn, von dem er wusste, dass er Polizist ist, fragt die Richterin. Und warum hielt er die Hunde zurück? Eines der Tiere gehörte doch Ralf R. – vielleicht wäre das wenigstens dazwischengegangen.
»Die haben nicht gebissen, die sind nur hin und her gerannt«, sagt Enrico E. Vielleicht hätte durch den Lärm der Hunde jemand im Haus etwas gemerkt, gibt die Richterin zu bedenken und fragt den vor ihr Sitzenden zum wiederholten Male, was er sich dabei gedacht hat.
»Dass der Herr S. von selbst ablässt, vielleicht«, antwortet der. Doch statt aufzuhören, schlug der Rasende den Kopf seines Opfers auf den Boden und schrie: »Jetzt mach ich dich platt!«
»Und was passierte, als Ralle plattgemacht worden war?«, fragt der Staatsanwalt. Sie hätten den Toten gemeinsam aus der Wohnung geschafft. Das war um ein Uhr nachts. In einem Kinderwagen fuhren sie ihn ein paar hundert Meter zum Vorplatz des »Sozialistenfriedhofes« und luden ihn am Eingang eines Steinmetzbetriebs ab. Dann gingen sie zurück in die Wohnung und tranken weiter. Zwischendurch entfernten sie noch die Blutspritzer an Türkante und Wand.
Die Mühe hätten sie sich sparen können. Schon wenige Stunden später stieß ein Hundebesitzer auf die abgelegte Leiche.

Die Polizei brauchte nur der dicken Blutspur zu folgen. Die beiden Betrunkenen wurden verhaftet. Drei Wochen später hatte man die Tat geklärt und ließ Enrico E. wieder frei.

Der Angeklagte habe seinen Freund wie ein Stück Müll entsorgt, nachdem er ihn zuvor bitterlich im Stich gelassen habe, sagt der Staatsanwalt. Allerdings sei das Gesetz bei unterlassener Hilfe sehr gnädig, ein Jahr betrage die Höchststrafe. Er will dem Treulosen aber nicht das anlasten, was Sven S. tat. Mit zugedrückten Augen fordere er elf Monate Haft zur Bewährung. Die Richterin zieht davon noch einen Monat ab. Sie spricht noch ein bisschen über »den Tod Ralles« und beendet ihren Vortrag mit dem theatralischen Ausruf: »Der wollte auch noch leben!«

Zoff ums Ampelmännchen

Die Zeugin will die Wahrheit sagen.

»Ich bin schließlich das Opfer«, sagt Sonja S. zur Richterin. Zehn Minuten später steht die große, dunkelhaarige Frau mit der großen Nase neben dem Richtertisch. Über ihrer hellblauen Mohair-Schirmmütze trägt sie dicke, schwarze Kopfhörer und sucht auf einem DAT-Band nach der Stelle, an der die Worte »Nazi« und »nazistisch« zu hören sein sollen. Diese seien neben vielen, vielen anderen an einem Morgen im Januar 2008 von ihrem Anrufbeantworter gespeichert worden. Bernhard B. habe sie aufgesprochen.

»Ich habe ihn angezeigt, um ihm ein Klebeband zu verpassen«, sagt die Fünfzigjährige. Das hindert den Angeklagten nicht an einer flammenden Verteidigung. Im breitesten österreichischen Dialekt wirft der Neunundvierzigjährige ein Faktengebräu auf den Richtertisch, von dem die Begriffe »sechs Tonnen Material«, »Ampelmännchen« und »Dichter-Narzisse« zu verstehen sind. Ungeordnet blubbern sie aus dem kleinen, kugelrunden Mann heraus, dabei bebt sein grauer Schnauzbart vor Entrüstung. Im Übrigen habe er »Narziss« und nicht »Nazi« gesagt: »Sie verwechselt oaber auch oalles!«

Vor über fünfzehn Jahren lernte der Dekorateur aus dem österreichischen Karpfenberg die Bildhauerin aus dem baden-württembergischen Überlingen kennen. Gemeinsam bargen sie einen Schatz: Alte, ausgemusterte DDR-Verkehrsschilder, die sie zu Kunstwerken arrangierten. Bei der Ausstellung »Vorrang« blinkten sie im Takt eines Furtwängler-Konzerts. Die Installation »Die Geher«, welche die beiden an der Volksbühne zeigten, soll den Ruhm des behüteten DDR-Ampelmännchens begründet haben. Bernhard B. jedenfalls sieht sich als Entdecker, nur leider nicht als Profiteur dieses Kults.

»Die oannern verdünen, und i geh leer oaus. Da goahts um fünf Millionen Euro!« Darum könne er »von der Kunst oallein nicht leben« und sei auf staatliche Unterstützung angewiesen. Seine ehemalige »Mitsammlerin« dagegen »verdünt Göld mit unserer Oarbeit«. Sie installierte in Rio de Janeiro das Kunstwerk »Dichter-Narzisse«. Bernhard B. hat dem Gericht ein Foto davon mitgebracht. Es zeigt einen Lampenmast als Stängel, an dem mehrere »Achtung, Kurve!«-Zeichen zur Blüte gebündelt sind. Wenig kunstsinnig sagt die Richterin: »Das sind alte Verkehrsschilder – was soll daran besonders sein?«

»Sie verdünt Millionen doamit«, sagt der Angeklagte. »Sie will oalles oallein ausstellen. Doas is a bissel traurig!« Warum er die ehemalige Mitstreiterin nicht einfach vor dem Zivilgericht verklage, will die Richterin wissen.

»Füil Chancen hoab I net«, antwortet Bernhard B.

»Es geht hier nicht um Geld, sondern darum, ob Sie die Dame beleidigt haben«, erinnert ihn die Richterin. Sie will nun endlich das Band hören. Sonja S. hat inzwischen die entscheidende Stelle gefunden. Die könne man aber nur über Kopfhörer hören. Zufällig hat der Angeklagte Lautsprecher ins Gerichtsgebäude gebracht, die er jedoch am Einlass abgeben musste. Dem Staatsanwalt würde bereits die leise Version

überzeugen, doch die Beleidigte fleht: »Bitte laut, damit Sie nicht denken, dass da irgendeiner Märchen erzählt!«
Also geht die dünne Richterin mit dem dicken Angeklagten zwei Stockwerke nach unten, um die Lautsprecher aus der Obhut der Sicherheitskräfte zu holen. Als Bernhard B. wieder zurückkommt, schnauft er wie eine Lokomotive. Er will Sonja S. das Gewünschte in die Hand drücken, die jedoch begehrt Abstand von ihrem Kontrahenten. Also schaltet sich die Richterin dazwischen. Kaum ist dieses Problem gelöst, verstummt das Gerät.
»Da muss man in ein professionelles Tonstudio gehen«, sagt der Angeklagte. Die Zeugin giftet zurück: »In deine Hände kommt es nicht!« Bei der Polizei habe sie es ja auch vorgespielt, sagt Sonja S. Die Ermittlungsbeamtin, die das zweistündige Band abhören wollte, schrieb in ihren Bericht: »Die lallende Stimme des Beschuldigten macht das Verstehen unmöglich.« Sie habe es aber gehört, beharrt die Künstlerin. Bernhard B. habe gesagt, du bist eine Lügnerin, ein Nazi, du bist nazistisch und dich kriege ich noch!
»Und im Hinterhalt lief eine Brecht-Oper!«
»Ich habe es nicht gehört, und die Polizistin auch nicht«, sagt die Richterin und fragt: »Sie schließen eine Verwechslung aus – trotz lallender Stimme?«
»Trotz drohender Stimme«, ergänzt die Zeugin und meint, die Anklage könne auch auf Nötigung und Erpressung lauten. Erneut versucht sie, dem Gerät ein Geräusch zu entlocken. Ihre Bemühungen werden von einer »Error«-Anzeige quittiert.
Der Angeklagte packt seine Lautsprecher wieder ein, während Sonja S. erzählt, sie sei »von diesem Menschen« in Gegenwart von Museums-Kuratoren geschlagen worden. Sie würde ihn auch anzeigen wollen.

»Ich muss nur genau die Paragraphen kennen, die greifen!«
Bei der gemeinsamen Ampelmännchen-Installation an der Volksbühne sei Bernhard B. lediglich ihr Helfer gewesen. Er habe seinen Status als Mit-Autor »schwindlerisch erpresst«.
»Er ist vorbestraft wegen Einbruchs und Körperverletzung.« Mit so einem Menschen könne sie sich in der Öffentlichkeit nicht sehen lassen. »Ich habe mit hochstehenden Personen zu tun!«
»Frau S., ich habe nicht stundenlang Zeit«, mahnt die Richterin und bittet die Zeugin, sich wieder zu setzen.
»Sie hoat gesagt, Sie sollen oinpacken!«, sekundiert der Angeklagte, als Sonja S. ruft: »Es geht jetzt!«
»Geben Sie mir die Lautsprecher«, verlangt die Richterin von Bernhard B. und streckt ihm die Hand entgegen.
»Ja«, stichelt die Zeugin, »Sonst kriege ich noch eine Alkoholvergiftung!«
Der angeblich Betrunkene zetert: »Ich gehe sofort zur Blutprobe und mache eine Anzeige!« Er wolle der Frau seine Technik nicht mehr geben und fordert seine Lautsprecher zurück. Sie, die ihn beleidigt habe, dürfe nicht die Batterien verbrauchen, die er unter Aufbietung all seiner körperlichen Kräfte treppauf, treppab herangeschafft habe.
»Ich schwitze, mir ist schlecht, und du lachst!«, schleudert er Sonja S. entgegen.
Die Geduld der Richterin ist endgültig erschöpft. Mit einem Seitenblick verständigt sie sich mit dem Staatsanwalt und stellt das Verfahren ein. Die Beleidigung von Sonja S. habe die von Berhard B. aufgehoben, quasi neutralisiert. Um der Justiz nicht neue Arbeit zu bescheren, will die Richterin die beiden Kampfhähne getrennt aus dem Gerichtsgebäude bugsieren. Die Zeugin soll zuerst gehen, der Angeklagte darf in zeitlichem Abstand folgen.

Kaninchenmeucheln im Monsterkeller

Es geht um Kunst. Da muss man sich vielleicht auch bilden!«, hält Nils N. dem Staatsanwalt entgegen. Der zitiert den Künstler seit drei Jahren wegen des Verstoßes gegen das Natur- und Tierschutzrecht auf die Anklagebank. Der schmale Sechsundvierzigjährige mit dem kleinen Kinnbärtchen und dem rötlich-strähnigen Haar, das er mit einem Hut bedeckt, hat zwei Kaninchen töten lassen und das als Kunst deklariert.

Berlin-Mitte, Hackesche Höfe im Februar 2006, gegen 22 Uhr. Eine Hinterhofgalerie namens »Monsterkeller« lädt zur Performance »Ableben des Hasen«. Zwanzig, dreißig Schaulustige interessieren sich für das Spektakel, das in den Stadtmagazinen kundgetan wurde. Unter ihnen befindet sich ein Boulevard-Reporter.

Im Hinterzimmer der Galerie warten in einem Karton bereits zwei weiße Kaninchen auf ihre Hinrichtung. Der Künstler nimmt das erste Tier und überreicht es dem Bio-Fleischer Bruno B. Der schlägt dem Kaninchen mit einem Knüppel ins Genick. Es soll dadurch betäubt werden. Die große, dämonisch in einen schwarzen Ledermantel gehüllte Cindy C. präsentiert das zuckende Tier auf einem silbernen Tablett. Dann greift der Metzger das Kaninchen, hält dessen Pfoten fest, die Frau dreht ihm den Hals um. Auf einem Holzklotz schneidet sie dem Tier den Kopf ab. Der Fleischer nimmt das Kaninchen aus, während Nils N. dessen Kopf an einen Nylonfaden bindet und in Formaldehyd einlegt. Dem zweiten Kaninchen ergeht es kurz danach nicht besser. Während der gesamten Performance wird kein Wort gesprochen. Erst im Anschluss kann der Reporter seine Sinnfragen an den Künstler stellen.

Dessen Antworten klingen mystisch. Nils N. sagt, dass man die »spirituell überhöhte Reflexion ins Gleichgewicht bringen, dass man die geistige Ebene überhöht betrachten müsse und dass wir nicht so göttlich sind, wie wir zu glauben scheinen«. Die Boulevardzeitung vereinfacht seine Antworten und schreibt, der Künstler wolle beweisen, dass wir alle vom Raubtier abstammen.

Der Reporter fragte den Künstler auch, ob er Angst vor den Konsequenzen seiner Show habe. Nils N. antwortete: »Ich bin kein ängstlicher Mensch.« Anschließend wurde der Kaninchenskandal von Berlins Boulevardpresse ausgeschlachtet. Die Zeitungsberichte bildeten den Anstoß zu einem mehrjährigen juristischen Tauziehen, das wohl erst vom Verfassungsgericht beendet wird.

Noch im Februar 2006 zeigte Claudia Hämmerling, Mitglied des Abgeordnetenhauses für Bündnis 90 / Die Grünen Nils N., Bruno B. und Cindy C. an. Sie war nicht die Einzige.

»Die Akte strotzt vor Anzeigen«, sagt N.'s Verteidiger.

Ein Jahr später verurteilte das Amtsgericht Tiergarten die drei Performer zu Geldstrafen: Der Künstler soll 2 400 Euro (80 Tagessätze), der Fleischer 1 000 Euro (50 Tagessätze) und die »Protagonistin« 600 Euro (20 Tagessätze) zahlen.

»Kunstfreiheit ist nicht schrankenlos und findet seine Grenzen, wenn Dritte verletzt werden«, urteilte der Richter. Er stellte nicht in Frage, dass prominente Künstler des »Wiener Aktionismus« in den sechziger und siebziger Jahren Tiere für die Kunst getötet hätten. »Das mag so gewesen sein. Damals hatten wir auch noch nicht den Paragraphen 20a.« Der wurde erst im Juli 2002 ins Grundgesetz aufgenommen und erklärt den Tierschutz zum Staatsziel. »Unsere Einstellung gegenüber Tieren hat sich geändert«, argumentierte der Richter weiter. Mit dem neuen Paragraphen habe man »solche Sachen wie hier verhindern wollen.«

Cindy C. nahm ihr Urteil an. Ihre Mitstreiter dagegen zogen vor das Berliner Landgericht. Ob man nicht das Verfahren wegen geringer Schuld einstellen könne, lautet der erste Vorschlag, den N.'s Verteidiger dort macht. Diesem muss neben dem Richter auch der Staatsanwalt zustimmen. Der schüttelt den Kopf.

So darf sich der Künstler erneut erklären. Dies tut er wesentlich verständlicher als vor drei Jahren gegenüber dem Reporter. Er könne nicht verstehen, warum er sich strafbar gemacht habe, sagt Nils N. Kunst solle bilden, sie sei spirituell und arbeite mit Emotionen.

»Ich habe, um eine Aussage zu machen, die wachrüttelt, gemeinsam mit einem Fleischer zwei Kaninchen geschlachtet und diese später mit zwölf Leuten verspeist. Ich habe versucht, etwas bewusst zu machen, und darum das Bewusstsein gequält – das Bewusstsein der vor sich hin fressenden Konsumenten. Diesen Vorgang grausam zu nennen ist naiv, denn er findet tagtäglich in unseren Schlachthöfen statt – er wird nur verdrängt.« Der Künstler verteidigt sich weiter: »Ich habe mir die Aktion mit den Kaninchen nicht mal eben ausgedacht, nach dem Motto: Ich möchte etwas Schockierendes zeigen und dann werde ich berühmt.« Die Tötung der Kaninchen sei für ihn nicht lustig gewesen. »Ich habe es nicht genossen. Es hat mir und den Zuschauern großen Respekt vor dem Leben gegeben.« Für Nils N. beruht das Urteil auf einer Reihe von Missverständnissen. »Möglicherweise ist durch die effekthascherischen Berichte der Eindruck entstanden, dass es nur um eine grausame Tötung ging.« Dabei sei von Anfang an auch das Verspeisen der Kaninchen eingeplant gewesen. Das erfolgte jedoch aus diversen Gründen nicht am Tag ihrer Tötung. Erst eine Woche später verzehrte eine zwölfköpfige Gesellschaft »Kaninchen an Apricot«. Der Künstler erklärt dazu: »Wir haben Kaninchen gegessen, die wir gekannt haben. Wir möchten uns an sie und an das Leben erinnern, das sie für uns ausgehaucht haben. Darum habe ich die Köpfe konserviert, wie ein Jäger, wie ein Reliquiensammler.« »Hase in Formol« hieß das Kunstprodukt, welches man im Monsterkeller für 9 800 Euro erwerben konnte – so lange, bis das Beweismittel spurlos verschwand.

»Die Galerie war stark unter Druck gesetzt worden«, erinnert sich Nils N.

Der graubärtige Fleischer, der 1975 eine Bio-Metzgerei eröffnet hat, erklärt vor Gericht, er habe Zivilcourage zeigen wollen. Es sei ihm darum gegangen, die Verdrängungsmechanismen der Fleischkonsumenten zu verdeutlichen.

»Das Töten ist das, was der Kunde nicht sieht. Er sieht nur den schönen Schein. Den Prozess, der dazu notwendig ist, sieht er nicht«, sagt der Siebenundfünfzigjährige.

Cindy C. ist diesmal als Zeugin geladen. Auf Stiletto-Absätzen stakst die große, gepiercte Frau mit den raspelkurzen Haaren in den Gerichtssaal. Die sächselnde Friseurin gibt als Beruf

»Herr-schtei-list« an. Sie sei von Nils N. gefragt worden, ob sie sich an der Aktion beteiligen möchte.
»Dem Verbraucher sollte vor Augen geführt werrn, wie das Fleisch auf den Dellar gelangt, dass es geen obgebocktes Stügg auf der Fleischdeke is«, sagt Cindy C.
Sie habe gedacht, dass die Veranstaltung von der Kunstfreiheit gedeckt sei. Schockiert war sie durch den Medienrummel, den Nils N. und Bruno B. im Gegensatz zu ihr gewollt und befeuert hätten. In der Presse sei man komplett missverstanden worden.
»Es ging dann merr Rischtung Gunstagtion«, interpretiert die Dreißigjährige die mystischen Aussagen, mit denen der Künstler in der Boulevardpresse zitiert wurde. Im Nachhinein habe sie den Sinn des Ganzen bezweifelt.
»Mir dud das sehr leid.« Der Staatsanwalt hält an der Geldstrafe fest.
»Es ging um das Töten – nicht um das Verspeisen und nicht um Kunst.« Nils N. habe mit seiner Inszenierung Geld verdienen wollen.
Bruno B.'s Verteidiger glaubt, dass die Tierschützer mächtig Druck auf den Staatsanwalt ausüben. Nur deshalb sei sein Mandant überhaupt angeklagt worden. Der Anwalt fordert den Freispruch.
N.'s Verteidiger appelliert noch immer an die »elegante Lösung« und meint die Einstellung des Verfahrens. Die sei schließlich auch Helmut Kohl mit seinen schwarzen Kassen gewährt worden.
»Die Androhung, dass wir die nächste und übernächste Instanz in Anspruch nehmen werden, ist ernst gemeint«, sagt der Anwalt.
So fallen beim Urteil nur die vorerst letzten Worte in dieser Angelegenheit. Der Richter findet die Idee des Künstlers nach-

vollziehbar. Aber sie hätte anders dargelegt werden können – ohne den Tod zweier Tiere. Darum sollen Nils N. und Bruno B. nun immer noch eine Geldstrafe von 50 beziehungsweise 80 Tagessätzen zahlen. Für den Künstler ergibt das aber in der Summe nur noch 800 Euro – damit widerspricht dieser Richter seinem Vorgänger. Der hatte gemeint, Nils N. sei aufgrund seiner Gesundheit und Intelligenz in der Lage, eine Tätigkeit auszuüben, die ihm mindestens 9 000 Euro statt der angegebenen 4 000 Euro jährlich einbringen würde. Das sieht der Richter der zweiten Instanz anders.

»Künstler dürfen Künstler sein. Ich kann Sie nicht dazu zwingen, etwas anderes zu machen.«

Hund gegen Hund, Frauchen gegen Herrchen

In einer noblen Stadtrandsiedlung wurde Zwergpudel Tim von Cockerspaniel Amadeus im Genick gepackt und geschüttelt. Tims Herrchen griff zur Hundeleine und schlug damit nach dem Spaniel. Amadeus soll vor Schmerz gejault haben, sagt Frauchen Margaretha M. vor Gericht. Darum nahm sie ein Apportierstöckchen und prügelte damit den grauhaarigen Angreifer. Ein Hieb traf den einundsiebzigjährigen früheren Piloten am Kopf und hinterließ dort eine dicke Beule. Der Schlägerin trug er eine Anklage wegen gefährlicher Körperverletzung ein. Diese Rolle ist der zweiundsechzigjährigen Geschäftsführerin eines Vereins für historische Forschungen peinlich. Mit gesenktem Kopf und gebeugtem Rücken nimmt die schlanke Frau neben ihrem Verteidiger Platz. Ihr rotbraun gefärbtes Haar scheint mit ihrem braunen Pullover zu verschmelzen – so sehr strebt ihr Körper gen Erdboden.

Aber ihr Anwalt macht einen guten Job. Schon vor Beginn der Verhandlung ist klar: Das Verfahren wird gegen Zahlung von 500 Euro an eine gemeinnützige Organisation sowie 500 Euro Schmerzensgeld eingestellt. Allerdings nicht sang- und klanglos: Der Richter, selbst Hundebesitzer, möchte die Angeklagte und ihr Opfer noch einmal hören. Es entspinnt sich folgender Wortwechsel:

Richter zum Geschädigten: »Als Hundehalter ist man ja manchmal sehr verbissen, sieht nur die Interessen seines Hundes. Aber war der Pudel tatsächlich in Gefahr?«
Geschädigter: »Der Pudel ist brutal geschüttelt worden. Er war kurz vor dem Schleudertrauma!«
Richter: »Die Hunde spielen doch …«
Geschädigter: »Der Cocker spielt nicht!«
Richter: »Der Geschädigte, also der Pudel, wurde angegriffen. Das ist nicht in Ordnung. Aber war es Angriff oder doch eher Spiel? Das Hundespiel ist doch ein einziges Beißen …«
Geschädigter: »Das war ein glatter Angriff gewesen – mit Angriffsgebrüll!«
Angeklagte: »Mein Cockerspaniel war der Meinung: Wenn sich der Pudel schon in seinem Revier aufhält, darf er nicht auch noch bellen. Der Griff ins Nackenfell hieß: Hier herrscht Ordnung, hier wird nicht gebellt! Es sind beides Rüden …«
Richter: »Ah, zwei Rüden!«
Geschädigter: «Das war auf der Straße, das ist nicht sein Revier! Das ist eine Fehlinterpretation des Cockerspaniels, nicht eine Sache des Pudels. Wir haben uns nur verteidigt!«
Richter: »Haben Sie neben der Scheußlichkeit des Angriffs noch weitere Folgen zu beklagen?«
Geschädigter: »Ja, psychologische. Ich hatte Kopfbrummen und nervöse Zuckungen. Außerdem trau ich mich nicht mehr in diese Straße. Ich rechne immer damit, dass das Tier vorbeikommt.«
Richter: »Sie haben Angst, dass nicht nur das Tier, sondern ein Schlag kommt?«
Geschädigter: »Ich trau der Sache nicht. Ich habe die Ange-

klagte als unberechenbar erlebt. Der Pudel hat es auch nicht vergessen: Er macht sich steif und läuft nicht mehr weiter. Ich habe mich damit abgefunden.«

Richter zur Angeklagten: »Können Sie ausschließen, dass Sie den Herrn noch einmal schlagen? Er bietet nämlich gar keinen Anlass, wie ich jetzt hier sehe …«

Die Angeklagte nickt.

Richter: »Es war ein Fehlverhalten …«

Angeklagte: »… ausgelöst durch den Schmerzensschrei des Cockers!«

Geschädigter: »Ich habe keine Schmerzensschreie des Cockers gehört! Ich habe ihn ja auch gar nicht mit der Leine getroffen!«

Die Angeklagte spricht von einer »Überreaktion«, die sie bereut und für die sie sich entschuldigt. Sie will nicht nur das Schmerzensgeld, sondern auch den Anwalt des Rentners zahlen. Eine Verurteilung wegen gefährlicher Körperverletzung mit mindestens drei Monatsgehältern wäre wesentlich teurer gewesen.

Meine Hecke, deine Hecke

Die Hauptrollen gebühren zwei Herren, beide Mitte siebzig. Der Kleinere der beiden – Balduin B. – ähnelt mit Stirnglatze, Brille und Kinnbart dem ersten DDR-Staatsratsvorsitzenden Walter Ulbricht. In der DDR, so sagen die Nachbarn über Balduin B., sei er der »Eingabe-König der Republik« gewesen, einer, der sich ständig und über alles beschwerte. Heute würde er – auch das aus Nachbars Mündern gehört – sich aus Angst vor Überfällen nur mit Messer und Säge bewaffnet aus dem Haus trauen. Obendrein soll er seine autofahrenden Mitmenschen ärgern, indem er besonders langsam die Straße überquere.

Gegen all diese Eigenheiten wirkt sein Widersacher Gerhard G. blass: Ein großer Mann mit vollem grauen Haar, brav gewandet in eine dunkle Kordhose, Strickpullover und Hemd. Ein Pantoffelheld: Das Verfassen der Strafanzeige gegen Balduin B. überließ er seiner Frau, Gerhard G. leistete nur die Unterschrift. Auch bei der Aussage vor Gericht will Hannelore G. ihrem Mann gerne assistieren. Als der allein in den Sitzungssaal gebeten wird, kräht die blondierte Dicke über den Flur: »Soll ich mit reinkommen?«

Seit vierzig Jahren kennen sich Gerhard und Balduin. Ihre Gartengrundstücke grenzen aneinander. Im März erregten sich die Gemüter beider Herren angesichts Balduins wuchernder Hecke. Der große Gerhard bat den spitzbärtigen Balduin um den Rückschnitt seiner Sträucher innerhalb von vierzehn Tagen. Andernfalls wollte er diese Arbeit selbst vornehmen. Daraufhin hätte ihm der Heckenbesitzer gedroht: »Wenn Sie sich an meiner Hecke vergreifen, hole ich ein Gewehr und erschieße Sie!«

Nun sitzt Balduin B. angriffslustig vor Gericht.

»Ich halte Ihre Feststellungen für nicht glaubhaft, Herr Staatsanwalt«, sagt er näselnd. Dann präsentiert er seine Geschütze, die er aus einer Rolle zieht, die er aus zerschnittenen Pappbechern gebastelt hat. Es sind handgemalte, plakatgroße Skizzen vom Tatort, die seinen Vortrag veranschaulichen sollen.

Schon im letzten Sommer sei es zu einer Auseinandersetzung mit seinem Nachbarn gekommen, sagt der Angeklagte. Damals habe er sich in seinen Garten gestellt und Gerhard bei der Zaunreparatur beobachtet. Der fragte, ob Balduin nichts anderes zu tun hätte. Er sollte seine Klappe halten, entgegnete der spitzbärtige Glotzer. Der beleidigte Gerhard lief damals zu einem Schiedsmann. Der habe zugunsten von Balduin B. entschieden: »Klappe« sei keine Beleidigung, sondern lediglich ein umgangssprachlicher Ausdruck.

Im Frühjahr kam es dann zum Heckenstreit. Im Fünf-Minuten-Takt sei Gerhard zu ihm gekommen. Der Angeklagte sagt, er habe sich provoziert gefühlt und gedroht, er würde ein Gewehr holen.

»Aber das mit dem Erschießen ist böswillig oben draufgesetzt worden!« Seiner Meinung nach ist Hannelore die Drahtzieherin. »Diese Leute wissen, dass ich leicht erregbar bin, und nutzen das aus«, sagt Balduin B. Hannelore muss es gewesen sein,

die ihren Mann zu ihm geschickt habe, »um mich zu einer Äußerung zu bringen, die ein solches Verfahren nach sich zieht«. Immer werde nur auf ihm herumgehackt, beschwert sich der Angeklagte. Dabei würde sein Nachbar den eigenen Überhang zu anderen Gärten auch nicht beseitigen: Zum Beweis zieht er aus der Pappbecher-Rolle einige Fotos, die G.'s Ligusterhecke mit einem daran gelehnten Zollstock zeigen.
»Damit Sie sehen, wie hoch das wächst.«

Drei Tage nach der Morddrohung schrieb der Angeklagte einen Brief an Hannelore G.: Das Schneiden der Hecke sei gar nicht möglich. In den Sträuchern befände sich nämlich ein Vogelnest, das seit zwei Wochen gebaut werde. Laut Naturschutzgesetz dürfe man Fortpflanzungsstätten nicht negativ beeinflussen, es sei denn, man besitze eine Ausnahmegenehmigung. Rechtlich dürften weder er noch »Ihr werter Gatte« die Hecke schneiden, schlussfolgerte Balduin B. in seinem Brief.
Das Amselnest existiere noch immer, sagt der Angeklagte. Das Gericht könne sich gern in Begleitung eines Ornithologen davon überzeugen. Doch Gerhard G. kennt die Tricks seines Nachbarn: Der habe aus einem Nistkasten ein Vogelnest genommen und nach der Auseinandersetzung in der Hecke drapiert.
»Kein Vogel nistet auf einem kahlen Ast«, sagt der Zeuge.
B.'s Pulver ist noch nicht verschossen. Woher wolle der Herr Staatsanwalt eigentlich wissen, dass Gerhard G. sich bedroht fühlte, fragt der Angeklagte.
»Wenn Sie einmal die Akten gelesen hätten …«, trägt er selbstbewusst vor. »Es gibt keine Äußerung, dass die Hecke nicht geschnitten wurde.« Dies sei nämlich sechs Tage nach der Auseinandersetzung geschehen.

»Das belegt, dass die Morddrohung nicht ernst genommen wurde, weil es sie gar nicht gegeben hat.« Wumm, dieses letzte und schwerste Geschütz ist abgefeuert. Das triumphierende Grinsen vergeht Balduin auch nicht, als Gerhard dem Richter versichert, er habe die Hecke nicht mehr angerührt.

»Ich lass mich doch nicht erschießen!«

Der Richter hat genug von dieser infantilen Posse. Laut, fast brüllend verkündet der schmächtige Jurist seine Entscheidung: Das Verfahren wird wegen Geringfügigkeit eingestellt.

»Sie benehmen sich wie Kleinkinder im Sandkasten: Hier meine Sandburg – da deine Sandburg!« Das Verhalten der drei betagten Nachbarn sei in seinen Augen ein Unding.

Hannelore G., die sich um ihren Auftritt als Zeugin betrogen fühlt, mault enttäuscht: »Herr Richter, warum haben Sie mich nicht gefragt? Ich hätte dazu allerhand zu sagen!« So hätte sie darüber berichten können, wie sie vor siebzig Jahren gemeinsam mit dem heute Angeklagten im Sandkasten gespielt hatte. Man würde gerne wissen, wie Klein-Balduin damals seine Sandburg verteidigt hat.

Überdurchschnittliche Koitusfrequenz

Er ist groß, schlank und sportlich. Volles, dunkles Haar sitzt über seiner hohen Stirn, auf der sich erste, zarte Falten abzeichnen. Er sei »ein wenig unstrukturiert«, sagt Martin M. über sich selbst. Das glaubt man dem Vierunddreißigjährigen, der gerade in seiner Ausbildung zum Fitness-Fachwirt steckt. Im nächsten Jahr, so hofft der Angeklagte, werde er damit fertig. Und während seine Altersgenossen längst Kinder haben, bekundet Martin M. auf die diesbezügliche Frage des Richters: »Ich habe noch keine Unterhaltsklage bekommen.« Damit wäre zu seinem Wunsch nach Fortpflanzung alles gesagt. Dem unerwünschten Nebeneffekt erwünschter Sexualkontakte beugt er mit Kondomen vor. Da er während seiner Ausbildung von Hartz IV lebt, darf er sich diese kostenlos beim »Zentrum für Familienplanung« besorgen. Berlin ist nämlich eines der wenigen Bundesländer, das bei nachgewiesener Armut die Kosten für die Empfängnisverhütung übernimmt. Zu den Mitteln der Wahl gehören auch Kondome, die man sich in den Zentren abholen kann. Männer, die spezielle Größen oder latexfreie Produkte benötigen, erhalten ein Rezept. Bevor man jedoch irgendetwas ausgehändigt bekommt, spricht man

mit einer Sozialarbeiterin über die korrekte Anwendung und trägt seinen individuellen Bedarf vor. Zwanzig Kondome im Monat seien die maximale und vom Oberlandesgericht Hamburg festgelegte Anzahl, bestätigt der zuständige Arzt des Familienplanungszentrums, der als Zeuge ins Amtsgericht Tiergarten bestellt wurde.
Martin M. soll nämlich sein Kondom-Rezept gefälscht haben: Die für ein Quartal bewilligten sechzig Kondome reichten ihm nicht, der Angeklagte fügte eine Null hinzu, sagt die junge Staatsanwältin. Mit dem 600-Kondome-Rezept sei M. zu einer Apotheke gegangen, wo er jedoch an einer wachsamen Mitarbeiterin scheiterte. Die rief sofort beim Zentrum für Familienplanung an, ob mit diesem Rezept möglicherweise eine ganze Einrichtung versorgt werden solle.
Schnell wurde derjenige, auf den das Rezept ausgestellt worden war, als Betrüger ausgemacht. Man bot Martin M. eine Geldstrafe von 500 Euro an. Doch der junge Mann beteuert seine Unschuld. Er habe jene Apotheke noch nie betreten, versichert er dem Richter. Er suche stets seine Stamm-Apotheke auf, dort würde ihn eine Frau bedienen, »die mich versteht, die weiß, was ich will«. Jenes Rezept, das im Nachhinein manipuliert worden war, will er zusammen mit seinem Portemonnaie verloren haben. Dessen Finder muss der Übeltäter gewesen sein.
Solche Beteuerungen hören Richter alle Tage. Der unbekannte Dritte ist Stammgast in Moabit und anderen Gerichten, obwohl Richter ihn kaum leiden können – vor allem dann, wenn die Angeklagten ihn nicht sofort ankündigen, sondern erst zur Verhandlung mitbringen. Der Richter ringt sich durch, diese Version wenigstens einmal durchzudeklinieren. Der Diebstahl eines Kondom-Rezepts sei keine gängige Idee, überlegt er laut. Mit einer EC-Karte hätte der Dieb sicher mehr anfangen können.

»Aber vielleicht wollte jemand einen Kondom-Laden eröffnen?«
Die junge Staatsanwältin kann sich erst recht nicht für die Version mit dem unbekannten Kondomrezept-Dieb erwärmen. Nach ihrem Willen soll der Angeklagte statt 600 Kondomen nun 600 Euro Geldstrafe (60 Tagessätze) bekommen. Für den Verteidiger ist das alles an den Haaren herbeigezogen.
»Er hätte doch jederzeit Kondome bekommen können. Warum sollte er das Rezept fälschen?«
Das sieht auch der Richter so und spricht Martin M. frei. Er habe noch nie gehört, dass der Kondomautomat einer Kneipe aufgebrochen wurde und auch noch nie einen Fall von Kondomdiebstahl gehabt. Man müsste sehr viele Frauen für sich begeistern, um diese Menge innerhalb der vierjährigen Haltbarkeitszeit zu verbrauchen. Obendrein bringe mindestens die Hälfte der Eroberten eigene Kondome zum Stelldichein mit.
»Man müsste genügend töricht sein, um 600 Kondome horten zu wollen«, begründet er seine Zweifel.
Nach der Gerichtsverhandlung erkundigt sich Martin M. selbstbewusst bei der Gerichtsreporterin, ob sie sich seine Maße notieren wolle. Dann legt er vertraulich seine Hand auf meine Schulter und bietet ein Date »bei einem Glas fettarmer Milch« an. Sollte er etwa doch mehr als zwanzig Kondome im Monat benötigen?

Die fabelhafte Welt des Alexander A.

Der Gerichtssaal wird zur Bühne, wenn Alexander A. dem Richter schildert, wie er im vergangenen Jahr ausgeraubt worden sein soll. An jenem Abend arbeitete er als Geldbote für eine Detektei und holte die Einnahmen von fünf Wettbüro-Filialen ab. Am Schluss seiner Tour hatte er 15 000 Euro eingesammelt, mit denen er zur Zentrale fuhr. Dort habe er keinen Parkplatz gefunden und darum in der Busspur gehalten, sagt der Achtundzwanzigjährige, der im eleganten, schwarzen Hemd und mit gleichfarbigen, blank geputzten Schuhen vor den Richter tritt. Er sei noch angeschnallt gewesen, als plötzlich seine Wagentür von außen geöffnet wurde.

»Da sah ich eine schwarze Jacke mit einem Reißverschluss.« Bei diesen Worten springt der große, kräftige Mann von seinem Stuhl. Mit raumgreifenden Gesten zeigt er, wie eine rechte Hand, die einen Gegenstand hielt, sich in Richtung seines Gesichts bewegt haben soll.

»Das habe ich an dem Handrücken erkannt.« Wie jeder, der vor dem Richter sitzt, ist auch Alexander A. nervös und aufgeregt. Doch es gibt nur wenige Angeklagte, die sich mit darstellendem Spiel zu beruhigen suchen.

Standhaft bleibt Alexander A. bei seiner Version, er habe gerade die einzelnen Geldtüten und die dazugehörigen Quittungen auf seinem Schoß sortiert, als plötzlich die Fahrertür geöffnet wurde.

»Mein Blick war nach rechts unten auf die Quittungen gerichtet, dann habe ich meinen Kopf nach links gedreht«, behauptet er. Der Räuber habe seinen Kopf weggeschoben und A. mit Reizgas besprüht. Wenn der Angeklagte dies ausdrücken will, spricht er von einem »Reizstoff, der eingebracht wurde«. Er habe sich die Hände vor das Gesicht gehalten, dann habe er die »Einwirkung eines Körpers« und »Körperkontakt im seitlichen Torsobereich« gespürt. Alexander A. suhlt sich nicht nur in theatralischen Gesten, sondern auch in gestelzten Formulierungen. Nach dem Angriff habe er sich abgeschnallt und sei ausgestiegen. Mit »sehr zusammengekniffenen Augen« sei er zur Filiale gegangen.

»Holt die Bullen! Ich bin überfallen worden!«, habe er dort den Kollegen zugerufen. Er sei hin und her gelaufen, sagt A. und spielt dem Richter die Szene auch gerne noch einmal vor. Dann habe er sich das Reizgas aus den Augen gewaschen. Als die Polizisten ihn später fragten, ob er einen Arzt aufsuchen wollte, habe er abgelehnt. »Hätte ich gewusst, dass ich heute hier sitze, hätte ich sofort gesagt: ›Na, logisch will ich zum Arzt, gerne!‹« Der Arzt hätte damals seinen aktuellen »Gesundheitsstandpunkt« aufnehmen können, sagt A.

»Ich bereue, dass ich die ärztliche Hilfe nicht in Anspruch genommen habe.«

Der Angeklagte ist mit seinem Vortrag fertig, der Richter hat jetzt noch ein paar Fragen. Wieso er heute angegeben habe, angeschnallt gewesen zu sein? Vor über einem Jahr behauptete er noch, sich niemals anzuschnallen!

»Sie möchten von mir wissen, worin der konträre Zusammenhang besteht?«, fragt der Angeklagte zurück.
»Ja«, antwortet der Richter. »Ich bekomme den Widerspruch nicht auf die Reihe.« »Den kriege ich auch nicht auf die Reihe«, entgegnet A. »Ich bin kein typischer Immer-Anschnaller oder Nie-Anschnaller.«
Der Richter hat nun genug von der Show, die ihm der Angeklagte liefert. Er schickt A. aus dem Saal, um sich mit der Verteidigerin zu unterhalten. Die hatte bereits nach dem Studium der Akten ihrem Mandanten geraten, die Flucht nach vorn anzutreten – zu erdrückend waren die Beweise gegen ihn: Am Tattag hatte die Polizei die Krawatte des vermeintlich mit Reizgas Besprühten beschlagnahmt und diese auf chemische und biologische Stoffe untersuchen lassen. Doch auf der Krawatte wurde nichts gefunden. Auch in A.'s Fahrzeug nahmen die Beamten keine auffälligen Gerüche wahr. So wurde aus dem Opfer ein Täter. Im Gespräch mit der Anwältin kündigt nun der Richter an, er würde gegen A. nur dann eine Bewährungsstrafe verhängen, wenn dieser auf der Stelle ein Geständnis ablegt. Andernfalls müsse er den zweifach Vorbestrafen ins Gefängnis stecken.
Die Drohung wirkt, der Angeklagte nimmt den angebotenen Strohhalm.
»Ich räume die Tatvorwürfe in vollem Umfang ein.« Mehr muss er nicht sagen, das hat seine Verteidigerin für ihn ausgehandelt. A. soll erhobenen Hauptes den Saal verlassen können. Der Richter kann nun die zahlreich erschienenen Zeugen, darunter etliche ehemalige Arbeitskollegen des Angeklagten, entlassen.
»Ich danke euch!«, ruft A. in Richtung der Zeugen und winkt ihnen mit gönnerhafter Geste zu. Er wirkt nicht wie ein geständiger Sünder, sondern wie ein Popstar, der sich von seinen Fans verabschiedet.

»In letzter Sekunde hat der Angeklagte die Kurve gekriegt«, loben Staatsanwalt und Richter den vor ihnen Sitzenden, der zu jedem ihrer Sätze reuig nickt. Einhellig fordern Staatsanwalt und Verteidigerin eine einjährige Haftstrafe, die jedoch zur Bewährung ausgesetzt werden soll. Der Richter verwandelt diese Forderungen in ein gleichlautendes Urteil. Zu A. sagt er: »Ihre Aussage war hanebüchen und die Beweislage so, dass Sie kräftig eingefahren wären.« Der Angesprochene nickt noch immer brav. Er könne das Urteil nun annehmen oder es sich noch eine Woche lang überlegen, belehrt ihn der Richter.

»Nee, ich überleg mir das nicht. Ich nehme das Urteil an«, sagt der Verurteilte. Seine Erleichterung klingt nicht gespielt.

Verurteilung eines Ahnungslosen

Im Amtsgericht Tiergarten wird die »Strafsache R.« bereits zum dritten Mal aufgerufen. Zweimal platzte die Verabredung zwischen den Angeklagten und dem Gericht: Zwar war Rosemarie R. pünktlich zur Stelle, nicht jedoch ihr Mann, Professor Richard R. Beide Male entschuldigte ihn seine Frau mit einer schweren Erkrankung. Nach dem zweiten erfolglosen Anlauf schickte die Richterin Strafbefehle an die R.'s: Sie beantragte, sowohl Frau als auch Herrn R. wegen Kreditbetruges zu elf Monaten Haft auf Bewährung zu verurteilen. Rosemarie R. widersprach diesem Urteil, von ihrem Mann dagegen kam keine Reaktion, was das Gericht als Zustimmung wertete. Jetzt sitzt die zweiundsechzigjährige, ehemalige medizinisch-technische Assistentin allein auf der Anklagebank.

Wie aber gerieten der gutverdienende Professor für Kunstgeschichte und seine Frau ins Visier der Justiz? Vor Gericht berichtet die kleine, grauhaarige Brillenträgerin von einem Hausumbau, der 220 000 Euro verschlungen hat – ein Drittel mehr als geplant. Die R.'s überzogen ihr Konto, die Hausbank drohte mit der Zwangsversteigerung ihres Hauses.

»Ich habe mich um die Sache gekümmert«, sagt die kleine, biedere Frau im Leinenanzug. Mit der »Sache« ist die Suche nach einem Darlehen gemeint. In dieser Situation tauchte ein Kreditvermittler bei ihr auf. Angeblich meldete sich Detlef D. von ganz allein. Vielleicht, so vermutet der Verteidiger von Rosemarie R., reagierte sie ja auch auf eine Kleinanzeige – etwas, was die Angeklagte heute sicher nicht mehr zugeben würde. Oder die Hausbank der R.'s gab dem Kreditvermittler einen Hinweis auf deren Geldnot.

»Das kriegen wir hin«, soll Herr D. der klammen Hausfrau gesagt haben. Aus Angst vor dem Verlust des Hauses, in dem sie seit einem Vierteljahrhundert wohnte, nahm Frau R. das Angebot an. Im August 2004 unterzeichnete sie den von D. vermittelten Darlehensvertrag mit einem Finanzdienstleister über 110 000 Euro. Auch ihr Mann unterschrieb den Vertrag: Rosemarie faxte ihm das Dokument in eine Jugendherberge nach Frankreich, wo der Professor auf einer Exkursion weilte. Ein halbes Jahr später begann die Rückzahlung. »An wen muss ich denn nun zahlen?«, fragte die Kunsthistoriker-Gattin sowohl den Finanzdienstleister als auch Detlef D.

»An uns«, antwortete der Finanzdienstleister.

»An mich«, sagte der Kreditvermittler. Beide beteuerten, mit dem jeweils anderen nichts zu tun zu haben.

»Aber der D., der drohte mir immer wieder«, sagt die Angeklagte. Hilflos ging sie den Weg des geringsten Widerstandes und zahlte an den Kreditvermittler – etwa 9 000 Euro per Bareinzahlung und ohne Quittungen. Sogar die Einzahlungsbelege schmiss sie weg. Vor Gericht sagt sie: »Ich kann nichts dafür, bei uns war das so!«

Mit »uns« meint sie ihren Mann, »der bei Geldangelegenheiten immer Panik kriegt«. Geschickt muss sie ihm damals die Unterschrift unter den Darlehensvertrag abgerungen haben, denn die genauen Kreditbedingungen wollte sie vor ihm verbergen und zwar gründlich: Sie legte keinen Ordner an und vernichtete sämtliche Dokumente. Ungebremst schlitterte Rosemarie R. in die Detlef-D.-Falle. Der erfahrene Betrüger, der bereits sieben Jahre seines Lebens im Gefängnis verbracht hatte, steckte das Geld in seine Tasche.

Der Finanzdienstleister wiederum, der vergeblich auf den Eingang der Kreditraten wartete, stufte die R.'s als nicht rückzahlungswillig ein und übergab die Angelegenheit seinem Anwalt. Der stellte eine Strafanzeige. Nun trat für die R.'s das Kleingedruckte ihres Vertrages in Kraft: Die Bedingungen für die Rückzahlung verschärften sich: Innerhalb von drei Jahren verdoppelte sich ihr Schuldenberg. Glücklicherweise gelang Rosemarie R. der Verkauf zweier Immobilien aus dem Familienbesitz. Vom Erlös hofft sie, die Schulden abzutragen.

»Ich war völlig überfordert«, sagt die Angeklagte. »Im Nachhinein weiß ich auch, dass das falsch war.« Sie schämt sich für ihre Naivität. »Ich werde so etwas nie mehr machen«, sagt sie weinend, »aber wenn man nichts davon versteht …«

Die Richterin, zunächst skeptisch, lässt sich vom Bericht einer Angestellten des Finanzdienstleisters überzeugen. Diese Zeugin berichtet von ähnlichen Fällen, die ebenfalls auf das Konto des kriminellen Vermittlers gehen. Der säße mit seinen Komplizen seit einem Jahr in der Justizvollzugsanstalt Stralsund und warte dort auf seinen Prozess. Dennoch will die Richterin, die den Fall als »seltsam« bezeichnet, der Angeklagten keinen Freispruch zugestehen. Sie stellt das Verfahren wegen geringer Schuld ein.

Nach dem Ende der Verhandlung eilt Rosemarie R. aus dem Gerichtssaal, sie flieht förmlich vom Ort ihrer Blamage. Detlef D. hat von ihr keine Rache zu fürchten. Sie wird ihn nicht anzeigen, denn dann müsste sie wieder zur Polizei gehen

und vielleicht noch im Landgericht Stralsund als Zeugin aussagen.
»Bloß nicht«, sagt sie in einer Verhandlungspause auf dem Flur, »ich will einfach nur Ruhe haben.«
Hoffentlich merkt ihr Mann nichts von alledem. Rosemarie R.'s Verteidiger ist nämlich überzeugt: Von seiner Bewährungsstrafe wegen Kreditbetruges hat der Herr Professor bis heute keine Ahnung.

Bibelfest beleidigt

Es muss laut gewesen sein in einem Berliner Leihhaus an einem Januartag um die Mittagszeit.

»Du verklautes Stück Scheiße«, brüllte Eberhard E. den Inhaber an. »In Jugoslawien bekämst du dafür drei Kugeln mit einer Makarov in den Kopf!«, soll er noch ergänzt haben. Der Leihhaus-Betreiber fühlte sich bedroht und beleidigt. Er zeigte seinen Kunden an.

1 200 Euro Geldstrafe bot die Staatsanwältin dem Vierundsechzigjährigen für seinen Wutanfall an. Doch E. schlug das Angebot aus. Er hofft auf mehr Verständnis – in der Verhandlung unter dem Vorsitz einer jungen Richterin. Er habe, das gibt der schwerhörige Rentner mit lauter Stimme zu, einige der Worte gesagt, welche die Staatsanwältin in ihrer Anklage aufzählte. »Arschloch« sei jedoch nicht darunter gewesen.

»Ich verwende nur Worte, die der Herr Jesus vor 2000 Jahren auch benutzte«, sagt E. »Jesus sprach von »Hunden« und »Schweinen«. Ich richte mich danach.«

Der rundliche Mann, dessen graue Haare üppig von Kopf und Kinn sprießen und der nahezu barfuß – nur mit Flip Flops an den Füßen – vor der Richterin sitzt, verweist auf das Evangelium, Matthäus Kapitel 7, Vers 6. Da heißt es: »Ihr sollt das Heiligtum nicht den Hunden geben, und eure Perlen nicht vor die Säue werfen, auf dass sie dieselben nicht zertreten mit ihren Füßen und sich wenden und euch zerreißen.« Auch von einer »Makarov« will der Angeklagte nicht gesprochen haben. Er habe stattdessen ein Kaliber genannt, mit dem man den Leihhaus-Chef, sollte er in dieser Weise sein Geschäft in Ex-Jugoslawien betreiben, erschießen würde. E. wisse das, weil er dort viele Freunde habe.

»Also, ›Du blödes Schwein‹ haben Sie gesagt«, resümiert die Richterin mit Blick in ihre Akten. »Und auch ›Wenn du das in Jugoslawien machst, dann müsstest du aufpassen, dass dein verklautes Schweinegehirn nicht bis nach Berlin zurückfliegt!‹ Vielleicht sollten Sie Ihre Wortwahl ein bisschen mäßigen?«, schlägt sie vor. »›Du blöde Sau‹ ist eine Beleidigung!«

»Das ist eine Tatsache!«, hält der vor ihr Sitzende ungerührt dagegen.

»Das darf man nicht sagen!«, gibt die Richterin zurück und bietet ihm an, seinen Einspruch gegen den Vorschlag der Staatsanwältin zurückzunehmen. Nein, das möchte der Angeklagte, der bereits schon einmal zu einer Geldstrafe wegen Beleidigung, Bedrohung und Verstoßes gegen das Kriegswaffengesetz verurteilt wurde, nicht.

»Ich denke, dass es gut ist, wenn wir die Sache durchziehen!«, sagt er kämpferisch.

Also gut. Dazu muss sich die Richterin die Version des Leihhaus-Betreibers anhören.

E. habe, so berichtet der zurückhaltend auftretende Mann, bei ihm eine Goldkette für 450 Euro erworben. An jenem Januartag brachte er sie zurück und wollte sein Geld wieder haben. Das habe er jedoch abgelehnt, sagt der Zeuge, denn er habe die Kette extra für E. bestellt. Daraufhin beschimpfte ihn der

Kunde. »Drecksack, Verbrecher, Betrüger – das waren noch die harmlosen Sachen«, sagt der Leihhaus-Betreiber.
Der Richterin reicht es, sie hat genug gehört und will nun zügig die Verhandlung beenden. E. opponiert.
»Sie machen es sich sehr einfach, junge Frau! Sie müssten vielleicht mal hören, wie es zu dieser Geschichte kam?« Doch es interessiert die Richterin nicht, dass ihm der Leihhaus-Betreiber eine Kette verkauft hatte, die nicht aus purem Gold bestand, sondern mit Kitt gefüllt und darum nicht 450 Euro wert war. Sie gibt das Wort an die Staatsanwältin.
»Für den Angeklagten kann ich nichts vorbringen«, sagt diese. »Er hat keinerlei Unrechtsbewusstsein, zeigt keine Reue und ist einschlägig vorbestraft.« Sie erhöht ihre ursprüngliche Strafforderung von 1 200 Euro Geldstrafe auf 2 000 Euro (100 Tagessätze). Vergeblich begehrt Eberhard E. auf.
»Ihr tut so, wie wenn ihr es nicht besser wüsstet!« Ein letztes Mal sucht er christlichen Beistand: »Der Herr sagte: ›Ihr Heuchler!‹« Er hätte den Vers gerne noch weiter vorgetragen. Doch die Richterin schneidet ihm das Wort ab. Fünf Minuten später bestätigt sie in ihrem Urteil die Forderung der Staatsanwältin: Die Argumente des Angeklagten hätten sie nicht überzeugt. Nach wie vor ist die Richterin der Meinung, E. habe auch das Wort »Arschloch« benutzt. Diese Wörter seien nicht gerechtfertigt, der Angeklagte aber vollkommen uneinsichtig. Das zeige sich auch an seiner Vorstrafe. Gerne könnte E. gegen das Urteil in Berufung gehen. Doch der bibelfeste Beleidiger liebäugelt mehr mit der Rolle des Zeugen. Er erkundigt sich, wo man eine Strafanzeige stellen kann. Er möchte nämlich den Leihhaus-Betreiber wegen Betruges anzeigen.

Verhängnisvolles Erbstück

Eine Frage hätte der Staatsanwalt noch.

»Wozu«, fragt er die Angeklagte, »brauchen Sie fünf Ozelot-Jacken? So viel kann man doch gar nicht tragen!« Der farblose, grauhaarige Staatsanwalt stellt diese Frage einer schlanken, gepflegten Mittfünfzigerin. Die erklärt ihm gerne, wie unterschiedlich fünf Jacken aus ein und demselben Material aussehen können.

»Die sind alle anders geschnitten. Manche haben zum Beispiel einen aufwändigen Kragen, manche einen ganz einfachen«, sagt die sorgfältig frisierte Blondine. Im Amtsgericht trägt sie ein schwarzes Kostüm mit tailliertem Schoß, dessen Ärmel und Ausschnitt dezent weiß abgesetzt sind. Es sieht teuer aus. Manuela M. sitzt das erste Mal in ihrem Leben auf der Anklagebank. Der vierundvierzigfache Verstoß gegen das Bundesnaturschutzgesetz brachte sie dorthin. Die arbeitslose Bilanzbuchhalterin kaufte und verkaufte im Internet Mäntel, Jacken und Kappen aus dem Fell einer gefleckten Wildkatze namens Ozelot. Doch zu viele Frauen begeisterten sich für die Haut dieses Tieres. Es ist daher vom Aussterben bedroht, sein Fell darf nur mit einer Vermarktungsgenehmigung gehandelt werden. So eine Genehmigung bekommt man problemlos beim Umweltamt, sofern der Pelz zu einem Kleidungsstück verarbeitet wurde, bevor die Internationale Handelskonvention zum Schutz bedrohter Tier- und Pflanzenarten (CITES) in Kraft getreten war. Doch die Pelz-Liebhaberin interessierte sich zu spät für die Bestimmungen des Naturschutzes.

Ein Erbstück ist der Ausgangspunkt ihres Verhängnisses: Ende der siebziger Jahre schenkte Manuelas Großmutter ihrer Enkelin einen Ozelot-Pelzmantel.

»Die Liebe zu Pelzen muss in der Familie liegen«, sagt die Angeklagte. Jahrzehntelang trug sie Omas Mantel, bis sie vor sechs Jahren die Möglichkeiten des World Wide Web und ihre Pelzliebe in Übereinstimmung zu bringen suchte. Auf eBay, so stellte Manuela M. fest, könne man günstig Pelze kaufen. In drei Jahren erwarb sie elf Mäntel, Jacken und Kappen. Dann verhielt sich »manulein« wie jeder eBay-Nutzer: Sie kaufte, probierte, und was nicht passte oder gefiel, versuchte sie weiter zu veräußern. Zwei Stücke verkaufte sie erfolgreich weiter. Weitere missliebige Kreationen stellte sie einunddreißigmal ins Netz. Doch obwohl sie die Ladenhüter stets mit einem neuen Text bewarb – sie mal mit »Luxus und Eleganz« etikettierte, mal mit »Luxus pur« und mal mit »Edel-Luxus« –, es wollte sich kein Käufer finden. Dabei hatte »Manulein« sogar »mit CITES« an ihre Auktionen geschrieben, denn nur mit diesem merkwürdigen Zusatz, so hatte sie es bei anderen Pelzhändlern beobachtet, würde eBay ihre Angebote nicht sofort löschen. Doch was bedeuten jene mysteriösen fünf Buchstaben? Für eine Erklärung, nur ein paar Klicks von eBay entfernt, interessierte sich die Blondine nicht.

Für den Zoll sind eBay-Auktionen eine Fundgrube. Regelmäßig stöbern die Beamten in den Angeboten, ob jemand, der »CITES« schreibt, auch CITES hat. Eines Tages stand ein Fünfertrupp vor M.'s Wohnungstür: Drei Kriminalpolizisten und zwei Mitarbeiter der Naturschutzbehörde begehrten Einlass zwecks Hausdurchsuchung.

»Sie brauchen nicht zu suchen«, sagte Manuela M. und führte die Männer bereitwillig zu ihrem Kleiderschrank. Als sie sich von den ungebetenen Gästen verabschiedete, blieb sie ohne Pelze zurück. Die wurden beschlagnahmt. Auch die beiden Pelze, die »manulein« bereits verkauft hatte, holte sich der Zoll von den neuen Besitzern. Denen erstattete die Bilanzbuchhalterin brav das Geld zurück.

»Es lag nicht in meiner Absicht, jemanden zu schädigen«, sagt sie. Damals, als die Beamten die Pelze aus ihrer Wohnung trugen, glaubte Manuela M. noch nicht an eine drastische Strafe. »Ich dachte, das wird nicht so schlimm, ich kann das doch alles erklären«, sagt sie. Erst als ihr die Anklage zugestellt wurde, begriff sie den Ernst ihrer Lage.

»Das war eben eine unbedachte Geschichte«, hält ihr der Staatsanwalt zugute. Noch immer ist er nicht davon überzeugt, dass eine einzige Frau fünf Ozelot-Jacken benötigt. Auch wenn alle Stücke in der gleichen Konfektionsgröße erworben wurden, ist die Angeklagte für ihn eine gewerbsmäßige Händlerin, eine, die sich ihr Arbeitslosengeld mit dem Handel von Pelzen aufbessern wollte, und eine, die sich mit elf Pelzen vierundvierzigmal strafbar machte. Der Staatsanwalt ist weder ein Frauenversteher noch ein erfahrener eBay-Nutzer. Er fordert ein Jahr Haft zur Bewährung und eine Geldbuße von 1 200 Euro.

Die Richterin kommt einige Minuten später zu demselben Ergebnis. Für sie ist die Angeklagte zwar keine gewerbsmäßige Händlerin, dafür eine gewohnheitsmäßige. »Das ist nicht viel besser«, erklärt die Juristin. Sie kreidet der Angeklagten vor allem ihre Sorglosigkeit an. Die ist überrascht. Mit einer so harten Strafe hatte sie nicht gerechnet. Dafür hätte sie auch ganz andere Dinge anstellen können wie betrügen, fälschen, unterschlagen. Manuela M. ahnte nicht, dass Naturschutz so streng sein kann. Nach dem Urteil bleibt ihr ein einziger Trost: Der von Oma geerbte Mantel darf wieder in ihren Kleiderschrank.

Die doppelte Johanna

Am Ende der zweitägigen Verhandlung sitzen Richter, Staatsanwältin, Verteidiger und sogar ein Ermittler der Kriminalpolizei im Saal 3108 und können ihrer Ratlosigkeit nur noch mit Lauten Ausdruck verleihen.

»Oi, joi, joi, joi«, sagt der Ermittler und der Verteidiger stimmt ihm zu.

»Das wird in die Best-of-Liste meiner Fälle eingehen!«

Die Ratlosigkeit hat einen Grund: Trotz mehrstündiger Verhandlung steht das Gericht vor einem Berg von Fakten, von denen sich ungewöhnlich viele dagegen sträuben, ihren Platz im Puzzle einzunehmen. Weder die Angeklagte, noch diverse Zeugen konnten diese ordnen, manche wollten es auch gar nicht.

Dabei war Johanna J. nur ein simpel ausgeführter Betrug angelastet worden. Sieben Monate lang soll die siebzigjährige Rentnerin doppelt – in Berlin und Freiburg – Grundsicherung beantragt und dadurch 1 500 Euro zu Unrecht kassiert haben. Doch die burschikos wirkende Frau mit den kurzen, weißen Locken sagt, sie habe nur einen einzigen Antrag gestellt, nämlich den in Freiburg. Den anderen soll ihre Schwester Evelyn E. in Berlin abgegeben haben – als falsche »Johanna J.«. Über

Jahre und bislang ohne Konsequenzen habe diese nämlich mit zwei Identitäten jongliert. Unter falschem Namen soll die Schwester der Angeklagten nicht nur Sozialleistungen kassiert haben. Auch bei einer Eheschließung, einer Wohnungsanmietung und bei einem Verkehrsunfall zückte Evelyn E. den Personalausweis ihrer Schwester.
»Dann war sie ›Johanna J.‹«, sagt die Angeklagte über ihre Schwester. »Nur wenn die Schulden hatte, dann war ich wieder ›Johanna J.‹.«
Doch wie war das möglich? Fünfzehn Jahre lebte die Angeklagte nicht in Deutschland. Als sie wegzog, hattc sich die damals Fünfzigjährige nirgendwo abgemeldet. Ihre im Familienbesitz befindliche Wohnung wurde nach ihrer Abreise von Angehörigen aufgelöst. Möglicherweise geriet Evelyn E. auf diese Weise in den Besitz der notwendigen Dokumente.
Jahrelang reiste die Angeklagte per Anhalter durch Europa: In Österreich, Italien, Frankreich und England lebte die ehemalige Animierdame ohne Arbeit und ohne festen Wohnsitz.
»Was wollten Sie im Ausland?«, will der Richter wissen.
»Solche Fragen stellen sich nicht, wenn man auf der Straße lebt«, antwortet ihm die alte Dame. »Das ergibt sich durch Zufall, das plant man nicht.« Der Richter kann sich nicht vorstellen, wie sie dort ohne Geld gelebt hat. »Das kann nur jemand fragen, der sich nicht auskennt«, beteuert die Angeklagte, die zur Verhandlung im hellen, sommerlichen Herrenanzug erscheint. Dusche, Kleidung, Unterkunft – alles könne man ohne Geld bekommen, sagt sie.
In der Zeit ihrer Abwesenheit pflegte Johanna J. einmal jährlich bei ihrem Bruder in Deutschland anzurufen. Zu ihrer drei Jahre jüngeren Schwester Evelyn E. hatte sie keinen Kontakt. Diese sei »tückisch geworden«, seitdem sie vor vierzig Jahren aus Amerika zurückgekehrt war – mit drei kleinen Kindern

und ohne finanzielle Unterstützung. Später dann, als die Angeklagte durch Europa tourte, nutzte ihre Schwester die eine Identität zum Empfang von Sozialleistungen, während sie mit der anderen im Büro einer Arztpraxis arbeitete, sagt Johanna J. vor Gericht. In dieser Zeit, es ist über zehn Jahre her, schloss Evelyn E. auch eine Ehe mit einem fünfzehn Jahre jüngeren Mann. Es dürfte keine Liebesheirat gewesen sein, denn sie schlüpfte in ihre Zweit-Identität – so wurde Johanna J. in Abwesenheit vermählt. Damit noch nicht genug: Als Evelyn E. betrunken einen Verkehrsunfall verursachte, zeigte sie den Beamten den Führerschein ihrer Schwester. Der Unfallfahrerin wurde Blut abgenommen, später wurde sie als »Johanna J.« wegen Trunkenheit im Straßenverkehr verurteilt. 2003 kehrte die echte Johanna J. wieder nach Deutschland zurück. Dort erfuhr sie von ihrer Heirat.

»Ich habe darüber zuerst gelacht. Was hätte ich denn machen sollen?«, erklärt sie dem Richter. »Eine Scheidung kann ich doch nicht beantragen, weil ich gar nicht geheiratet habe.« Anfechten wollte sie die Ehe auch nicht. »Ich bin eine alte Frau. Ich wollte mir keine Feinde machen«, erklärt sie. Darum akzeptierte sie den Vorschlag ihrer Schwester Evelyn E. und gab nun als Familienstand »getrennt lebend« an.

Durch Zufall hörte Johanna J. auch von ihrer Verurteilung wegen der Trunkenheitsfahrt. Polizisten wollten nämlich ihren Führerschein einziehen, der sich aber im Besitz von Schwester Evelyn befand. Sie stutzten, als ihnen Johann J. erklärte, sie besäße schon seit Jahren kein solches Dokument mehr. So kam ein Verwechslungsspiel ans Licht, das mit jeder volkstümlichen Komödie mithalten kann.

Johanna J. und ihr Anwalt kümmerten sich um die Wiederaufnahme des Verkehrsunfallsverfahrens. Durch den Vergleich von Blutproben gelang es ihnen im Jahre 2006, Evelyn E. als wahre Trunkenheitsfahrerin zu identifizieren. Johanna J. wurde rehabilitiert, doch nun sitzt sie wieder vor einem Richter und soll für eine Tat verurteilt werden, die ihre Schwester begangen haben muss.

Evelyn E. ist als Zeugin ins Amtsgericht bestellt worden. Dort erscheint die Siebenundsechzigjährige mit klebrig-fettigen, gelblich-weißen Haaren und grauen Plastikschlappen an den nackten Füßen. Sie hinterlässt einen erbärmlichen Eindruck. Auf die Worte, die der Richter zu ihr spricht, reagiert sie nicht. Aber sie hat sich über ihre Rechte informiert. Wortlos schlurft sie zum Richtertisch, kramt einen Zettel aus einer Plastiktüte und liest stockend vor: »Ich mache von meinem Aussageverweigerungsrecht Gebrauch.« Als Verwandte der Angeklagten steht ihr das zu. Den Auftritt ihrer Schwester hält die Angeklagte für eine kalkulierte Show, mit der Evelyn E. beabsichtige, als nicht zurechnungsfähig zu gelten.

»Sie sieht sonst gepflegter aus«, sagt Johanna J. dem Richter.

Auch der bosnische Ehemann ist als Zeuge geladen. Er erkennt in der Frau mit den Badeschlappen diejenige, die er »am Dienstag, den 24. Januar 1997 um 13 Uhr« als »Johanna J.« geehelicht hat. Er habe in einem kleinen Sauna-Bordell als Masseur gearbeitet und sie dort als Tante der Chefin kennengelernt. Er habe sie geheiratet und drei Jahre mit ihr zusammen gelebt, sagt der hagere Physiotherapeut.

»Da muss Ihnen doch aufgefallen sein, dass sie Evelyn E. heißt«, sagt der Richter. Nein, diesen Namen kennt der feminin wirkende Mann mit den dunkel gefärbten Löckchen nicht. »Sie hat gemacht getrennt«, sagt er in gebrochenem Deutsch, ein Antrag auf Scheidung sei gestellt. Zur Sicherheit fragt der Richter auch die Angeklagte: »Den Herrn da kennen Sie nicht?« Nein, sagt Johanna J. Zynisch sagt der Richter: »So sieht man mal seine Ehemänner.«

Um das mysteriöse Verfahren perfekt zu machen, erhielt das Gericht auch noch einen anonymen Brief. Da steht etwas von der »Hure Johanna J.«, die ihren Sohn und ihre Zwillingsschwester in den Selbstmord getrieben habe.

»Nun ist die andere Schwester dran«, steht in dem giftigen Brief, den Evelyn E. verfasst haben könnte. Diffamierend heißt es weiter, Johanna J. alias Perücken-Ingrid sei früher der Star der Potsdamer Straße gewesen – einer alten Berliner Rotlicht-Gegend.

»Kennen Sie diese Fotos?«, fragt der Richter und deutet auf eine Aufnahme, die dem Brief beigelegt war. Sie zeigt Johanna J. im Strasskleid mit Perücke.

»Das bin ich«, antwortet die Befragte. »Das ist ganz lange her, da war ich noch ganz jung.« Die Schrift in dem Brief sei ihre eigene, sagt die Angeklagte, auch die angegebenen Fakten würden stimmen. »Aber ich habe das nicht geschrieben. Wie kommt das?«, fragt die alte Frau den Richter. Der kann nur mit den Schultern zucken. Der Fall ist ihm suspekt. Wie können sich Behörden so täuschen lassen, murmelt er fragend vor sich hin. Die Angeklagte weiß es: »Es wird nicht nachgeprüft, weil solche Fälle nie vorkommen.« Auch J.'s Verteidiger glaubt, das Vorgehen von Evelyn E. würde die Phantasie der deutschen Ermittler überfordern. Die Hypothese des Richters, der zunächst an ein geschicktes Zusammenwirken beider Schwestern glaubte, ist nicht mehr zu halten.

Einhellig fordern Staatsanwältin und Verteidiger den Freispruch der Angeklagten, weil deren Personalien offensichtlich missbraucht wurden. Der Richter bestätigt diese Forderungen.

»Ich bin Ihnen auf diesem Weg lange nicht gefolgt«, sagt er zur Angeklagten. Doch das Ergebnis der DNA-Analyse und die Aussage des bosnischen Ehemannes hätten ihn überzeugt. Es müsse in Zukunft noch einiges richtiggestellt werden – dann, wenn die Angeklagte Evelyn E. heißt.

»Es wird interessant, wie Sie sich da verhalten«, sagt der Richter. »Ob Sie sich hinter Ihrem Aussageverweigerungsrecht verstecken oder ob Sie helfen, das Ganze aufzuklären.«

Zwei Jahre später wird die alte Dame endlich von ihrem mittlerweile spurlos verschwundenen Mann geschieden. Der Familienrichter hatte sich zuvor geweigert, die Ehe zu annullieren, berichtet J.'s Scheidungsanwältin. Er habe die Geschichte von der Heirat in Abwesenheit einfach nicht glauben wollen.

Sau oder blau?

Aber Frau Richterin, ich lüge doch nich! Ick jebe doch nüscht zu, wat nich stimmt!« Lothar L. ist empört. Ein Polizist habe »Du fettes Schwein« zu ihm gesagt. Das hat er als Beleidigung angezeigt. Weil aber niemand außer ihm diese Äußerung bestätigen kann oder will, muss sich der fünfundsechzigjährige gelernte Werkzeugmachermeister dem Vorwurf der falschen Verdächtigung stellen.

Schon im Warteraum schildert der Mann mit dem vollen weißen Haar lautstark und in Fetzen seine Geschichte.

»Brüll nicht so!«, bittet ihn seine Frau, eine ältere, attraktive Blondine. Doch Lothar L. wehrt die Kritik mit einer unwirschen Armbewegung ab.

»Die Einzige, die hier brüllt, bist du!«

Später schildert er der Amtsrichterin seine Sicht der Dinge. Ein Wortschwall ergießt sich über den Richtertisch hinweg in die Ohren der resoluten Frau mit den kurzen, braunen Locken.

»Holen Sie mal tief Luft und schreien Sie nicht so«, bittet sie den Angeklagten. Es bedarf immer wieder Ermahnungen und Schläge auf den Richtertisch, um diesen im Zaum zu halten.

Im Juni 2007 ärgerte sich Lothar L. über eine Auskunft, die er im Bezirksamt erhalten hatte: Man könnte ihm keinen Mietzuschuss für die zwei Monate bis zur Auszahlung seiner Rente gewähren, teilten ihm die Sachbearbeiter bedauernd mit. Er wäre nicht bedürftig.

»Wenn ich die zwei Monatsmieten nicht kriege«, polterte der stark übergewichtige Mann, »kann ich ja auch gleich meine Bude abfackeln und mich ins Krankenhaus legen.« Die Sachbearbeiter erschraken über diese Äußerung. Umgehend informierten sie den Sozialpsychiatrischen Dienst. Der sollte prüfen, wie ernst die Drohung gemeint ist. So machten sich eine Amtsärztin und eine Sozialarbeiterin auf den Weg zu Lothar L. – zu einem Mietshaus mit achtundzwanzig Parteien.

Er habe im Wohnzimmer, nur mit kurzer Hose und Socken bekleidet, mit einer Frau gesprochen, die sich ihm nicht vorgestellt habe.

»Das war die Ärztin, die Sie eingewiesen hat, nachdem Sie dreimal gesagt haben, dass Sie Ihre Bude abfackeln wollen«, erklärt ihm die Richterin.

»Das ist ein Berliner Spruch!«, verteidigt sich der Angeklagte. Damals schmiss er die beiden ungebetenen Besucherinnen aus seiner Wohnung. Der Ärztin blieb nichts anderes übrig, als die Polizei anzufordern. Die sollte den Mann in die Psychiatrie schaffen, um festzustellen, ob er eine Bedrohung für seine Nachbarn darstellt.

Ein Streifenwagen und ein Rettungstransportwagen trafen ein. Zwei Polizisten wollten den nach einem Schlaganfall gehbehinderten L. mit einem fahrbaren Stuhl in den Rettungstransportwagen schieben.

»Wir haben auf den eingeredet wie auf ein krankes Huhn. Doch der wollte sich nicht in den Stuhl setzen und ins Krankenhaus wollte der auch nicht«, fasst die Richterin die Aussagen der beiden Polizisten zusammen. Weil Lothar L. nicht freiwillig mitkam, musste er gezwungen werden. Doch der dicke Mann wehrte sich. Die durchtrainierten Polizisten hatten Mühe, die Handschellen über seinen mächtigen Handgelenken zu schließen. Während sie sich damit plagten, sollen die beleidigenden Äußerungen wie »fettes Schwein« oder »fette Sau« gefallen sein. Das bestreiten die beiden Polizisten. Möglicherweise habe er zu seinem Kollegen gesagt: »Pass auf, die dicken Handgelenke werden blau!«, sagt der beschuldigte Beamte im Gerichtssaal. »Verbal ging es ziemlich hoch her. Er hat die ganze Zeit gezetert. Es gab nicht eine Sekunde, in der er ruhig war.« Das glaubt die Richterin sofort.

Als L.'s Frau eine Stunde später die Wohnung betrat, erblickte sie ein Schlachtfeld: Die Stühle waren umgeworfen, die Tischdecke verrutscht, die weiße Raufasertapete von den Lederjacken der beiden Polizisten geschwärzt.

»Alles lag kreuz und quer, als hätte ein Boxkampf stattgefunden«, sagt die Blondine zur Richterin. Glücklicherweise hatte ihr Mann sie bereits telefonisch gewarnt und mitgeteilt, er wäre in Shorts und Socken in die Psychiatrie verfrachtet worden. Dort habe Jutta L. ihn dann in einem jämmerlichen Zustand vorgefunden.

»Es ist unwürdig, wie man mit meinem Mann umgegangen ist«, sagt sie. »Man kann den doch nicht einfach in die Klapsmühle bringen, Frau Richterin!« Ihr Mann sei eben kein so »cooler Typ« wie sie und habe sich damals über die zynischen Sachbearbeiter im Amt aufgeregt. Aber sicherlich hätte er nicht die Wohnung in Brand gesteckt, sagt sie.

»Wir haben eine sehr hübsche Wohnung.«

Drei Nächte verbrachte der Angeklagte in der Psychiatrie – er hatte das Pech, an einem Freitag eingewiesen zu werden. Der zuständige Richter war erst am Montag erreichbar und ordnete nach Rücksprache mit den Ärzten die Entlassung an.

Drei Wochen später wurde der Rentner beim Landeskriminalamt als Beschuldigter wegen des Vorwurfs des Widerstandes gegen die Polizisten vernommen. Dort zeigte er seinerseits den Beamten wegen Beleidigung und Sachbeschädigung an.

Eine falsche Verdächtigung, wie die Richterin findet. Sie verurteilt ihn zu einer Geldstrafe auf Bewährung. Sollte der Angeklagte in den nächsten zwei Jahren eine Straftat begehen, muss er 15 Tagessätze zu je zwanzig Euro zahlen, insgesamt 300 Euro.

»Sie fanden das super ungerecht: Sie werden in die Klapse gebracht, obwohl Sie es gar nicht ernst gemeint haben. Nur kann das die Welt nicht wissen«, erklärt die Richterin. Sie begrüßt die ärztliche Überprüfung. »Wenn etwas passiert wäre, hätte es zu Recht geheißen: Keiner hat sich darum gekümmert!« Wieder fällt ihr der Angeklagte ins Wort.

»Ick bin doof«, sagt er. Das habe sie nicht gesagt, entgegnet die Richterin. Zum Abschluss soll ihr der Angeklagte noch einmal erklären, was er nun für eine Strafe bekommen habe.

»Na, ick muss zahlen«, sagt er.

»Sehen Sie«, sagt die Richterin, »auch das haben Sie falsch verstanden!«

Hasi, Mausi und die Sache mit der Urne

Mit einem Brief beendete »Hasi« seine fast sechzehnjährige Beziehung zu »Mausi«. Die war darüber gar nicht traurig, auch sie hatte schon über eine Trennung nachgedacht. Alles schien einvernehmlich, bis »Hasi« einen Haken schlug. Er schrieb, der Brief täte ihm leid und wäre nicht so gemeint. Doch so sehr »Hasi« auch bettelte und drohte – per SMS, Anrufen und persönlichem Besuch –, »Mausi« bestand auf getrennten Lebenswegen. Sie ließ sich auch nicht mit zerstochenen Reifen ins Bett locken. Als sie erfuhr, dass »Hasi« die Urne ihres Vater ausgebuddelt und verschwinden hat lassen, erlitt sie einen Nervenzusammenbruch. »Hasi« bekam einen Strafbefehl zugeschickt, er sollte 750 Euro (50 Tagessätze) für die »Störung der Totenruhe« zahlen. Der fünfundvierzigjährige Frührentner legte Einspruch ein. Darüber und über die achtzig unerwünschten Kontaktversuche zu seiner Verflossenen verhandelt nun das Gericht.

Michael M. beharrte auf der Verabredung, die er der Verängstigten abgerungen hatte: Wenn sie frei sein wolle, müsse sie sich noch einmal mit ihm treffen und ein letztes Mal mit ihm schlafen.

»Wir haben einen Deal, halte dich daran. Die zwei Stunden bekomme ich«, tippte er ins Telefon. »Ich komme irgendwann, vielleicht schon morgen. Es wird vielleicht brutal.«

»Es kann auch ein Transporter sein, wo die Tür …«, drohte er der Frau, die einst Opfer einer Vergewaltigung geworden war. Als sie ihm dann seinen letzten Wunsch endgültig abschlug, »ging es richtig los«, berichtet die zweiundvierzigjährige Verwaltungsangestellte dem Gericht. Er schrieb, sie solle an den gemeinsamen Sohn denken.

»Was ist, wenn er allein aufwachsen muss?« Zur Illustration steckte er die Geburtsurkunde des Sohnes in ihren Briefkasten, auf der die Namen der beiden Elternteile durchgestrichen waren.

Breitbeinig und breitschultrig sitzt der große Mann mit dickem Bauch auf seinem Stuhl. Dunkel umwölkt sind seine Augen im fleischigen, großporigen Gesicht. Zur Verhandlung hat er seine Zukünftige mitgenommen: Eine schlanke, große Blondine – wie seine Verflossene. Seit einem halben Jahr kennen sie sich, nächsten Monat wollen sie heiraten.

Unterdessen trägt die Staatsanwältin den Text der einunddreißigsten unerwünschten Kurznachricht aus der Anklage vor.

»Noch bin ich artig. Ich kann auch gerne jemand umbetten am Friedhof. Gerne mache ich das nicht.« Beim sechsunddreißigsten Fall entfährt der Anklägerin ein Stöhnen. Fast eine Stunde dauert es, bis sie das mehrseitige Papier verlesen hat.

Michael M. bestreitet nicht, die Briefe und Kurznachrichten verfasst zu haben. Es täte ihm leid, aber »viele SMSe kann ich nicht mehr nachvollziehen. Da habe ich wohl getrunken«, erklärt der Angeklagte. Bis zu zwei Flaschen Schnaps konsumierte er damals am Tag. Über den Verbleib der Urne möchte er nichts sagen, murmelt er, als ihn der Anwalt seiner Ex danach fragt. Auch zu den etlichen zerstochenen Autoreifen

bekennt er sich nicht, obwohl die versandten SMSe recht eindeutige Hinweise enthalten.
»Dein Bus zur Arbeit geht um 6:21 Uhr«, schrieb er, nachdem er die Autoreifen seiner Ex mit einem dünnen, spitzen Gegenstand zerstochen haben muss. »Vier neue Socken kosten 230 Euro. Guck mal in dein Portemonnaie, ob du das nicht beenden willst!«
Ihr Leben sei völlig aus den Fugen geraten, berichtet Andrea A. Bereits bei der Trennung von ihrer Vorgängerin erlebte sie, wie Michael M. in solchen Situationen reagiert. Jetzt ist sie es, die ihr Haus »wie ein scheues Reh« verlasse, die bei jedem Geräusch zusammenzucke, die kaum noch ans Telefon gehe und die Dunkelheit meide. Oft bat sie ihre Mutter, die Nacht bei ihr zu verbringen. Bekannte begleiten sie regelmäßig auf dem Weg zu ihrem Auto.
Kurz nach der Trennung hinterließ ihr Ex-Freund auf dem Anrufbeantworter eine beunruhigende Nachricht: »Sollte ich erst jemand ausbuddeln müssen, habe ich natürlich mehr Arbeit gehabt. Dann sehen wir uns nicht nur einmal, sondern zehnmal.« Andrea A. wandte sich an die Friedhofsverwaltung und bat diese, öfter nach dem Grab ihres Vaters zu schauen. Sie selbst traute sich nicht mehr dorthin.
Zwei Wochen später überbrachte man ihr die Nachricht, man habe am Grab 675 nur noch ein Loch mit aufgewühlter Erde gefunden. Als sie das erzählt, weint die große, herbe Frau mit dem strohigen Blondhaar. Damals erlitt sie einen Nervenzusammenbruch, magerte ab und konnte wochenlang nicht arbeiten.
»Warum hat er sich das ausgedacht?«, fragt die Richterin.
»Weil er ganz genau weiß, womit er mich trifft«, antwortet die Zeugin. »Ich hing sehr an meinem Vater. Ich bin auch nach so vielen Jahren noch nicht darüber hinweg, dass er gestorben ist.« Nun sei ihr der Ort zum Trauern genommen.

Der Verlust scheint endgültig: Eine Hausdurchsuchung bei Michael M. brachte keine Urne zutage. Stattdessen fand man bei dem damaligen Mitarbeiter der Berliner Stadtreinigung Laubsäcke, die seinem Arbeitgeber gehörten. Die Entdeckung dieses Diebstahls zog die Kündigung nach sich.

»Habe meinen Spind ausgeräumt bei der Arbeit, nach zwanzig Jahren und zehn Tagen«, schrieb der Müllmann seiner Ex und ergänzte: »Jetzt kannst du dir an deiner Muschi spielen!«

Sieben Monate Haft auf Bewährung fordert die Staatsanwältin für den Terror gegenüber seiner Ex. Der sei nach Angaben von Andrea A. erst zwei Wochen vor dem Prozess abgeflaut. Der Verteidiger bittet um eine milde Strafe: Die Sache mit der Urne und den zerstochenen Reifen sei dem Angeklagten nicht nachzuweisen. Außerdem sei der größte Teil der Belästigungen in den ersten Trennungswochen erfolgt und basiere auf dem vermeintlichen Einverständnis der Verflossenen, dem Angeklagten seinen Wunsch nach einem letzten Geschlechtsverkehr zu gewähren. »Es war ein Fehler, nicht zu sagen, dass die Zeugin nicht den Wunsch verspürte«, sagt der Verteidiger. Die zuweilen »unsachlichen Äußerungen« seines Mandanten führt der Anwalt auf dessen Alkoholmissbrauch zurück. Inzwischen habe Michael M. einen stationären Entzug absolviert und eine Psychotherapie begonnen.

Sechs Monate Haft auf Bewährung entscheidet die Richterin und macht dem Angeklagten zur Auflage, in der dreijährigen Bewährungszeit keinen Kontakt zu Andrea A. aufzunehmen, sonst müsse er ins Gefängnis. Verständlicherweise hätte dessen Ex-Freundin große Angst vor »einem Mann mit so 'ner Statur«, der nicht einmal vor der Schändung eines Grabes zurückschrecke. Allerdings habe der Angeklagte unter Alkohol-

einfluss und damit im Zustand verminderter Schuldfähigkeit gehandelt.
»Ich habe die Hoffnung, dass Sie auf dem richtigen Weg sind«, sagt die Richterin.

Was ist mit der Urne? Die wird wohl nicht mehr auftauchen, meint der Anwalt von Andrea A. Man könne Michael M. vor einem Zivilgericht auf Herausgabe verklagen. Doch fehle es an Beweisen, dass er die Urne tatsächlich stahl – das Zivilrecht stellt andere Anforderungen als das Strafrecht. Möglicherweise habe der Ex-Müllmann diese in einer Verbrennungsanlage verschwinden lassen, glaubt der Anwalt und rät der Gerichtsreporterin: »Machen Sie keine Feuerbestattung! Ein Sarg lässt sich nicht so leicht transportieren.« Noch sicherer sei es, die Asche des Toten immer bei sich zu führen – in einem Ring oder Anhänger.

Leben auf Kosten einer Leiche

Es stimmt, was der Staatsanwalt da eben vorgelesen habe, sagt Fritz F. Er sei aber nicht selbst auf diese dumme Idee gekommen. Ein Bekannter namens Ludwig L. habe ihn da hineingezogen. Der sei inzwischen gestorben.

»Ich bin schön blöd, dass ich mich darauf eingelassen habe«, sagt der Angeklagte. Zwei Jahre lang plünderte er das Konto einer Leiche.

Zusammengesunken sitzt der große Neunundfünfzigjährige auf seinem Stuhl. Sein weißes Haar und der schmale, eingefallene Mund verleihen ihm etwas Greisenhaftes. Seine Kleidung – Pullover, Jogginghose, Turnschuhe – zeugt von Vernachlässigung. Seit über zehn Jahren ist der Dozent für kaufmännische Berufsausbildung arbeitslos. Ab und zu vermittele ihm das Jobcenter Ein-Euro-Jobs.

»Wenn man bei Hartz IV gelandet ist, lernt man bei den Beschäftigungsmaßnahmen Leute kennen, die so ziemlich jede Sorte Problem haben«, sagt Fritz F. Einer dieser Menschen war Ludwig L.: ein Alkoholiker aus Brandenburg, der vor zwei Jahren von einem Laster überfahren wurde, als er betrunken Fahrrad fuhr.

»Ich habe gedacht, ich kann ihm helfen«, sagt der Angeklagte. »Aber ich konnte es nicht.«

Im Frühjahr 2005 wohnte Ludwig L. bei ihm im dritten Stock, in Berlins Problembezirk Neukölln. Sein Gast habe eingekauft und auch mal die Post aus dem Briefkasten geholt. In dieser Zeit passierte auch die Sache mit dem Brief von der Bank. Der war an seine Nachbarin Anneliese A. adressiert gewesen und landete versehentlich im Briefkasten von Fritz F. Achtlos hatte er ihn geöffnet, als er den Irrtum bemerkte. Er habe dann den Brief der alten Dame persönlich überbringen wollen, um ihr sein Missgeschick zu erklären.

»Ich habe geklingelt, geklopft, angerufen. Ich habe sie wochenlang nicht erreicht«, sagt der Angeklagte. Zu diesem Zeitpunkt saß die Achtundsechzigjährige schon seit fast einem Jahr tot in ihrem Sessel.

»Sie mussten doch Kenntnis haben vom Tod der Frau A.«, sagt die Richterin. Schließlich wohnte seine Nachbarin nur ein Stockwerk über ihm. Nein, antwortet Fritz F. Auf die Idee, sie sei gestorben, wäre er nicht gekommen. Man habe im Hausflur auch nichts gerochen. Selbst zu ihren Lebzeiten habe er die Rentnerin kaum gehört. Sie habe schlecht laufen können, »die hat sich wenig bewegt«. Außerdem sei sie immer spät aufgestanden und früh zu Bett gegangen.

Erst im Juni 2007 hätten ihm die Nachbarn davon erzählt. Fast drei Jahre muss die Tote nicht vermisst worden sein – das fand die Polizei heraus. Die Nachbarn berichteten Fritz F. auch von Tauben, die sich in der Wohnung der Verstorbenen einquartiert hatten. Sie sei eine nette Frau gewesen, sagt der Angeklagte. Er habe sich manchmal mit ihr unterhalten und Selters

für sie besorgt. Sie habe ihm gesagt, sie sei allein. Erst nach ihrem Tod erfuhr er von ihrem Sohn.
Es sei Ludwig L. gewesen, der auf die Idee gekommen sei, das Konto der Rentnerin abzuräumen. Sein Logiergast habe den irrtümlich geöffneten Bank-Brief bei ihm gesehen und gesagt: »Damit kann man etwas machen«, erinnert sich der Angeklagte. »Er hat mir das vorgeschlagen.«
Mitte Juni 2005 veranlasste Fritz F. dann die erste Überweisung in Höhe von 224,41 Euro vom Konto der Nachbarin. Keine Woche später meldete er Anneliese A. zum Online-Banking an. Anschließend flossen rund 2 100 Euro und später noch einmal 500 Euro auf sein Konto, bis er im August 2006 auf die Idee kam, sich einen Dauerauftrag von 300 Euro monatlich einzurichten. Als Grund für die Zahlung trug er »Besorgungen« ein. Seine lukrative Zusatz-»Rente« versiegte erst, als die Polizei die skelettierte Leiche entdeckte. Rund 6 400 Euro hatte der Angeklagte zu diesem Zeitpunkt kassiert: Sein Logiergast habe sich von dem Geld etwas im Katalog bestellt.
»Ich selbst habe das für meinen Lebensunterhalt mitgenommen«, sagt Fritz F.

Seine Ahnungslosigkeit nimmt ihm die Richterin nicht ab: »Wenn man so häufig auf ein Konto zugreift, muss man doch wissen, dass die Frau verstorben ist!« Das bestreitet der Angesprochene. Auch will er nicht das Schloss vom Postkasten der Frau A. ausgetauscht haben. Sein Schlüssel passe zu mindestens drei anderen Schlössern. Möglicherweise habe Ludwig L. den Postkasten seiner Nachbarin geleert. Fritz F. selbst will nur manchmal die überquellende Werbung seiner Nachbarin entfernt haben.

»Ich bedauere, was ich für Scheiße gebaut habe«, sagt der Angeklagte und fügt hinzu: »Ich wusste gar nicht, wie einfach das ist.« Nie habe die Bank nachgeprüft, ob die alte Dame noch lebe. Seine Eltern dagegen hätten noch regelmäßig bei ihrer Bank erscheinen müssen. Er habe aber nun alles gesagt, meint Fritz F. Genau das glaubt man ihm nicht: Der Mann, der bislang noch nie mit einem Strafgericht zu tun hatte, gibt seine Tat zwar zu, doch scheut er sich, Einzelheiten zu schildern, wie er etwa die Unterschrift seiner Nachbarin fälschte.
Für seine Verurteilung ist dies nebensächlich. Es ist auch egal, ob ihn sein Bekannter auf diese Idee brachte und ob dieser von dem Coup profitierte. Der junge Referendar von der Staatsanwaltschaft kreidet dem Angeklagten sein »rücksichtsloses Vorgehen« an und fordert eine Geldstrafe von 2 100 Euro (140 Tagessätze).
Anders denkt die strenge Richterin über diesen Fall. Sie vergleicht den Dauerauftrag von 300 Euro im Monat mit einem Lottogewinn und bescheinigt Fritz F. erhebliche kriminelle Energie. Insbesondere mit dieser letzten Tat habe er nicht nur eine Gelegenheit ausgenutzt, sondern besondere Dreistigkeit gezeigt.
»Sie mussten sich noch nicht einmal jeden Monat die Hände schmutzig machen!« Auch wenn der vor ihr Sitzende ein Ersttäter sei, käme nur eine Freiheitsstrafe in Betracht. Acht Monate Haft zur Bewährung soll Fritz F. bekommen. Der ist zufrieden mit diesem Urteil.
»Danke für die Chance«, sagt er. »Ich werde die Strafe annehmen. Ich bin wirklich froh, dass das abgeschlossen ist!« Erhobenen Hauptes verlässt er den Gerichtssaal. »So ein Urteil kann manchmal etwas sehr Reinigendes haben«, sinniert die Richterin, als sich bereits die Tür hinter dem Verurteilten geschlossen hat. »Wie bei einer Beichte.«

Der ungehorsame Soldat

Ein lauter Knall zerreißt die Sommerluft. Er rührt von einem zwei Tonnen schweren LKW, der auf eine Mine gefahren ist. Fahrer und Beifahrer wurden bei der Explosion verletzt. Schnell und umsichtig sollen Sanitäter sie im Feindesland bergen.

So lautete das Ziel einer militärischen Übung, an der auch Nick N. teilnahm. Weil der zweiundzwanzigjährige Zeitsoldat damals weder zügig die Kameraden bergen noch aufmerksam nach möglichen Heckenschützen Ausschau halten wollte, erhielt er wegen Gehorsamsverweigerung einen Strafbefehl über 1 200 Euro (60 Tagessätze). Doch auch den akzeptierte er nicht. Ein Jahr später wird der Vorfall nun vor dem Amtsgericht verhandelt.

Der Vorwurf würde im Großen und Ganzen stimmen, sagt der Angeklagte und begründet seinen Einspruch gegen den Strafbefehl.

»Ich finde es für mich sehr wichtig, dass ich meine Aussage machen kann.« Es ist der erste Satz, den Nick N. in der Verhandlung sagt – ein Satz mit viel Ich-Bezug. Dazu passt auch sein Erscheinungsbild: Sorgfältig hat der Angeklagte die blondierten Haarspitzen des angedeuteten Irokesen-Schnitts nach oben gegelt. Eine Haarinsel am Kinn und eine extravagante Brille verleihen seinem weichen Gesicht Kontur.

An jenem Augusttag, um den es hier geht, zeigten die frisch ausgebildeten Sanitäter truppenweise ihr Können im Übungsgelände. Drei Ausbilder beobachteten sie dabei. Gemeinsam mit einem Kameraden sollte Nick N. die Verletzten bergen, die anderen sicherten das Gelände vor möglichen Heckenschützen.

Er sei damals körperlich am Ende gewesen und habe dies auch laut geäußert, sagt der Angeklagte dem Gericht. Er habe dann versucht, weiterzumachen, und sei vom Oberfeldwebel zum Rennen aufgefordert worden.

»Soweit ich weiß, soll an der Unfallstelle nicht gerannt werden«, habe der erschöpfte Hauptgefreite damals geantwortet. Der Oberfeldwebel bat ihn dann nochmals um Beschleunigung – das will der junge Mann aber nicht als Befehl verstanden haben.

Nachdem der erste Verletzte nach vielen Diskussionen geborgen war, rief er: »Ich kann nicht mehr« und erklärte sich zum Sicherungsposten. Doch statt den ihm zugeteilten Abschnitt beobachtete er lieber seine Kameraden beim Bergen der Verletzten. Ein Stabsunteroffizier nahm ihn beiseite und erklärte ihm: »Sie wissen, dass Sie für Ihr Verhalten die Jacke ausziehen könnten!«

Der Kritisierte ließ daraufhin wütend seine Waffe fallen – aus etwa einem Meter Höhe, schildert eine Zeitsoldatin dem Gericht. Nick N. beteuert dagegen, er habe die Waffe auf seinem Rucksack abgelegt und dann erregt gebrüllt: »Das ist mir doch egal. Ich lasse mich nicht anschreien. Von mir aus können Sie

die Jacke haben! Ich gehe nach Hause!« Nur »Leckt mich am Arsch!« habe er nicht gesagt, erklärt der Angeklagte. Am nächsten Morgen habe er sich entschuldigen wollen, aber da war die Beschwerde schon raus.
»Eigentlich darf die erst 24 Stunden später erstattet werden«, sagt Nick N. Sieben Tage musste er damals im Arrest verbringen.

Sein Verhalten sei ganz klar eine Gehorsamsverweigerung, meint die Richterin und zitiert aus dem Wehrstrafgesetz. Danach wird derjenige, der sich gegen einen Befehl mit Wort oder Tat auflehnt, mit bis zu drei Jahren Haft bestraft. Sie glaubt, der angebotene Strafbefehl sei ziemlich mild: Nick N. bekäme eine Geldstrafe für ein Delikt, das eigentlich nur mit Haft geahndet werden kann.
»Sie haben die Tat gestanden, Sie sehen es nur nicht ein«, sagt die Richterin und empfiehlt, den Einspruch zurückzunehmen. Sie müsse sonst eine Strafe verhängen, die im Führungszeugnis erschiene.
»So ein Eintrag ins Strafregister verschwindet lange nicht. Wollen Sie sich etwa nie wieder um einen Job bewerben?« Doch der junge Mann erklärt: »Schlimmer kann es auch nicht werden.«
Die Richterin verhandelt weiter. Sie ruft nun den Oberfeldwebel herein. Der beobachtete damals die Gruppe bei der Abschlussprüfung.
»Alles ging sehr schleppend.« Sie sollten mehr Elan in der Übung zeigen, habe er die Truppe aufgefordert. »Es geht schließlich um verletzte Kameraden.« Der Hauptgefreite N. entgegnete ihm, man habe am Unfallort »nicht zu rennen«. Das sei in der Krankenpflegeschule so gelehrt worden. Daraufhin erklärte ihm der Oberfeldwebel, es handele sich nicht

um eine zivile, sondern um eine militärische Übung. Da müsse man schnell aus der Gefahrensituation heraus.

»War Ihre Weisung eindeutig als Befehl zu erkennen?«, vergewissert sich die Richterin.
»Natürlich«, sagt der Berufssoldat. Ein Befehl sei die Forderung eines Vorgesetzten an einen Untergebenen. »Man muss nicht sagen: ›Ich befehle‹.« Nun wundert sich die Vorsitzende.
»Und dennoch wurde diskutiert?« Die Beantwortung der Frage ist dem Zeugen ein wenig unangenehm.
»Die Jugend versteht heutzutage nicht mehr den Gehorsam. Soldaten sind schließlich Bürger in Uniform und wir sind ein Spiegel der Gesellschaft«, verteidigt der Dreißigjährige die moderne militärische Kommunikationskultur. Oft werde ein Befehl nicht sofort befolgt. »Doch spätestens wenn er wiederholt wird, müssen die Diskussionen eingestellt werden«, sagt der Zeuge, der diese Entwicklung nicht begrüßt, wie er dem Gericht mehrfach versichert.
»Das ist sehr demokratisch«, sagt der Staatsanwalt, der zugibt, niemals Soldat gewesen zu sein. Auch die Richterin ist überrascht. Sie dachte immer, die Bundeswehr bestünde aus Freiwilligen, die sich mit ihrem Eintritt in die Armee zum Gehorchen verpflichten. Dennoch habe Nick N. eine Gehorsamsverweigerung begangen, schließlich sei der Befehl wiederholt worden. Noch einmal wendet sich die Vorsitzende an den Angeklagten.
»Ich weiß nicht, was Sie wollen«, sagt sie und empfiehlt ihm eindringlich, den Strafbefehl zu akzeptieren. Doch der hat noch immer nicht begriffen. Bockig sagt er: »Mein Leben ist eh schon am Ende.« Wieder einmal habe sich für ihn gezeigt, »Mannschaftssoldaten bekommen nie recht, Dienstgrade haben immer recht!«

Nun reicht es der Richterin: Nick N. zeige sich vor Gericht genauso uneinsichtig und rechthaberisch, wie sie es vor der Verhandlung in der Beurteilung durch seine Vorgesetzten gelesen habe. Doch wer diskutieren wolle, solle in die Politik gehen, nicht zur Bundeswehr. Dort sei man ein Befehlsempfänger. Derart bedrängt schwindet des Angeklagten Widerstand – allerdings nicht restlos.

»Dann bleibt mir nichts anderes übrig«, begehrt er ein letztes Mal schwach auf, bevor er endlich in den Strafbefehl einwilligt.

Katzen-Ausbeutung

Ihre langen, struppigen Haare sind am Ansatz grau und an den Enden blond, ihr Gesicht ist spitz und eingefallen, ihr Blick wirkt misstrauisch. Im Mittelalter hätte man eine Frau wie Barbara B. als Hexe gebrandmarkt: Eine, die zurückgezogen lebt und sich ausschließlich mit vielen Tieren umgibt. Das allein wäre kein Grund, die Achtundvierzigjährige auf die Anklagebank zu setzen, doch die Tierhalterin kümmerte sich herzlich wenig um Ernährung und Pflege ihrer Schützlinge. Seit dreizehn Jahren verstößt sie permanent gegen das Tierschutzgesetz und verbrachte deswegen bereits mehrere Jahre im Gefängnis. Nach ihrer letzten Entlassung im Juli 2006 verhängten die Richter ein fünfjähriges Tierhaltungsverbot.

Im Mai 2008 wurde die Polizei zu einem Keller in Berlin-Kreuzberg gerufen, in dem sich vierundzwanzig Hunde und zwei Katzen befanden. »Unterernährt, verwurmt und verdreckt« waren die Mischlingswelpen, so der tierärztliche Befund. Den Katzen ging es im Vergleich deutlich besser, nur eine von ihnen litt unter abklingendem Schnupfen. Die Tiere wurden ins Heim geschafft, die Staatsanwaltschaft ermittelte gegen deren Besitzerin.

Dabei stieß man auf eine weitere Wohnung, in der Barbara B. zuvor zur Untermiete gewohnt hatte: Zerkratzte Tapeten sowie Kot auf dem Boden zeugten von den Vierbeinern, die hier gehaust hatten. Unterdessen suchte die Staatsanwaltschaft nach der spurlos abgetauchten Frau. Erst im Februar 2009 verhaftete man sie in ihrer neuen Wohnung, in der sie nur gemeldet war, weil es der Vermieter ausdrücklich verlangt hatte. Bei ihrer Festnahme hausten bereits wieder vier junge Hunde und drei Katzen in ihrer Wohnung.

»Ich bin Messie, ein Tier-Messie«, sagt die Angeklagte mit überraschend sanfter Stimme. Emotionalen Stress kompensiere sie mit der Anwesenheit von Tieren. Den Druck, den sie in der Haft spüre, hätte sie in Freiheit mit zwanzig, dreißig Katzen ausgleichen müssen. Die seien ihr lieber als Hunde, die sie nur genommen habe, wenn Katzen nicht verfügbar waren. Um sich und ihre Tiere zu finanzieren, habe sie mit ihnen gehandelt.

»Aber wenn ich eines verkauft hatte, dann tat es mir auch schon wieder leid.« Sie habe sich durchaus um Auslauf für ihre Tiere bemüht. Im Keller unter ihrer Kreuzberger Parterre-Wohnung hätte sie vier große Räume für diese abgeteilt. Leider war dort der Zugang zum Garten versperrt und Gassigehen sei nicht möglich gewesen.

»Ich wollte nicht auffallen mit vierundzwanzig kleinen Hunden«, sagt Barbara B. Zum Tierarzt wäre sie gegangen, »wenn es nötig gewesen wäre«. Flöhe hätten die Tiere jedenfalls nicht gehabt.

Dass man sein Zärtlichkeitsbedürfnis mit Tieren befriedigt, kann die Richterin verstehen. Aber reichen dafür nicht zwei?

»Bei mir macht es die Masse«, sagt die Angeklagte. »Ich kann das schwer erklären.« Diese Aufgabe übernimmt ein psychiatrischer Gutachter. Er beschreibt die seltene Gattung der Tier-

Messies im Allgemeinen und im Besonderen. Unter ihnen gäbe es den Typ des Pflegers, des Retters, des Züchters und des Ausbeuters. Barbara B. sei ein Mischtyp, meint der Gutachter.

»Ich bin ein Ausbeuter-Typ«, sagt die Angeklagte über sich selbst, »weil ich zu Tieren keine emotionale Bindung aufbaue.« Nur bei einer äußerst anhänglichen Spitz-Mischlingshündin sei dies anders gewesen – sie war der einzige Hund, dem der Tierarzt einen »guten Zustand« bescheinigte. Der Psychiater beschreibt dem Gericht auch, wie aus der Angeklagten ein Tier-Messie wurde. Sie sei ungewollt als Kind einer Sechzehnjährigen zur Welt gekommen und bei ihrer Großmutter aufgewachsen, die ebenfalls ein Messie war: Oma sammelte Bettwäsche, die sie unausgepackt im Schrank hortete. Die Enkelin war acht Jahre alt, schüchtern und introvertiert, als sie wegen ihrer Kontaktstörungen zu anderen Kindern in die Psychiatrie kam. Seit dieser Zeit umgab sie sich mit Tieren. Zunächst, weil diese ihr leidtaten, so der Gutachter. Allmählich sei dies aber in eine uferlose Sammelwut ausgeartet. Barbara B., die nie Wärme, Geborgenheit und Zuneigung erfahren hat, empfinde diese Gefühle weder gegenüber ihren Tieren noch gegenüber ihren Kindern.

»Die waren ihr mehr oder weniger gleichgültig«, sagt der Gutachter. Er vergleicht die Hunde und Katzen der Angeklagten mit den Frauen, die Don Juan eroberte: »Sie sehnt sich nach immer mehr Tieren, weil diese ihr Bestätigung geben.«

Die überdurchschnittlich intelligente Frau sei nicht persönlichkeitsgestört, habe aber sehr viele »Persönlichkeitsakzentuierungen«, wie Psychiater die nicht krankhaften Störungen nennen. So sei Barbara B. »paranoid, zwanghaft, schizoid, narzisstisch und perfektionistisch«. Aufgrund der Vielzahl seien die Akzentuierungen so bedeutsam wie eine einzige Persön-

lichkeitsstörung. Darum sei die Angeklagte vermindert steuerungsfähig, so der Gutachter.
Barbara B. möchte gerne eine Therapie machen. Diese Aufgabe sei für seine Kollegen nicht einfach, meint der Psychiater. Obendrein sei die Angeklagte seit zwei Jahren nicht krankenversichert. Barbara B. hat bereits einen Therapieversuch hinter sich, erzählt sie dem Gericht. Bei der dritten Sitzung hätte die auf Essstörungen spezialisierte Therapeutin kapituliert.
»Ich brauche einen Therapeuten für Messies, das ist das Grundproblem«, sagt die Angeklagte. Neben Tieren sammle sie auch noch Zeitungen, Zeitschriften und Anziehsachen. »Dadurch kommt die Verwahrlosung und durch die Verwahrlosung die nicht artgerechte Haltung. Und wenn man dann auch noch viele Tiere hat …«

Der junge Referendar, den die Staatsanwaltschaft in diesen Prozess schickte, hatte zuvor mit seinem Ausbilder verabredet, eine Strafe von 14 Monaten Haft vorzuschlagen. Er persönlich hätte mehr gefordert, verriet der Jurist der Richterin vor Verhandlungsbeginn. Die Verteidigerin plädiert, die Haftstrafe auf nicht mehr als ein Jahr zu bemessen und diese zur Bewährung auszusetzen. Außerhalb des Gefängnisses könne ihre Mandantin sich besser um eine Therapie kümmern.
Doch Barbara B. widerspricht ihrer Anwältin.
»Ich möchte keine Bewährung haben.« Sie wolle nur einige Wochen von der Haft verschont werden. In dieser Zeit möchte sie sich um die Mietzahlungen für ihre Wohnung kümmern und ihre Mutter sehen, die derzeit in Europa weilt. Diesem Wunsch entspricht die Richterin, ansonsten wandelt sie die Forderung der Staatsanwaltschaft in ein Urteil.
»Sie sind ein schwarzer Tierhändler«, gibt sie der Verurteilten

in ihrer kurzen Rede auf den Weg. Möglicherweise sind es die Emotionen, die weitere richterliche Worte ersticken. Sie versuche, diese stets im Griff zu halten, sagt die erfahrene Juristin, »aber auch Richter sind nur Menschen«.

Kaninchen-Fitness

Fast jede Nacht schreckte Edna E. aus dem Schlaf auf. Unschöne Worte wie »Drecksau!«, »Mistsau!«, »Fettes Schwein!« drangen an ihr Ohr. Die Stimme, die sie hörte, kam der todmüden Frau bekannt vor: Das musste ihr Nachbar Holger H. sein, der sie obendrein noch »Fette Edna!« nannte. Sie zeigte ihn an.

Die Justiz wollte das Verfahren auf dem Postweg erledigen, schätzte das Einkommen des Beleidigers grob ab und schlug ihm vor, 3000 Euro Geldstrafe (100 Tagessätze) zu zahlen. Doch der vierundfünfzigjährige, arbeitslose Maler legte Einspruch ein: Es müsse sich um ein Missverständnis handeln, in seiner Wohnung habe ein übergewichtiges Kaninchen namens »Fetti Fettna« gelebt. Dem habe er nächtens solche Ausdrücke an die Löffel geworfen, damit es sich bewege. Genützt hat es wenig: »Fetti Fettna« wurde nur vier Jahre alt. Zum Beweis schickte der Tierfreund ein Foto des braunbeige-gefleckten Zwergkaninchens.

Zur Verhandlung wird der grauhaarige Altrocker, dessen Füße in Cowboy-Stiefeln stecken, von einem Anwalt begleitet. Der riet ihm, »Fetti« in Frieden ruhen zu lassen und sich schweigend zu verteidigen. Stattdessen solle er ein paar Nachbarn zur Gerichtsverhandlung mitbringen Die versichern dem Gericht, dass man durch die Wände des Dreißiger-Jahre-Altbaus zwar Stimmen hören, »aba nüscht vastehn« könnte, wie es ein Zeuge formuliert.

Doch zunächst ist Edna E. dran, eine große, dicke Brillenträgerin, die sich mühsam in den Saal schleppt. Wenn sie sich erhebt, ruht ihre Hand auf dem schmerzenden Rücken. Die Zweiundvierzigjährige spricht heiser und kurzatmig. Schon mehrmals musste die Gerichtsverhandlung wegen ihrer schlechten Gesundheit verschoben werden.

»Der hatte mich schon lange auf dem Kieker«, sagt die arbeitslose Bäckereifachverkäuferin. Es sei Holger H. gegen den Strich gegangen, dass sie sich bei der Hausverwaltung über ihn beschwert hatte, weil der des nächtens Dart spielte. Das müsse der Auslöser für die Beleidigungen gewesen sein. Eine Bekannte habe ihr geraten, Protokoll darüber zu führen und dieses bei der Polizei einzureichen. Innerhalb von sechs Wochen registrierte sie neunundzwanzig angebliche, überwiegend mit »Dreck- und Mistsau« gespickte Aussprüche, die das Fundament der Anklage bilden. Noch vier weitere Monate lang notierte die alleinlebende Frau alles, was nachts durch ihre Wände gedrungen sein soll wie »H. hämmert an die Wohnzimmerwand und ruft zu seiner Freundin im Schlafzimmer: ›Hey, die alte Sau da drüben ist heute noch gar nicht aufgestanden!‹«

Sie will sogar Beschimpfungen zu Zeiten gehört haben, als ihr Nachbar in einer Klinik weilte, um sich ein neues Hüftgelenk einsetzen zu lassen. Hat die wochenlang im Schlaf aufgeschreckte Frau weitere Beleidigungen halluziniert? Überdies gibt sie vor Gericht an, sie sei mit »Votze« und »Pottsau« tituliert worden, Wörter, die in der Anklage gar nicht auftauchen. Wie glaubwürdig ist diese Zeugin?

Ist die Version mit dem »ominösen Hasen«, wie es der Richter formuliert, vielleicht doch nicht so abwegig? Vorsichtshalber fragt der Vorsitzende jeden Zeugen, ob er H.'s Haustier kenne. Doch die wissen kaum etwas über das Kaninchen. Die Freundin des Angeklagten und einzige intime Kennerin von Fettis Gewohnheiten erscheint erst, als sich das Gericht bereits auf die Einstellung des Verfahrens geeinigt hat. Holger H. muss nur seinen Anwalt zahlen.

Für einen Freispruch hätte der Richter weitere Nachbarn hören müssen, vor allem solche, die ebenfalls Wand an Wand mit dem Angeklagten wohnen. Der Staatsanwalt jedenfalls ist nicht von der völligen Unschuld des Angeklagten überzeugt: »Mit ›fette Edna‹ wird kaum das Kaninchen gemeint sein!« Trotzdem kann er der Einstellung guten Herzens zustimmen, denn Edna E. ist nach neun Jahren, die sie mit dem Angeklagten Schlafzimmer an Schlafzimmer und Wohnzimmer an Wohnzimmer lebte, ausgezogen.

»Sonst wäre die Liste noch länger geworden«, sagt Holger H. »Wat die allet uffjeschrieben hat …« Auf dem Flur erzählt er dann von seinem verstorbenen Hausgenossen, der ohne Käfig bei ihm lebte. Mit Schwachstrom habe er ihn gelehrt, keine Kabel anzuknabbern. »Man muss ville Zeit mit so 'nem Tier verbringen«, sagt Holger H. während seine blauen Augen schalkhaft blitzen. »Man muss ville mit ihm reden!«

Der schöne Siegmund

Vor dem Eingang der U-Bahn streichelte er ihren Oberarm. Am Gasherd in der Küche teilte er der Blinden mit, er sehe gut aus und sei so heiß, er könne jeden Tag kommen. Er ließ seine Hüften kreisen und hätte sie auf den Mund geküsst, wäre es der Gebrechlichen nicht gelungen, sich von ihrem Mobilitätshilfe-Begleiter wegzudrehen.

»Ich bin zwar ein Süßholzraspler«, sagt Siegmund S. zu diesen Vorwürfen im Juli 2010. »Aber ich habe noch nie eine Frau sexuell bedrängt.« Ja, er habe den Oberarm von Waltraud W. berührt, aber nur, um sie zu fragen, wie sie geführt werden möchte. Er habe ihr auch gesagt, dass man sich mit ihm sehen lassen kann, schließlich würden sich viele einen gutaussehenden Begleiter wünschen. Jeden Tag will der Brillenträger mit dem Bürstenhaarschnitt bei der Mobilitätshilfe gehört haben: »Ich will nur den Siegmund haben, den schönen Siegmund!«

Sicherlich begeisterte er in seinen besten Jahren etliche Frauen. Lang muss das her sein, doch der Sechzigjährige gibt noch immer den Unwiderstehlichen: Sein helles Sommerhemd ist weit aufgeknöpft, weißes Brusthaar quillt aus der Stofflücke.

Vor zwei Jahren wurde der Langzeitarbeitslose vom Jobcenter in eine Arbeitsmaßnahme beim Mobilitätsdienst vermittelt. Mit einem einwöchigen Kurs in Rollstuhlbedienung und Blindenführung qualifizierte sich der gelernte Maurer zum Begleiter für Kranke und Behinderte. Ein Jahr war er als solcher tätig, dann sprach man ihn auf die sexuellen Belästigungen an und mahnte ihn ab.

»Ich darf nicht mehr zu den Frauen«, empört sich Siegmund S. »Das ist eine Diskriminierung! Das ist Mobbing!« Zu gestehen habe er nichts.

Der Richter will die Zeugen hören. Waltraud W. wird von einem Begleiter in den Verhandlungssaal geführt. Sorgfältig arretiert die Fünfundsechzigjährige ihren Blindenstock auf dem Tisch, dann berichtet sie von ihrer ersten Begegnung mit dem Angeklagten im Juli 2009. Schon an der Haustür habe er sie mit den Worten begrüßt: »Ach, sehen Sie gut aus!« Auch er sei attraktiv, ließ er die Tumorkranke wissen, und im Übrigen ein guter Tänzer. Auf dem Weg zum Blumenladen habe er dann ihren Oberarm gestreichelt.

»Oh, die ist sehr weich«, soll er gesagt haben. Zu Hause angekommen, seien bei ihrem Begleiter »wohl sexuelle Gefühle hochgekommen – wie auf Knopfdruck«. Plötzlich habe er sie stöhnend umarmt und wollte ihr einen Kuss geben. Sie habe sich weggedreht, sein Mund landete auf ihrer Wange.

Obwohl sie bei der Mobilitätshilfe darum bat, nie wieder von Siegmund S. begleitet zu werden, klingelte er drei Wochen später erneut an ihrer Tür. Es kam, was kommen musste: Als er sich von ihr verabschiedete, soll er in ihr Ohr gestöhnt haben: »Ich möchte dich küssen, ich bin so heiß!« Waltraud W. erinnert sich noch an den schwülwarmen Tag und das durchgeschwitzte Hemd ihres Begleiters, der sich an sie drückte.

»Es war so unangenehm!« Sie bat ihn, zu gehen. Mehr Gegenwehr habe sie in ihrer dickwandigen Altbau-Wohnung nicht gewagt, sie habe sich ausgeliefert gefühlt.

Sie erzählte anderen Begleitern von den Vorfällen und erfuhr, dass Siegmund S. einer Rollstuhlfahrerin an die Brust gefasst und eine psychisch kranke Kollegin belästigt haben soll. Letzterer wollte man zunächst nicht glauben. Darum entschloss sich Waltraud W. zur Anzeige.

Die Leiterin des Mobilitätsdienstes berichtet im Zeugenstand von einem vertraulichen Gespräch mit dem Angeklagten: »Er sagte: ›Ich bin nun mal so. Egal, wie alt ich bin, ich werde mich nicht ändern. Die Frauen sind selbst schuld‹.« Die Zeugin meint: »Es ist menschlich ganz schön unter der Gürtellinie, wenn man so 'ne kranke Behinderte auch noch sexuell belästigt!« Dennoch sagt der Angeklagte weinend: »Ich bin geschockt, dass ich für etwas bestraft werde, was ich gar nicht gemacht habe.« Den Richter beeindrucken diese Tränen nicht.

»Ich glaube, Sie machen sich selbst etwas vor. Sie wollen es nicht wahrhaben, weil Sie sich Ihr Verhalten nicht erklären können.« Er verurteilt den schönen Siegmund wegen Beleidigung in zwei Fällen zu 750 Euro (50 Tagessätze) Geldstrafe.

Der will weiter kämpfen. Vielleicht glaubt man ihm beim Landgericht.

Alle verhaften!

Olga O. wehrte sich mit Händen, Füßen und Zähnen. Genutzt hat es ihr nichts: Die Beamten drehten ihr die Arme auf den Rücken und fesselten ihre Hände. Weil sich die Betrunkene immer noch nicht bändigen ließ, brachten Tina T. und Marco M. sie zu Boden. Dort lag sie bäuchlings vor der Polizistin, die ihre Knie in die Hüfte der Gefesselten drückte. Mit letzter Kraft biss die Tobende der Beamtin in den Oberarm. Später erwischte sie auch noch den Finger ihrer Tochter, als diese sie vergeblich zu beruhigen suchte.

Schließlich wurde sie mit einem Gefangenentransport zur Polizeiwache gebracht: Erst am nächsten Morgen durfte sie nach Hause gehen. Elf Monate später aber sitzt nicht die widerspenstige Ukrainerin vor der Richterin, sondern die beiden Polizisten – wegen Freiheitsberaubung und Körperverletzung im Amt.
Wortreich und um ihren Freispruch kämpfend schildert die siebenundzwanzigjährige Kommissarin den Ablauf des Einsatzes im Oktober 2008. Am frühen Abend hatte Joachim J. die Polizei gerufen, weil ihm seine Freundin Olga die Auto-

schlüssel nicht zurückgeben wollte. Die beiden Beamten gingen mit dem Anrufer zur Wohnung der Schlüssel-Diebin. Diese leugnete die Tat und weigerte sich, ihren Ausweis zu zeigen. Energisch schob sie die Gesetzeshüter aus der Wohnung.

Vor der Tür unterhielten sich dann die Beamten mit Joachim J. Der berichtete ihnen, warum es zum Diebstahl seiner Autoschlüssel kam: Vor über zehn Jahren stand Olga O. im strömenden Regen mit einem Kinderwagen an der Bushaltestelle. Aus Mitleid lud Joachim J. Mutter und Kind in sein Auto und chauffierte die beiden nach Hause. Es entwickelte sich eine Freundschaft und »na klar, war auch mal was mit Sex«, sagt der verheiratete Mittfünfziger.

An diesem Oktobertag, an dem die Ära »Olga« enden sollte, bugsierte ihn die Geliebte mit den Worten »Du stinkst« ins Bad. Artig begab sich der untersetzte Brillenträger in die Badewanne. Die attraktive Endvierzigerin setzte sich dazu, trank Wein und stritt mit ihm über die undankbare Rolle der Geliebten. Irgendwann erhob sie sich, löschte das Licht im Bad und verschloss dessen Tür mit den Worten: »Bis morgen!«

Da saß Joachim J. im dunklen, engen Raum. Panik beschlich ihn. Mit Wucht warf er sich gegen die Tür, die bald nachgab. Aber auch die Wohnungstür war abgeschlossen. In einer Kommode fand der Eingesperrte den passenden Schlüssel und verließ – die Autoschlüssel bereits vermissend – eilig sein Gefängnis. Auf der Straße sah er Olga mit seinen Schlüsseln, die der rechtmäßige Besitzer am Anhänger erkannte. Doch obwohl er »Baby« darum bat, ihm sein Eigentum zurückzugeben, blieb die Angesprochene stur und der bestohlene Liebhaber musste die Polizei rufen.

Den beiden Beamten erschien die wenig kooperative Bürgerin nun in einem gänzlich anderen Licht. Sie war jetzt eine Die-

bin, die gegenüber Polizisten Widerstand leistete und außerdem eine Freiheitsberaubung begangen hatte. Diese Mehrfach-Täterin musste gestoppt werden!
Die Polizeikommissarin und der Polizeimeister begaben sich ein zweites Mal zur Wohnung von Olga O. Schon beim Öffnen erkannte die Wohnungsinhaberin die Gefahr. Doch da hatte Tina T. bereits ihren Fuß in die Tür gestellt. Die Ukrainerin drückte von innen, die Beamten von außen: Es war ein ungleicher Kampf.

Vor Gericht geht es nun um die Frage, warum sich die Polizisten so unverblümt über geltendes Recht hinwegsetzten, weil sie meinten, sie müssten eine zwar betrunkene, aber ansonsten ungefährliche Frau zur Wache mitnehmen. »Aufgrund der neuen Erkenntnisse und zur Verhinderung weiterer Straftaten nahmen wir sie in Gewahrsam«, brachten die Kommissarin und ihr vier Jahre jüngerer Kollege damals zu Papier. »Wir hatten die begründete Vermutung, dass Frau O. weitere Straftaten begehen würde.«
»Welche Straftaten?«, möchte die Richterin wissen.
»Zum Beispiel andere Straftaten«, eiert die hübsche, brünette Polizistin und fügt hinzu: »Dass sie sich mit der Frau von Joachim J. in Verbindung setzt.«
»Das ist keine Straftat«, erklärt die Richterin geduldig. Tina T. beharrt.
»Ich war mir nicht sicher, ob sie in der Wohnung nicht andere Straftaten begeht.« »Welche Straftaten?«, fragt die Richterin noch einmal.
»Ich hatte keine Garantie, dass sie nicht die Tochter beißt oder Joachim J. etwas antut!«, antwortet die Angeklagte.
»Es gibt eine Menge Leute, die betrunken in ihrer Wohnung sitzen. Da gehen wir doch nicht einfach hin und verhaften

die«, erklärt die Richterin, ohne ihre Stimme zu erheben. Für die Kommissarin bleibt es dabei: Olga O. war in ihrer Wohnung nicht sicher.

»Sie war nicht Herr ihrer Sinne. Ich hatte nicht den Eindruck, dass sie sich ins Bett legt und schläft. Es bestand die Gefahr, dass sie herumgeht und weitere Straftaten begeht.« Nun reicht es dem grauhaarigen Staatsanwalt.

»Sie sind rechtswidrig in eine Wohnung eingedrungen!« Tina T. verschlägt dieser Vorwurf nicht die Sprache.

»Wir sind gar nicht eingedrungen. Sie griff uns an, sie biss und spuckte! Sie hat meinem Kollegen auf den Rücken geschlagen, sie warf mit einem Feuerzeug und Handy nach uns!« Warum sie das erst im Prozess und nicht bei früheren Befragungen vorgetragen hat, erkundigt sich der Staatsanwalt. Er nimmt der Angeklagten viele Erklärungen nicht ab, auch nicht jene, dass die beiden Polizisten ein zweites Mal zu Olga O. gingen, weil sie einen Atemalkoholtest durchführen wollten, »um dem Staatsanwalt einen Richtwert für weitere Maßnahmen zu geben«, wie die Beamtin erklärt, während ihr zurückhaltender Kollege zustimmend nickt.

»Wir haben ja gar keine Maßnahmen ergriffen, ich habe ja nur meinen Fuß aus der Tür herausnehmen wollen«, sagt Tina T.

»Also doch eingedrungen«, triumphiert der Staatsanwalt und sagt »Auweia!«, als ihm die Angeklagte erklärt, sie halte ihr Tun noch immer für richtig. Ein Freispruch ist nach den Erklärungen der Polizeikommissarin nicht möglich. Aber das Gericht bietet an, das Verfahren wegen geringer Schuld einzustellen, wenn beide Polizisten jeweils 400 Euro Geldbuße zahlen. Nach langer Beratung mit ihren Anwälten willigen die beiden ein.

Seine Autoschlüssel hat Joachim J. trotz der übereifrigen Beamten bis heute nicht zurückbekommen. An jenem Oktobertag brachte ihm seine Frau die Reserveschlüssel, im Gegenzug musste er beichten. Er hatte Glück – Frau J. ahnte bereits das amouröse Verhältnis, das nun erkennbar endgültig beendet war – die Vorwürfe hielten sich in Grenzen. Nur die 500 Euro für das Auswechseln der kompletten Schließanlage seines Skoda, die taten weh.

Ein Mann will nach oben

Sein Mandant verspäte sich eine Viertelstunde, sagt der Verteidiger. Allerdings habe er bei seiner Kundschaft des Öfteren die Erfahrung machen müssen, dass eine angekündigte Viertelstunde eher einer halben Stunde entspräche.

»In diesem Beruf wird man pessimistisch«, sagt der Anwalt und ruft seinen Mandanten noch einmal an. Der sitzt inzwischen im Bus und beteuert seine Unschuld. Die S-Bahn sei durch einen »Personenschaden« an der Weiterfahrt gehindert worden.

»Das prüfen wir nach!«, sagt der Protokollant zum Richter, während die Staatsanwältin über die Zunahme von »Personenschäden« bei der Bahn sinniert. Das sei die Umschreibung für Selbstmord, weiß der Verteidiger. Die Bahn verschleiere die Wahrheit wegen der potentiellen Nachahmer.

In diese Unterhaltung platzt ein großer, dunkelblonder Mann mit blassen Augen. Sein Gesicht wird von einer großen Nase dominiert. Felix K. trägt einen schwarzen Anzug, seine Schuhe sind geputzt, der schwarze Mantel und ein edler Schal behaupten den erfolgreichen Unternehmer. Doch der Vierzigjährige segelt finanziell am Abgrund. 600 Euro verdient er im Monat.

»Ich lebe spartanisch«, sagt K. Die Hälfte seiner Einnahmen geht für die Wohnung im Mahrzahner Plattenbau drauf, in die er vor kurzem wegen der günstigen Miete gezogen war. Von dort organisiert der umtriebige Mann eine bundesweite Miss-Wahl. Außerdem ist seine Wohnung der Sitz eines Online-Reisebüros und des Personalbüros »Schönste Schönheiten«.
»Das läuft eher schlecht«, sagt der Angeklagte. Im vergangenen Jahr zeigten ihn sieben Hosts und Hostessen an, weil er ihnen das Honorar nicht gezahlt hatte. K. schuldet ihnen Beträge zwischen 250 und 1 000 Euro, insgesamt sind es 3 500 Euro. Schon beim Abschluss der Arbeitsverträge habe er vorgehabt, mit dem Hostessen-Honorar andere Löcher seines finanziell angeschlagenen Unternehmens zu stopfen, wirft ihm die Staatsanwältin vor. Das gibt der Angeklagte auch zu. Er habe im vergangenen Jahr Aufträge verloren, die übrigen seien nicht so lukrativ.
»Ich hab halt nicht die Kontakte.« Als dann noch zwei Kunden ihre Rechnungen nicht bezahlt hätten, sei es »zu größeren Verzögerungen« gekommen. Permanent hätten die jungen Männer und Frauen nach ihrem Geld gefragt.
»Wenn jeden Tag das Telefon klingelt, kann man nicht mehr arbeiten«, sagt K.
Darum verfasste er im Juni letzten Jahres einen Brief. An etwa vierzig Gläubiger schrieb er, sie sollen sofort ihre Mahnverfahren stoppen. Seit nunmehr sechs bis acht Monaten laufe es bei ihm schlecht. Es gäbe bei ihm auch nichts zu pfänden – kein Auto, keine Wertsachen. Die Empfänger des Briefes mögen »Dinge wie Anwälte und Zinsen vermeiden«, bat K. »Jede Mahnung erhöht die Summe der Schulden!« Er hoffe, mit viel Arbeit die kritische Phase zu überstehen, und appellierte: »Denken Sie an die über einhundert Praktikanten, deren Zeugnis wertlos wäre, wenn ›Schönste Schönheiten‹ nicht mehr

existiert! Warten ist die einzige Möglichkeit!«, so der Unterzeichner des Briefes.
K. versteht nicht, warum er sich nun vor Gericht verantworten muss.
»Wir bestreiten die Forderungen ja nicht!« Der Richter versucht, es ihm zu erklären.
»Hätten Sie den Damen und Herren gesagt: ›Meine Geschäfte laufen schlecht, zahlen kann ich nicht‹, dann hätten die nicht für sie gearbeitet!«
»Möglicherweise«, sagt der bislang nicht vorbestrafte Angeklagte. »Das war mir nicht klar, dass das Betrug ist.« Er habe inzwischen fast alles beglichen, verteidigt sich K. Nur von einer Frau habe er in seinem Berg von Mahnungen keine Bankverbindung finden können. »Aber das können wir auch sofort bezahlen.« Er überreicht dem Gericht seine Einzahlungsbelege.
»12:56 Uhr«, verliest der Protokollant mit vorwurfsvollem Unterton – eine Stunde vor dem Verhandlungstermin wurden die seit einem Jahr bestehenden Schulden beglichen.
Ob diese Menschen noch für ihn arbeiten werden, fragt der Richter.
»Promoter für Messen gibt es genug«, sagt der Angeklagte. Die Antwort enthält kein Zögern, keine Scham. Früher habe er die Hostessen auf der Straße oder auf Messen gesucht, heute fände er sie im Internet. Dort gibt es die Seite »Model-Online«, auch bei Studivz und Facebook existieren Modelgruppen.
»Wer ist denn ›wir‹?«, will die Staatsanwältin wissen.
»Vier Praktikanten und ich«, sagt der Einzel-Unternehmer und entschuldigt sich: »Ich bin das so gewohnt, ›wir‹ zu sagen.« Seine Mitarbeiter vermittle ihm die Arbeitsagentur. »Glücklicherweise gibt es genügend Praktikanten«, lautet der

nächste schamlose Satz aus K.'s Mund. »Lohnkosten habe ich gleich null. Das mache ich seit Jahren so. Das läuft sehr gut«, sagt der Angeklagte. Allein ginge es gar nicht, die Arbeit sei sehr zeitaufwändig. Man müsse viel telefonieren und recherchieren.

Ein moralisches Urteil über K.'s Geschäftsgebaren steht dem Gericht nicht zu, es bewertet lediglich die Strafbarkeit seines Verhaltens. Die Staatsanwältin hegt den Verdacht, dass mit der Anklage nur die Spitze des Eisberges getroffen wurde.

»Nicht jeder stellt eine Anzeige«, sagt sie in ihrem Plädoyer und will den Angeklagten wegen gewerbsmäßigen Betruges mit 14 Monaten Haft zur Bewährung bestrafen.

Der Verteidiger preist dagegen die Schadenswiedergutmachung seines Mandanten. »Das erlebt man selten.« Er plädiert auf eine Bewährungsstrafe von nicht mehr als einem Jahr.

Der »Schönste Schönheiten«-Inhaber hat Glück. Er ist heute nicht der einzige Betrüger, den der Richter verurteilen muss. Der Delinquent vor ihm scheiterte mit einem Online-Reisebüro und hinterließ bei fünfundzwanzig Kunden einen bislang nicht beglichenen Schaden von 50 000 Euro. Die Quittung dafür waren 17 Monate Haft auf Bewährung. Daran gemessen bekommt Felix K. nun fünf Monate weniger zugesprochen.

»Dass Sie die Taten wiedergutgemacht haben, unterscheidet Sie von dem Herrn heute Vormittag«, sagt der Richter. Drei Jahre lang muss K. sich bewähren, »dreimal muss die Erde um die Sonne«, mahnt der Richter. »Das wird nicht einfach, Sie leben in einem gefährlichen Bereich!« Der Richter erklärt dem vor ihm Sitzenden auch, warum er ihn verurteilen konnte, denn Zahlungsunfähigkeit allein ist nicht strafbar. Nur durch die Täuschung über seine finanzielle Lage wurde daraus ein

Betrug. Meist sei die Täuschungsabsicht nur schwer nachweisbar, verrät der Richter. Doch K.'s Brief, in dem er von den bereits Monate vor Abschluss der Honorarverträge bestehenden Schwierigkeiten berichtete, käme einem Geständnis gleich. Diese Lektion hat der windige Unternehmer garantiert begriffen. Ob er nun ehrlichere Geschäfte machen wird, darf man bezweifeln. Derzeit kursieren Berichte über die von K. ins Leben gerufene Misswahl: Auch dort würde es nicht mit rechten Dingen zugehen.

Forever young

Sie muss ihren Vater gehasst haben. Jenen strengen Patriarchen, welcher der damals Zwanzigjährigen das Ausgehen verboten hat, der sie auf Schritt und Tritt kontrollierte, sie sogar von der Arbeit abholte. Immer musste sie um 20 Uhr zu Hause zu sein. Doch wenn der Vater beabsichtigte, seine Tochter auf diese Weise vor jeglichen Jugendsünden bewahren zu können, hat er sich gründlich geirrt.

Vor über vierzig Jahren verließ Roswitha R. ihr Elternhaus. Ihr Vater ist längst tot, doch noch heute zeigen seine Verbote Wirkung.

»Ich habe das schon zu meinem Bewährungshelfer gesagt: Ich hole alles nach, was ich früher nicht durfte«, sagt die Angeklagte dem Richter. Nachgeholt werden nicht nur Ausgehen und Tanzen. Auch betrunken mit dem Mofafahren gehört dazu.

Dieses Delikt bringt die dreiundsechzigjährige führerscheinlose Oma und Mutter dreier Kinder seit dreißig Jahren regelmäßig vor Gericht. Sie saß deswegen sogar schon ein halbes Jahr im Gefängnis. Auch in dieser Verhandlung schweben acht Monate Haft über der kleinen, fülligen Frau. Diese Strafe war beim letzten Gerichtstermin zur Bewährung ausgesprochen worden.

Heiß war es an jenem Samstag im Juli 2008 im vergangenen Jahr. Am Abend zuvor hatte Roswitha R. bis drei Uhr nachts mit Freundinnen einen Polterabend gefeiert. Es wurde Bier mit Fassbrause getrunken. Dazu gab es reichlich Kaffeelikör. »Schöne Mischung«, sagt der Richter dazu.
Am nächsten Vormittag hütete die arbeitslose Mobilitätshelferin den vierjährigen Sohn einer Freundin. Dann wurde sie von einer Bekannten gebeten, ihr Nachthemden ins Krankenhaus zu bringen. Sie gab den Jungen bei seinem Großvater ab und stieg in den Bus. Als sie zurückkam, war der Steppke ausgebüxt und wartete beim Polizeipräsidenten auf seine Abholung. Als Grund für seinen Ausflug gab er an, die Oma habe ihn geschlagen und mit Spielzeug beworfen – ein Vorwurf, der sich nicht bestätigte.
Roswitha R. machte sich Sorgen um ihr Pflegekind, das sie so schnell wie möglich abholen wollte. Sie bestieg ihr Mofa und düste zur Wache beim Polizeipräsidium. An ihren Restalkohol dachte sie dabei nicht.
Fassungslos starrten die Beamten durch die geöffneten Fenster, als sie die Frau auf dem Mofa erblickten.
Da kommt doch nicht wirklich jemand in diesem Zustand zum Abschnitt, will eine Polizistin gedacht haben. Da glaubt man doch an die Sendung ›Versteckte Kamera‹!
Beim Versuch, ihr Fahrzeug aufzubocken, sei Roswitha R. ins Taumeln geraten. »Sie schwankte zur Wache, es war unglaublich«, sagt die Beamtin dem Richter. Die Besucherin habe nach Alkohol gerochen, ihre Augen seien gerötet gewesen, sie habe keinen zusammenhängenden Satz hervorbringen können, geschweige denn, den Worten der Polizisten

folgen können. Selbstverständlich habe man ihr den Jungen nicht anvertraut.

»Ick bin nich der Meinung, dass ick alkoholisiert war«, sagt die Angeklagte. Das Schwanken beim Aufbocken des Mofas habe an den glatten Mosaik-Steinen gelegen. An denen sei sie abgerutscht. »Ja und dat ick aus dem Mund jerochen habe, dat kann man ja nich verhindern.« Und die Schwierigkeiten mit dem Reden, fragt der Richter.

»«Ick hab nur jefragt, wo der Junge is. Mehr hab ick jar nich jesagt«, verteidigt sich Roswitha R.

Die Beamten baten sie, ins Röhrchen zu pusten. Kurz nach 18 Uhr nahm man ihr Blut ab, in dem sich 0,74 Promille Alkohol nachweisen ließ.

»Ich hatte gedacht, es wäre mehr«, sagt die Polizistin dem Richter. Doch erst ab 1,1 Promille gilt ein Verkehrsteilnehmer als absolut fahruntüchtig. Was unterhalb dieses Wertes bis zu 0,5 Promille liegt, wird als Ordnungswidrigkeit geahndet. Die von den Beamten beschriebenen Ausfallserscheinungen sind der Staatsanwältin und dem Richter nicht konkret genug, um den Vorwurf einer strafbaren Trunkenheitsfahrt aufrechtzuerhalten. Das Gericht erklärt sich die von den Polizistinnen beobachteten Verhaltensauffälligkeiten mit der Kombination aus Restalkohol, Aufregung und sommerlicher Hitze. Die Angeklagte habe lediglich eine Ordnungswidrigkeit begangen, urteilt der Richter. Der Widerruf ihrer Bewährung steht nicht mehr zur Diskussion. Mit dem Trinken habe sie nun aufgehört, versichert Roswitha R. dem Richter.

»Nur noch bei Feiern.« Mit der Ermahnung, nicht jeden Tag zu feiern, und der Auflage, 300 Euro Geldbuße zu zahlen, verlässt die sichtlich erleichterte Frau den Saal.

Lustig über alles

Es muss ein sehr abgebrühter Staatsanwalt gewesen sein, der die Strafsache »Oliver O.« lediglich mit einem Strafbefehl über 1 500 Euro (75 Tagessätze) ahnden wollte – ganz ohne öffentlichen Prozess.

»Wie kann das sein?«, empörten sich die Mitarbeiter in der Geschäftsstelle des Richters, und auch ihrem Chef schien das zu mild für jemanden, der die Katze seiner Mitbewohnerin in deren Abwesenheit übel misshandelt haben soll.

Der Richter setzte einen Verhandlungstermin für O. an, der aber drückte sich. Erst ein Haftbefehl motivierte den vierundzwanzigjährigen Angestellten eines Briefunternehmens, dann doch im Gericht zu erscheinen.

Groß und dick ist der Schwarzhaarige mit dem blassen Teint. Sein Doppelkinn ist ebenso mächtig wie die silbernen Ketten um Hals und Handgelenk. Trotz des warmen Frühlingswetters behält er seine gefütterte Bundjacke im Gerichtssaal an – als könne die ihn schützen vor dem Wind der Verachtung, der ihn von vorn, von rechts und von hinten anweht. Niemand außer dem Verteidiger äußert Verständnis für seine Taten.

Oliver O. steckte das wenige Monate alte Tier nämlich ins

Gefrierfach und bedeckte es mit Eisblöcken. Dann stellte er das Video von der graugetigerten Naomi, an deren Fell und Barthaaren Eiskristalle klebten, auf YouTube ein. Er dokumentierte auch die unwürdige Szene, in der er das Kätzchen in eine Toilettenschüssel setzte, den Deckel schloss und spülte. Neben dem nassen Tier zeigt das Foto auch einen Blutspritzer auf der Toilettenbrille.

Er beschoss Naomi mit Plastikkugeln. Er warf sie gegen die Wand und trat sie. Er soll sie sogar mit einer am Halsband befestigten Leine vom Balkon gehängt haben. An dieser Stelle protestiert der Angeklagte: Mit diesem Foto habe er nichts zu schaffen, das habe ihm ein Freund geschickt, er habe es nur ins Netz gestellt.

»Er fand das witzig«, erklärt O. die Motivation seines Freundes.

Er gibt zu, die Katze ins Eisfach gesteckt zu haben. Ja, er habe Scheiße gebaut. Aber es sollte nur ein Spaß sein und habe bloß Sekunden gedauert. Außerdem hat die doch ein Fell! Auch das mit dem Toilettenbecken würde stimmen. Durch das Portal »Lustig.de« sei er auf diese Idee gekommen. Der Richter ist fassungslos.

»So eine kleine Katze weckt doch Beschützerinstinkte!« Der Angeklagte entgegnet, er habe damals an Naomi kein Blut feststellen können.

»Ich wollte der Katze nicht weh tun.«

»Was ist das denn anderes als eine Misshandlung?«, fragt der Richter.

»Das war bescheuert«, antwortet O. »Das war früher.« Früher, das ist gerade mal zwei Jahre her. »Ich würde keiner Katze mehr was tun. Ich hab zwei Miezen, die sind mir heilig, denen geht es wunderprächtig!«

Er will die Katze auch nicht mit dem Kopf gegen die Wand geworfen haben, wie seine Ex-Freundin berichtet. Naomi sei allein dagegen gerannt. Er habe sie höchstens mal am Nackenfell hoch gehoben, aber nie geworfen. Beschossen habe er das Tier auch nicht. Die Luftpistole habe er sich erst nach dem Auszug der Katze angeschafft.

Dem widerspricht eine andere Ex-Freundin: Die Katze habe damals in die Ecke gepinkelt, in der O.'s Computerkabel lagen. Dieser griff daraufhin zur Pistole und drückte ab.

»Die hat so gejault! Ich stand daneben und war geschockt«, sagt die Zeugin. Sie habe einmal versehentlich eine solche Kugel an den Kopf bekommen, die eine Riesenbeule hinterließ.

Nach dem Schuss habe sich das zitternde Tier erneut entleert und sei abermals beschossen worden. Dann hob sein Peiniger es auf und verwendete es als lebenden Lappen zum Aufwischen der Exkremente.

Die Zeugin kann noch mehr berichten als das, was in der Anklage steht: Ihr Ex-Freund schleuderte und trat die Katze wie einen Fußball. Er hing sie am Türrahmen auf und amüsierte sich über das Halt suchende Tier. Er steckte es auch in einen warmen Backofen – sie habe auf dem Foto die Temperatur erkennen können. Jede der beiden Ex-Freundinnen bat O. aufzuhören.

»Er fand es einfach nur witzig«, sagt die erste Zeugin.

Übers Internet fanden sich die beiden Frauen und tauschten sich über ihren Ex und dessen so gar nicht witzige Katzen-Quälereien aus. Sie beschlossen, zum Veterinäramt zu gehen.

Der Angeklagte hält dieses Verhalten für Rache: Die eine sei sauer wegen eines Handys, das er ihr stahl, die andere wegen einer Geschlechtskrankheit.

Das ist dem Staatsanwalt herzlich egal – im Übrigen ist er nicht derjenige, der die Idee mit dem Strafbefehl hatte.

»Es fällt mir ein bisschen schwer zu plädieren«, leitet er seine flammende Rede ein.
»Nicht weil ich nicht weiß, was ich will, sondern vor Entsetzen.« Er glaubt dem Angeklagten keine seiner Erklärungen. Das Tier habe nur für Sekunden im Gefrierfach gesteckt, die Eiskristalle in Fell und Barthaaren seien drapiert worden? »So ein Tier möchte ich sehen, dass sich das gefallen lässt! Die Katze hat gefroren!« Der Blutspritzer, der auf dem Foto zu sehen ist, nachdem Naomi todesängstlich im Toilettenbecken Halt suchte?
»War ja nur ein Blutspritzer von der Katze«, höhnt der Staatsanwalt. Aus Spaß habe der Angeklagte gehandelt? »Damals war man jung. Heute ist man zwei Jahre älter.« Für den vorbestraften Schläger fordert der Ankläger vier Monate Haft auf Bewährung und 2 000 Euro Geldbuße zugunsten eines Tierschutzvereins.
Der Verteidiger spricht von inzwischen überwundenen Entwicklungsdefiziten und bedauert, dass im Internet vieles zu sehen ist, was andere nachäffen und zu überbieten suchen. Für die Verletzungen und die Angst der Katze sollte eine Geldstrafe ausgesprochen werden, argumentiert der Anwalt. Falls der Richter aber auf eine Freiheitsstrafe entscheide, solle auf die Geldbuße verzichtet werden: Diese würde zu Lasten von O.'s Kind gehen – »eines Menschen!«
»So etwas passiert nie wieder«, beteuert Oliver O., bevor sich der Richter das Urteil überlegt. In dieser Pause tuscheln die Ex-Freundinnen im Saal: »Das was er mit der Katze gemacht hat, tut er bald seinem Kind an!«

Vier Monate Haft zur Bewährung urteilt der Richter. Eine Geldstrafe könne man hier nicht mehr verhängen.
»Das würde nicht verstanden werden von denen, die uns be-

zahlen.« Außerdem soll O. 1 200 Euro an den WWF zahlen. »Mich hat dieses kranke, sadistische Verhalten ratlos gemacht«, sagt der Richter. »Wie kann man so verroht sein? Die kleine Katze ist genau so ein kleines Lebewesen wie Ihr sechs Monate altes Kind!«
Ein Verbot zur Haltung von Haustieren kann nur das Veterinäramt aussprechen, das der Richter über den Fall informieren will. In jedem Fall solle O. sich überlegen, ob er seine Katzen nicht besser abgebe. Das gesparte Geld könne er dann zur Erfüllung seiner Geldbuße verwenden.
Mit rotglänzendem Gesicht verlässt der große, schwere Tierquäler den Saal. Die Verhandlung hat ihn ins Schwitzen gebracht.

Tags darauf erscheinen die bebilderten Berichte über den Prozess. Sie werden auch von O.'s Kollegen gelesen. Daraufhin verliert der Katzenschreck seinen Job. Eine Folge, die ihn wohl noch mehr beeindruckt als das Gerichtsurteil.

Klauen wegen Mutti

Langsam, vorsichtig einen Fuß vor den anderen setzend, tritt ein älterer, elegant gekleideter Herr in den Verhandlungssaal. Sorgfältig hat er seine grauen Haare zurückgekämmt. Unter weißem Schal und dunklem Mantel lugt ein Hemd mit Krawatte hervor. Seine Schuhe wirken sauber – trotz des allgegenwärtigen Schneematsches.

Winfried W. ist Stammgast in Moabit. Einhundertvierzehn Einträge weist sein Strafregister auf. Diesmal geht es um den Diebstahl von Whisky, Kräuter- und Anislikör, Zeitungen sowie drei paar Strümpfen.

»Na, sicher«, antwortet der vierundsiebzigjährige Privatier und ehemalige Aktiendepot-Verwalter auf die Frage des Richters, ob er tatsächlich versucht habe, diese Dinge zu stehlen.

»Es ist doch alles so furchtbar, es ist gewissermaßen ein Zwang da, den ich mit allen Mitteln bekämpfe«, sagt der Kleptomane. »Was mache ich nicht schon alles, um dem zu entgehen. Ich bin nur noch nachts auf und schlafe tagsüber, damit ich nicht in den Supermarkt gehe, weil ich weiß, was für Gefahren dort lauern. Ich fühle mich wie kurz vor dem Tod. Das dauert sicher nicht mehr lange. Aber ich will nicht als Ladendieb ster-

ben. Nur kann ich nicht garantieren, dass ich nicht wieder versage. Es ist ja ein Versagen. Es ist so schwer. Das kann sich niemand vorstellen, was das für Nöte sind, in denen man da steckt. Am besten, ich scheide aus dem Leben. Dann haben wir nicht mehr die Probleme.«
Der Richter wollte gerne glauben, dass der Angeklagte seine Diebstähle nicht steuern kann. Doch weil das zu viele Ladendiebe von sich behaupten und das letzte psychiatrische Gutachten, das W. krankhafte Kleptomanie bescheinigte, fast zehn Jahre alt ist, schickte er ihn zum Psychiater. Dieser hält nun einen schillernden Vortrag über das leidvolle Leben des Kleptomanen.

Winfried W. wurde als Kind eines zweiundfünfzigjährigen Kriegsinvaliden und einer vierzigjährigen Buchhalterin geboren. Beide Eltern wuchsen noch unter dem letzten deutschen Kaiser auf. Insbesondere von seinem Vater übernahm der Sohn ein übergenaues und zwanghaftes Verhalten, so der Gutachter.
Die dominante, gefühlskalte Mutter, die sich ein Mädchen gewünscht hatte, fühlte sich mit der Erziehung ihres Sohnes überfordert. Permanent verfluchte sie die beiden Männer in ihrem Leben.
»Sie starb unversöhnt mit dem Sohn«, sagt der Psychiater.
Statt aufzubegehren, begann W., sich mit seiner Aggressorin zu identifizieren. Er entdeckte seine Faszination für Damenunterwäsche.
»Die Mutter trug Seidenstrümpfe. Wenn er auch welche trägt, ist dies der Versuch, sein sexuelles Begehren mit seinem Mutterbild in Einklang zu bringen«, so der Gutachter. Der erste Diebstahl galt dann auch diesem Fetisch, da er sich in den sechziger Jahren als Mann keine Damenunterwäsche zu kau-

fen wagte. So kam W. über den Fetischismus zur Kleptomanie und erfuhr durch die Maßregelung der Detektive und Richter die ihm vertraute Form der Zuwendung.

»Das, was die Mutter beim Strafen ausgelöst hat, führt er mit seinen Diebstählen herbei. Er reinszeniert seine Mutterbeziehung«, sagt der Psychiater. Fetischismus und Kleptomanie seien »Angst-Lust-Inseln«: Sexualisierte Gefühle, die entstünden, wenn man sich in beherrschbare Notsituationen bringt. Jeder kenne dieses Gefühl von Wagemut, es bereichere unseren Alltag. Manche suchten sich diesen Kick auf dem Rummelplatz, andere bei Risikosportarten. W. allerdings würde seine Impulse schon lange nicht mehr lustvoll erleben, »seine Diebstahlshandlungen haben sich mit seiner Zwanghaftigkeit verbündet«, so der Gutachter. Die Dinge, die der Angeklagte stehle, hätten für ihn keinen Gebrauchswert.

»Sie werden im Moment der Entdeckung zusammengerafft.« Magisch zögen W. vor allem Alkoholika an, die dem äußerst bescheiden und ohne Krankenversicherung lebenden Mann Symbol für ein luxuriöses Leben sind.

Um seine These zu prüfen und auszuschließen, dass der Angeklagte kein Sozialparasit sei, der sein Diebesgut in klingende Münze verwandele, suchte der Psychiater dessen Wohnung auf – ein mit Zeitungsstapeln verstelltes Heim – »an der Grenze des Messie«. Als weiteren Beweis für die Zwanghaftigkeit des alten Mannes wertete der Gutachter dessen Angewohnheit, Gebrauchsgegenstände stets in ihren Verkaufsverpackungen aufzubewahren.

Am Ende seines Lebens fühle sich W., dessen Normensystem völlig intakt sei, als Versager. Er schäme sich und sei depressiv. Doch im Gegensatz zu jüngeren Kleptomanen könne man ihn nicht mehr mit impulsdämpfenden Medikamenten nebst Verhaltenstherapie heilen. Als der Angeklagte einen solchen Versuch unternahm, konnte man ihm nur mitteilen, dass seine Krankheit inzwischen chronisch sei.

»Die hemmenden Instanzen sind in den letzten fünfundzwanzig Jahren abgeschliffen worden. Die Krankheit hat Besitz von ihm ergriffen, sie hat sich in seine Biographie wie in ein vorgeformtes Flussbett eingeschlichen«, so der Psychiater. »Sie ist von ihm nicht zu steuern.«

Diesen überzeugenden Argumenten kann das Gericht nur folgen und spricht den Angeklagten von seiner strafrechtlichen Schuld frei.

»Ich gebe mir ja so wahnsinnige Mühe, nicht zu versagen«, sagt W. auf dem Flur. »In letzter Zeit habe ich es ganz gut geschafft, den Kampf zu gewinnen. Ich hoffe, dass es so bleibt, aber ich kann es nicht versprechen.« Seit einem Jahr habe er nichts gestohlen: Nachts, so der Kleptomane, werde er als Kunde stärker beobachtet.

Ich knack dir ein Schloss

Die Tür fiel zu, der Schlüssel steckte im Zündschloss. Als Dirk D. zu seinem Auto zurückkam, stellte er fest, dass sich die Türen inzwischen selbst verriegelt hatten. Seine Autowerkstatt schickte ihm einen lustigen Mann mit Raucherstimme und wehendem, dunkel gefärbtem Haar: Franz F., ein mehrfach vorbestrafter und – wie er sagt – »handwerklich versierter« Einbrecher: Der Mann für verschlossene Türen.

»Ich mach alles auf«, verriet er dem staunenden Kunden. Dieses Thema war dann Dauerbrenner zwischen dem großen, tätowierten D., 47, und dem kleinen, rundbäuchigen F., 62. Es soll zwei Jahre später zu einer Wette geführt haben: Schafft es Franz, innerhalb von zehn Minuten eine dicke Stahltür mit zwei Schlössern zu öffnen?

Wegen des Kicks, so Dirk D., sollte der Test unter der Nerven-Belastung eines echten Einbruchs stattfinden: In einer Novembernacht 2009, um 1 Uhr, an der alten Feuerschutztür einer Bäckerei-Filiale. Eine halbe Stunde später wurden die beiden festgenommen – einem Nachbarn war der große, sportliche Mann aufgefallen, der ständig um die Hausecke lugte.

Auf der Anklagebank versuchen die Freunde nun, das Gericht zu überzeugen, dass es ihnen niemals um die etwa 1 200 Euro Tageseinnahmen gegangen sei, die hinter der Tür in einem schweren Tresor lagerten. Ausgangspunkt für den missglückten Einbruch sei ein Beitrag der Sendung »Extra 3« gewesen, den Dirk auf YouTube gefunden habe. Darin berichtete man über Geldschrank-Spezialisten, die behaupteten, nur ihre Tresore seien sicher – die der Konkurrenz dagegen bestünden aus »Kuchenblech« und würden sich leicht öffnen lassen.

Die »Extra 3«-Redakteure wollten sich das beweisen lassen und dokumentierten das klägliche Scheitern der Möchtegern-Panzerknacker, die nach über fünfstündiger Trennschleifer-Arbeit den Tresor der Konkurrenz zwar immer noch nicht geöffnet hatten, aber mit abnehmender Überzeugung verkündeten, sie stünden »im Prinzip kurz davor«. Der lustige Film verfehlt auch im Gerichtssaal seine Wirkung nicht.

»Das ist ja großartig!«, amüsiert sich der Richter.

Als er das Video damals sah, habe sich Franz F. an der Ganovenehre gepackt gefühlt. Er würde sich nicht so dumm anstellen wie die gescheiterten Panzerknacker. Von einem Bekannten besorgte er sich »das Werkzeug, mit dem ich noch gelernt habe, umzugehen«. Zwei Monate später rief er Dirk an und bestellte ihn zur Hinterhoftür einer Bäckerei. Die werde seit Ewigkeiten nicht mehr benutzt. Das wisse er, weil dort vor Jahrzehnten eine Schusterei residiert hat und er mit den Söhnen des Inhabers befreundet gewesen ist.

Dirk habe die ganze Aktion nicht ernst genommen, erinnert sich der Ältere. Als sie sich der Tür näherten, sei er »wie ein Trampeltier über eine große Metallplatte gestolpert« und habe darüber gelacht. Mit Handschuhen und übergezogener Sturmhaube traf der Einbrecher seine Vorbereitungen »für die berühmte Korkenzieher-Methode«, wie er dem Gericht erklärt.

»Drei Minuten pro Türschloss« hätte er wahrscheinlich gebraucht. Dirk sollte die Zeit stoppen.
Die Polizei war jedoch schneller: Franz F. hatte gerade die Schlösser mit Fett ausgespritzt und eine selbstschneidende Zugschraube in den Zylinder eingedreht. Neben der Tür stand eine Ledertasche, in der sich unter anderem ein Schlossabzieher, ein Maul- und ein Baustellenschlüssel befanden.
Auch bei Dirk wurden die Beamten fündig: In seinen Taschen steckten ein Multitool, Handschuhe und Sturmhaube. In seinem 250 Meter entfernten Auto lagerten drei Taschen mit Werkzeug und ein Elektroschweißer. Mit Letzterem habe er seinen Auspuff reparieren wollen, erklärt der gelernte Zimmermann.
»In dieser Geschichte geht es darum, ob man den Angeklagten glaubt oder nicht«, sagt die Staatsanwältin. Sie jedenfalls könne sich nicht vorstellen, dass der fünfzehnfach vorbestrafte Franz F., der wegen Fahren ohne Führerscheins unter Bewährung stand, die ihm angedrohten sechs Monate Haft riskierte, »nur um im Umfeld als der tolle Panzerknacker dazustehen«. Ihrer Meinung nach sei die Wette nachträglich erfunden worden, sonst hätte man das doch bei der Festnahme erwähnt.

Im Gegensatz zur Anklägerin streben die Verteidiger eine Verurteilung wegen Sachbeschädigung an, Franz F. hofft auf eine erneute Bewährungsstrafe. Es sei lebensfremd, sein Einbruchswerkzeug 250 Meter entfernt im Auto zu lagern, sagt Dirk D.'s Anwältin.
»Man will die Sache doch schnell hinter sich bringen!«

F.'s Verteidiger hält eine Bäckerei-Filiale für kein besonders lohnendes Einbruchsobjekt. Im Übrigen aber sei für seinen

Mandanten »Vernunft nicht der zweite Vorname«. Er riskiere eben den Widerruf einer Bewährung, wie er öfter mal verrückte Sachen mache: So sei der schokoladensüchtige Mann kurz vor Weihnachten 2002 bei der Firma »Rausch« eingebrochen, um Konfekt-Spezialitäten zu stehlen – für sich und seine Freunde. Außerdem, so der Anwalt, schärfe er all seinen Mandanten ein: Rede nie!

»Frau Staatsanwältin, auch Ihnen würde ich raten, nichts zu sagen, außer Sie waren zur Tatzeit in Australien und am besten dort noch inhaftiert!«

Der Richter kann sich »beim besten Willen nicht dazu überwinden, den Angeklagten zu glauben. Das ist Bullshit.« Die Wette sah vor, ein kompliziertes Schloss zu öffnen. »Mir erschließt sich nicht, warum man das zwingend nachts in Einbrecherkleidung erledigen muss und nicht tagsüber auf einem Sportplatz.« Und warum stand Dirk D. Schmiere und nicht staunend neben Schlossknacker Franz?

Obendrein meint der Vorsitzende, den Einbrecher an seiner Ganovenehre überführt zu haben: Franz F. habe ihm erklärt, die Schlösser seien alt, die würde keine Versicherung mehr akzeptieren.

»Dieses minderwertige Schloss war keine Herausforderung, damit würden Sie doch Ihren Freund behuppen! Das traue ich Ihnen nicht zu«, argumentiert der Richter. Er glaubt vielmehr, die beiden hätten erst nachschauen und später das passende Werkzeug aus dem Auto holen wollen.

Ein Jahr soll Franz F. in Haft, zusammen mit der widerrufenen Bewährungsstrafe sind das 18 Monate. Für Dirk D. werden zehn Monate Haft zur Bewährung verkündet. Außerdem soll der tätowierte Rocker 300 Stunden gemeinnützig arbeiten.

Franz F. überrascht diese Entscheidung nicht.
»Die freundlichsten Richter fällen immer die härtesten Urteile«, sagt der erfahrene Angeklagte auf dem Flur. »Diese Gutmenschen müssen ja die Bösen aus ihrer Welt aussortieren.«
Vor dem Landgericht tragen die beiden Angeklagten die Geschichte mit der Wette gar nicht erst vor. Sie möchten mit ihrer Berufung lediglich ein milderes Urteil erreichen, was ihnen auch gelingt. Dirk D. drohen jetzt nur noch sechs Monate Haft. Franz F. bekommt eine letzte Chance: Schließlich war die Bewährung, die zum Zeitpunkt der Schloss-Aktion über ihm schwebte, fast durchgestanden. Außerdem war sie wegen eines völlig anderen Delikts verhängt worden, argumentiert die Richterin. Falls der Angeklagte fünf Jahre lang keine weitere Straftat begeht, muss er das eine Jahr Haft nicht absitzen. Das wird eine harte Probe für Franz F.

Die letale Wand eines Infernos

In der Nacht vom 2. auf den 3. Oktober 2005 wäre Dr. Jan-Uwe J. fast gestorben. Oder seine zweiundachtzigjährige Mutter. Todesursache: »Die letale Wand eines Infernos«. Das jedenfalls diagnostiziert der Jurist und promovierte Philosoph.

»Es war Schwerlastkrach. Ich dachte, ein Flugzeug fliegt aufs Haus oder ein Meteor.«

Der Vierundvierzigjährige zeigte seine Nachbarin Heike wegen vorsätzlicher Körperverletzung an. Eine Woche später änderte er seine Anzeige und behauptete, deren Mutter Helga sei die Ruhestörerin gewesen. Nun sitzt der Anzeigende selbst wegen falscher Verdächtigung vor dem Richter: Ein großer, schlanker Mann mit wässrigen Augen, spitzer Nase und hoher Stimme. Sein helles Haar, das langsam schütter wird, fällt noch immer in weichen Wellen. Man kann sich gut vorstellen, wie Mutti ihr Lockenköpfchen stets vor allem Bösen in der Welt beschützte.

Vor zehn Jahren kaufte J. für sich und seine Mutter ein Reihenhaus in einer Westberliner Villengegend. Dafür habe er sich schwer verschuldet.
»Ich dachte, ich finde Lebens-, Arbeits- und Studienruhe«, sagt der Angeklagte. Darum habe er sich gleich nach den Nachbarn erkundigt. Mit denen gäbe es keine Probleme, versicherte ihm die Verkäuferin des Hauses. Die Nachbarn, das war die Familie H.: Der neunzigjährige Vater Hugo, dessen Kinder Helmut und Helga sowie Enkelin Heike. Die erste Begegnung mit dem Handwerker Helmut H. fand im Garten statt.
»Mit offenem Bademantel, so dass man sein Altherren-Gemächt sehen konnte, begrüßte er mich als ›Arschloch!‹«, sagt der Angeklagte. Dann habe der Bademantelträger seine Anlage laut aufgedreht. Die Tiroler-Musik habe man bis in J.'s Dachgeschoss gehört. Der fast taube Vater habe jeden Tag seinen Fernseher auf volle Lautstärke gestellt. Zudem hätten H.'s Hunde stundenlang in ihrem Zwinger geheult. Und aus Helgas Wohnung drang das Lied »Hier kommt der Eiermann«. Wohin bin ich hier geraten, habe J. sich gefragt.
»Ich habe die Hölle meines Lebens, ein Waterloo erlebt.« Seine Psyche habe einen Knacks bekommen. »Da kann man doch nicht wohnen. Da kann man sich einen Strick nehmen!« Mit dieser Erkenntnis sei das Haus unverkäuflich gewesen. Er habe die Polizei geholt, das Bezirksamt verständigt, doch alle hätten nur »Du, du, du!« bei den H.'s gemacht. Der Krach sei geblieben.
»Ich hatte schwer gearbeitet, auch wissenschaftlich. Die Justiz hat mich alle Zeit allein gelassen, aber meine Steuern nimmt man. Ich habe noch nie einen tieferen Fall des Rechts erlebt«, klagt das Muttersöhnchen. Mit niemandem hätte er sich soli-

darisieren können, er sei H.'s einziger Nachbar gewesen. »Der Einzige, der Lärm abbekam, war ich.«
Seine Nachbarin Helga H. erinnert sich noch gut an ihn.
»Jeder wurde mal von Herrn J. mit Vorwürfen überzogen«, sagt die zierliche, turbogebräunte Rentnerin vor Gericht. »Mal war es der Grill, mal die bellenden Hunde, mal der Postbote, der die Briefe nicht richtig in den Briefkasten steckte.«
Im Frühjahr 2005 zog Enkelin Heike H. vorübergehend in die Wohnung ihrer Mutter Helga.
»Ins schwarz ausgebaute Dachgeschoss«, bemerkt Jan-Uwe J. gegenüber dem Richter. Mit »drei Kötern – zwei bissigen Kampfkötern und einem kleinen Kläffer« hätte sich die junge Frau einquartiert. Statt »Eiermann« habe es nun Disco-Musik gegeben – just als ein Mandant bei J. weilte.
»Mir trat vor Peinlichkeit und Scham der kalte Schweiß auf die Stirn«, bekundet der Jurist.
Ihren Höhepunkt hätte die Lärmbelästigung in jener Oktobernacht erreicht, die J. dazu bewog, seine Nachbarin anzuzeigen. Er und seine Mutter hätten am ganzen Leibe gezittert, ihre Köpfe geschmerzt, die Herzen gerast.
»Ich war noch nie in echter Todesgefahr«, sagt der Angeklagte. Diesmal aber seien Herzinfarkt und Schlaganfall greifbar nahe gewesen.
Wie immer rief J. nach der Polizei. Doch wie zum Hohn sei der Lärm kurz vor dem Eintreffen der Beamten verklungen. Als diese abgerückt waren, erblickte J. »diejenige, die mich und meine Mutter fast getötet hätte«: Heike H. »Jetzt heißt sie anders«, sagt der Angeklagte. »Offensichtlich hat die doch tatsächlich jemand geheiratet!«

Breit grinsend betritt die blond gesträhnte Zahnarzthelferin den Verhandlungssaal. Heike B., geborene H., will jene Okto-

bernacht nicht in der Wohnung ihrer Mutter verbracht haben, bekundet die Einundvierzigjährige vor Gericht. Sie sei bereits im September in eine eigene Wohnung gezogen.
Noch Tage nach jener Nacht sei er wie benommen gewesen, sagt Jan-Uwe J. Er habe unter einem Kreislaufschock, Schwindelanfällen und Schweißausbrüchen gelitten.
»Es hat mich fast aus dem Leben geschmissen.« Er zeigte die »Lärm-Terror-Täterin« an. Doch bei der Polizei habe man ihm gesagt, Tochter Heike sei dort polizeilich nicht gemeldet. Man müsste das Ermittlungsverfahren einstellen. Ob er nicht lieber Helga H. anzeigen wolle?
»Werden Sie inzident auch gegen die wirkliche Täterin vorgehen, wenn ich auf Helga umstelle?«, will J. gefragt und ein »laues Ja« zur Antwort bekommen haben. Aus Angst vor einer Einstellung der Ermittlungen habe er die Anzeige geändert. »Ich kann doch nicht schreiben, die Polizei weiß nicht, was sie tut! Ich hätte am liebsten geschrieben, die Polizei ist ein bisschen doof!«, ereifert sich der Angeklagte.
Der Richter glaubt diese Erklärung nicht: J. hatte seine Anzeige an die Staatsanwaltschaft geschickt. Die informierte die Polizei erst im November. Der Wechsel von Heike auf Helga erfolgte aber schon im Oktober. Außerdem kann die Polizei dem Erstatter einer Anzeige keine Anweisung geben, meint der Richter.
»Als langjähriger Anwalt weiß ich: Die Polizei sagt viel, wenn der Tag lang ist«, kontert der Angeklagte. »Was soll ich denn machen? Ich muss doch meine Mutter und mich schützen. Ich muss doch endlich mal bewirken, dass ermittelt wird!«

Nach der Anzeige hätte sich die Lage ein wenig beruhigt.
»Nur deshalb konnte ich den Verkauf des Hauses in Angriff nehmen.« Dieses sei ihm unter großem Verlust gelungen, der

Erlös inzwischen verbraucht. Aus Angst vor Entzug der Anwaltszulassung nehme er momentan auch keine Mandate an. 200 Euro verdiene er monatlich mit Hilfsarbeiten und Sprechstundenvertretungen.

»Nicht nur die Beschäftigung mit der Wissenschaft hat mich unter den Hartz-IV-Satz gebracht!«, klagt J.

Nach langer Diskussion hinter verschlossenen Türen ringt ihm das Gericht eine Zustimmung zu einem Kompromiss ab. Das Strafverfahren wegen falscher Verdächtigung wird eingestellt, wenn J. 900 Euro Geldbuße an die Caritas zahlt.

»Lieber Kinder oder Umwelt«, wünscht sich der Angeklagte.

Der Richter ist erleichtert: Er hat diesen widerspenstigen Angeklagten bestraft, ohne ihn zuvor auf Kosten des Steuerzahlers psychiatrisch begutachten zu lassen und ohne dessen inzwischen fünfundachtzigjährige Mutter befragen zu müssen, die womöglich noch für ihren Sohn gelogen hätte.

In J.'s Haus wohnt inzwischen eine junge Familie mit zwei kleinen Kindern. »Sehr nette Leute«, sagt Helga H.

Riskante Rache per FBI

Der Staatsanwalt trägt eine wilde Geschichte vor: Es war einmal ein deutsch-ghanaisches Ehepaar, dessen Liebe zu bröckeln begann. Im Februar 2007 soll Akwasi A. neugierig und eifersüchtig in den E-Mails seiner deutschen Gattin gestöbert haben. Darin fand der arbeitslose Koch Hinweise auf ein Techtelmechtel zwischen Denise D. und ihrem amerikanischen Ex-Freund Benjamin. Sie wollte ihn in Minnesota besuchen.

Denise D. war noch nicht abgereist, da sann ihr Mann bereits auf Rache. Er begab sich auf die Website des Federal Bureau of Investigation, besser bekannt als FBI. Dorthin schickte er unter der E-Mail-Adresse »saban020«, die einem Pakistani gehört, folgende Nachricht: »Nehmen Sie diesen Typen fest. Er ist verantwortlich für die Beförderung von Material an einen Terroristen.« Der Typ, dessen Adresse und Telefonnummer dem FBI auch noch mitgeteilt wurde, war Benjamin B. – der vermeintliche Lover von A.'s Frau.

Denise D. wollte über Amsterdam nach Minnesota fliegen und sich in den amerikanischen Zollformularen wahrheitsgemäß als Gast von Benjamin B. eintragen. Akwasi A., der all das wissen musste, schrieb darum: »Einige am Anschlag Beteiligte kommen am 27. Februar 2007 von Amsterdam mit der Northwest Airlines an. Sie können diese in Minnesota über die oben genannte Person ausfindig machen.«

Für den Staatsanwalt ist klar: Der Ghanaer schrieb diese Mail und strebte die Inhaftierung des Paares an – am liebsten für den gesamten Zeitraum, in dem sich seine Angetraute in den USA aufhalten wollte.

Doch in der Gerichtsverhandlung schweigt der kleine, kräftige Achtundzwanzigjährige zu den Vorwürfen. Soll der Staatsanwalt ihm das erst einmal beweisen. Sicher kann Denise D. einiges darüber sagen, warum ihr Ex-Mann und Vater ihrer Tochter auf diese perfide Idee gekommen sein könnte. Aber der Angeklagte hat Glück: Die pummlige, blonde Brillenträgerin macht von ihrem Recht Gebrauch, nicht gegen ihren Ex-Mann aussagen zu müssen. Auch Benjamin B. aus Minnesota hätte das Gericht gern befragt. Doch der junge Mann erscheint nicht zur Verhandlung. Bereits vorher habe sich der Amerikaner bei ihm erkundigt, was passiere, wenn er nicht käme, sagt der Richter.

Damit sind die Kronzeugen nicht greifbar, das Gericht darf ihre Aussagen nicht verwerten. Der Richter hat versucht, diese riesige Lücke mit der Ladung eines FBI-Verbindungsoffiziers zu stopfen, der damals das Bundeskriminalamt um Unterstützung gebeten hat. Aber der Mann mit der grauen Haarbürste weiß nur wenig über diese Geschichte, auch wenn er zum Prozess um die halbe Welt gereist war – auf Kosten des deutschen Steuerzahlers versteht sich. Die Bedrohung soll das FBI aber ernst genommen haben.

»Sonst wären diese Maßnahmen nicht eingeleitet worden«, sagt der Zeuge. Man habe das verdächtige Paar damals überwacht und vernommen. Verhaftet habe man niemanden.

Noch während sich das FBI in Minnesota um die vermeintlichen deutsch-amerikanischen Terrorhelfer kümmerte, begab sich der Berliner Staatsschutz zu der Wohnung, in der Denise D. gemeldet war. Dort trafen die Beamten auf Akwasi A., dem sie eröffneten, seine Frau würde derzeit in den USA festgehalten.
»Der Angeklagte hat nicht so arg überrascht reagiert, wie man eigentlich annehmen würde«, erinnert sich einer der Staatsschützer vor Gericht. Er habe die ungebetenen Besucher in seine Wohnung gelassen. Denen fiel ein Zettel auf einem Tischchen neben dem Computer auf: »check mail saban« stand darauf. Ein Volltreffer, dachten die Beamten und baten den Ghanaer, sie zu begleiten. In seiner Vernehmung erklärte ihnen Akwasi A., er habe mit jener E-Mail nichts zu tun. Der Zettel habe ihn lediglich daran erinnern sollen, einen alten Bekannten aus Ghana, den er seit Jahren nicht mehr gesehen habe, zu kontaktieren. Überdies sei seine Ehe intakt, es gäbe keine Probleme. Den Namen Benjamin B. kenne er: Seine Frau war mal Aupair-Mädchen in den USA gewesen und hatte damals mit diesem Mann ein Verhältnis gehabt. Von einer aktuellen Liebelei wisse er aber nichts.

Der Staatsschutz untersuchte auch A.'s Computer. Den pakistanischen E-Mail-Zugang fanden sie nicht, dafür aber denjenigen, welcher Denise D. gehörte: Dreimal täglich hatte jemand in deren E-Mails gestöbert, während die Deutsche in Amerika weilte.
Die Anfrage des Staatsschutzes, zu welchem Computer die deutsche Internet-Protokoll-Adresse gehörte, mit der die pakistanische E-Mail an das amerikanische FBI versandt wurde, versandete beim Telefonanbieter: Während der Staatsschutz Auskunft begehrte, wurde dort gestreikt. Als der Arbeits-

kampf endete, war die Löschungsfrist für die IP-Adresse abgelaufen.
Eine einzige, indifferente Notiz steht gegen nicht auskunftsbereite Kronzeugen, einen streikenden Telefonanbieter und einen schweigenden Angeklagten. Das ist kein gutes Kräfteverhältnis für eine Verurteilung wegen falscher Verdächtigung und versuchter Freiheitsberaubung. Das muss auch der Staatsanwalt einsehen. Mit einem »Es lässt sich nicht beweisen, dass der Angeklagte für diese Mail verantwortlich ist«, plädiert er für einen Freispruch.

Das sieht der Richter genauso. Trotzdem erläutert er dem Angeklagten, was er über diese Tat denkt.
»Ein ziemlich übler Scherz ist das, gerade in der heutigen Zeit, wo ein falscher Terrorverdacht lebensgefährlich sein kann«, sagt der Richter. Er verweist auf den tragischen Tod des Brasilianers Jean Charles de Menezes, der vor drei Jahren fälschlicherweise für einen Helfershelfer der Londoner U-Bahn-Attentäter gehalten wurde und diesen Irrtum mit seinem Leben bezahlte.
Die beiden Staatsschützer, die als Zeugen vor Gericht ausgesagt hatten, sind wenig erfreut über den Ausgang der Verhandlung.
»Da braucht man nicht Jura studiert zu haben, um diesen normalen Lebenssachverhalt zu verstehen«, mault einer von ihnen. Indessen packt der Freigesprochene seine Sachen ein. Er setzt sich seine Strickmütze auf und will gerade den Saal verlassen, als ihn ein Polizeibeamter in Zivil anspricht. Es gäbe da noch zwei offene Haftbefehle gegen ihn, die auf seinen alten Namen ausgestellt seien. Akwasi A. möge ihn doch bitte zur erkennungsdienstlichen Behandlung ins benachbarte Polizeirevier begleiten. Während sich der Ghanaer schweigend mit

der neuen Situation arrangiert, ergreift sein Verteidiger die Chance auf ein neues Mandat.

»Wollen Sie eine Vollmacht unterschreiben?«, bietet er sich an. In der Sache Akwasi A. ist er der einzige Gewinner.

Der verliebte Geldwäscher

Burkhard B. fühlt sich unschuldig.

»Ich wollte doch nur helfen! Ich habe das Geld ja nur erhalten. Ich wollte auch eine Frau haben, und Irina sah nett aus!« Besagte Petersburgerin lernte er auf der Internet-Partnerbörse »DateInAsia« kennen. Dort inserieren überwiegend Frauen aus Thailand, Indonesien und von den Philippinen – aber eben auch aus Russland. Seine Liebe zu Irina brachte den pensionierten Heizungsingenieur wegen Geldwäsche vor Gericht.

Im Januar 2008 begann die virtuelle Ost-West-Freundschaft.

»Eine Zeitlang habe ich von ihr jeden Tag eine lange Mail bekommen«, sagt der Zweiundsechzigjährige. Mit einem Übersetzungsprogramm habe er die Briefe von Irina aus dem Englischen übersetzt. Etwa zehnmal rief die Petersburgerin ihn auch an – von ihrer Firma aus.

»Wir wollten zusammen Kinder haben«, sagt der dicke, graubärtige Mann. Als er den verständnislosen Blick der jungen Richterin bemerkt, schiebt er hinterher: »Irina war mir von Anfang an sympathisch!«

Ein Vierteljahr schrieben sich die beiden, dann sprachen sie über ein Treffen. Irina wollte für eine Woche nach Berlin kommen. Doch bei dem Deutschen herrschte Geldnot: Obwohl er zu den Männern gehöre, »die mit Anstand ihren Unterhalt zahlen« lasse das Jugendamt seine Rente bis auf einen Selbstbehalt von 575 Euro pfänden – wegen vermeintlicher Unterhaltsrückstände für seinen neunjährigen Sohn.
Die Russin ließ sich davon nicht abschrecken. Sie berichtete ihrem Brieffreund von einer kanadischen Tante, die für Visa und Flugticket aufkommen wolle. Ob die Tante das Geld auf Burkhards Konto überweisen könne? Er sollte es dann per Reisebank an ihren Vater weiterleiten.
»Irina sagte, das ginge von Deutschland aus leichter«, erinnert sich der Angeklagte. Er stimmte zu. Doch warum musste das Geld solche Umwege nehmen, fragt die Richterin.
»Das macht mich heute auch stutzig«, sagt B.
Inzwischen weiß er, es gab keine kanadische Tante und wohl auch keine heiratswillige Irina. Das Geld kam vom Konto einer Online-Banking-Nutzerin aus Frankfurt am Main. Die hatte sich einen Trojaner auf ihrem Rechner eingefangen, der ihre Bankdaten nebst Passwort ausspähte. 4331 Euro transferierten Irina und ihre Bande von Frankfurt auf das Konto des Berliners. Der staunte nicht schlecht.
»Ich hatte mit höchstens 1000 Euro gerechnet.« Aber Irina habe ihm gesagt, ihr Vater wolle noch etwas für die Hausreparatur kaufen, erinnerte sich der Angeklagte.
Er bemerkte auch, dass das Geld nicht aus Kanada kam. Misstrauisch sei er aber erst geworden, als ihm eine Mitarbeiterin von der Western Union Bank erklärte, dass »mit Russland viele nicht so korrekte Geschäfte« laufen würden. Darum müsse er beim Transfer von mehr als 500 Euro die Zustimmung der Zentrale einholen. B. wandte sich an die Polizei.

Dort riet ihm eine freundliche Beamtin: »Überweisen Sie das Geld nicht nach Russland!«

Da stand der verliebte Mann nun mit den 2 400 Euro, die er bereits von seinem Konto abgehoben hatte. Warum habe er das Geld damals weder nach Russland noch nach Frankfurt am Main zurücküberwiesen, will die Richterin wissen.

»Ich wollte es doch überweisen!«, rechtfertigt sich B. in puncto Russland. »Ich wusste ja nicht, dass da was Kriminelles vor sich geht, sonst hätte ich es zurücküberwiesen!«, lautet seine Erklärung für Frankfurt.

Tage nach der Geldabhebung tauchten drei Polizisten mit schusssicheren Westen bei ihm auf und durchsuchten seine Wohnung. Die hätten ihn aufgeklärt über die Masche, Männer im Internet für solche Transaktionen zu werben.

»Für die Beamten war das Alltag«, sagt Burkhard B. »Für mich war es neu.«

Sein Konto wurde dann gesperrt. Den Grund wollte ihm niemand nennen. Er schrieb Irina, dass da was mit der Bank nicht klar sei.

»Da hat sie sich auf einmal nicht mehr gemeldet.« Es klingt, als wundere er sich noch heute über die plötzliche Untreue der Frau, zu der er bis dato »ein herzliches Verhältnis« gehabt habe. Das Geld gab er in den nachfolgenden Wochen aus.

»Ich bin durch die Berliner Justiz in eine Notlage geraten!«, sagt der Angeklagte. »Ich hatte nichts zu essen, nichts zu trinken, aber jeden Tag Geldforderungen im Postkasten. Da war die Sache mit der Irina nebensächlich für mich.« Er habe immer gehofft, dass die seiner Meinung nach ungerechtfertigte Pfändung aufgehoben werde und er das Geld zurückgeben könne.

Das ist bis heute nicht geschehen. Von dem verbleibenden Rest seiner Rente kann der Diabetiker weder Miete noch die

Zuzahlungen für seine Medikamente bestreiten. Ein halbes Jahr nach dem Trouble mit der Russin fehlte ihm sogar das Geld für Insulin. Er erlitt einen Schlaganfall. Obendrein wurde seine Wohnung vor einer Woche geräumt. Er lebt nun in einem Obdachlosenheim.
»Dabei gehöre ich zu den Männern, die ihren Unterhalt bezahlen«, sagt der Angeklagte. Es belaste ihn, als Drückeberger dazustehen.

Für fehlerhafte Unterhaltsberechnungen fühlt sich die junge Richterin nicht zuständig. Sie versteht nicht, warum der Angeklagte gegen seinen Strafbefehl Einspruch eingelegt habe. Er habe doch die Geldwäsche gestanden.
»Sie wussten doch, dass das Geld nicht koscher war und haben es trotzdem für sich verwandt«, sagt die Richterin.
»Ich wusste, dass da was nicht okay ist«, rechtfertigt sich B. »Aber was wirklich gelaufen ist, habe ich erst von der Polizei erfahren.«

1 800 Euro (100 Tagessätze) Geldstrafe lautete das Angebot im Strafbefehl. Aber von was soll er das bezahlen? Wie abarbeiten?
»Ich bin Rentner, ich habe fünfundvierzig Jahre gearbeitet. Ich bin kein junger Hüpfer mehr. Ich muss mit einem Stock laufen!«, zetert B., um dann auszurufen: »Ich nehme nichts zurück!« Also fordert die Staatsanwältin in ihrem Plädoyer wiederum eine Geldstrafe von 100 Tagessätzen, die der Angeklagte mit dem Ausruf quittiert: »Ich bin das Opfer von Irina und der russischen Mafia, weil die Staatsanwaltschaft die wahren Täter nicht kriegt!«
Die junge Richterin lässt sich von Unwissen, Geldnot und Verliebtheit nicht erweichen. Sie bestätigt den Antrag der Staats-

anwältin und attestiert B., leichtfertig all die vielen Hinweise auf die kriminelle Herkunft des Geldes ignoriert zu haben. Der Verurteilte ist damit nicht einverstanden.

»Ich bin ja derjenige, der das Geld überwiesen bekam und nicht Sie!«, sagt er zur Richterin. Er will in Berufung gehen.

Seine Begeisterung für die virtuelle Partnersuche hat er sich aber nicht nehmen lassen. In drei Wochen will ihn seine neue Freundin besuchen, die er ebenfalls auf »DateInAsia« fand. B. ist gespannt.

»Mal sehen, ob das klappt.«

Bei Geschenken sagt man »Danke!«

Gleich zu Beginn der Verhandlung sichert sich Klaus K. das Mitleid des Richters.
»Mir jeht' s nich jut«, sagt der kleine, dürre Mann, zu dem die Natur besonders ungerecht war. Sie verpasste dem Achtundfünfzigjährigen einen vorstehenden Schnuten-Mund und versah ihn mit rötlich-blondem Fusselhaar, das sich am Oberkopf lichtet. Er habe einen Herzinfarkt und eine Bypass-Operation hinter sich, erklärt der erwerbsunfähige Kaufmann dem Gericht. Augenblicklich würde es noch gehen. Aber vielleicht müsse er sein Notfall-Spray einsetzen.
Mit Jammern und Wehklagen sparte er auch nicht, als er seine frühere Schulkameradin Angelika A. wiedersah. Er sagte, es sei ihm nicht gut ergangen in den vergangenen vierzig Jahren. Doch nun könne er ja mit ihr über all das Schlimme reden. Drei Jahre später erschöpfte sein Mitteilungsbedürfnis die Geduld der attraktiven Blondine. Sie zeigte ihn wegen Nachstellung an.

Ein Klassentreffen führte das ungleiche Paar im November 2004 zusammen. Die üppige Angelika mit dem blondierten und toupierten Zopf gehörte zum Organisationskomitee. Dieses suchte nach allen Klassenkameraden, die im Osten Berlins bis zur zehnten Klasse gemeinsam zur Schule gegangen waren. Von Klaus K. erfuhren sie, er sei sehr krank. Einen Tag vor dem Treffen wurde er am Herzen operiert.

»Er tat uns sehr leid«, sagt Angelika A. vor Gericht. Das Komitee besuchte den Kranken. »Von da an war er richtig auf mich fixiert.«

Im Januar 2005 verabredeten sich die beiden das erste Mal in einem Restaurant. Drei Stunden lang klagte er über sich und sein Schicksal. Sie habe Mitleid empfunden und ihm Ratschläge geben wollen.

»Doch das hat ihn nicht interessiert. *Ich* habe ihn interessiert«, sagt die Rentnerin. Immer wieder bat er sie um weitere Treffen, er müsse ihr noch etwas erzählen.

»Und dann waren es wieder nur Nichtigkeiten.«

Beachtet und bedauert: Klaus K. muss sich damals großartig gefühlt haben. In dieser Stimmung gab er seiner alten Klassenkameradin Geld und größere Geschenke.

»Mit den 5 000 Euro, dit hab ick mir einfallen lassen, um ihr ’ne Freude zu machen«, sagt der Mann mit dem ungeschnittenen Haar. Schlaff hängt ein weiter Strickpullover an seiner schmalen Gestalt. Beim gemeinsamen Essen gab Angelika A. ihm ihre Kontonummer. Er habe sie gefragt, ob sie das Geld haben will. Dann habe er an Ort und Stelle die Überweisung ausgefüllt. Das Geld sei an keine Bedingung geknüpft gewesen. Sie habe ihm nie direkt gesagt, er solle dies oder jenes für sie besorgen.

»Sie hat indirekt bestellt. Zum Beispiel hat sie jesagt: Ein Navi-Gerät könnt ick jebrauchen«, erinnert sich Klaus K. Außerdem kaufte er ihr eine Stereoanlage, eine Uhr, ein Telefon, einen

Fernseher, Drucker, Computer, DVD-Recorder und zwei Lederjacken. 25 000 Euro sollen so innerhalb eines Jahres zusammengekommen sein.
»Dit is nur dit, wat durch Kontoauszüge belegt is«, sagt Klaus K. dem Richter. Er klingt stolz.
»Die Geschenke hat er mir förmlich aufgedrängt«, bestätigt die Zeugin. Ungefragt fügt sie hinzu: »Wenn man etwas geschenkt bekommt, sagt man: Danke!« Aber nach einem Jahr nervte K.'s Aufmerksamkeitsbedürfnis mehr, als es seine Geschenke wert waren. Sie bat um Abstand, er aber intensivierte seine Bemühungen. Fast täglich rief er sie an, steckte ihr Nachrichten in den Briefkasten und schlich um ihr Haus.
Sie beschreibt dem Gericht den Teufelskreis aus seiner Verfolgung und ihrer Ablehnung, die er mit Wut und Beschimpfungen quittierte – und mit noch mehr Verfolgung. Einmal habe Klaus K. zu ihr gesagt, »ihm wäre alles egal«. Da habe sie Angst bekommen und wollte eine einstweilige Verfügung erwirken. Sie habe gedacht, dafür sei die Polizei zuständig.
»Ich wollte nur, dass Ruhe ist.« Die zog nach ihrer Anzeige tatsächlich ein.

»Geht es Ihnen nicht gut?«, fragt der Richter den blassen Klaus K., dessen Hand Richtung Herzen greift.
»Noch jeht's«, antwortet der Angeklagte mit gepresster Stimme.
»Jahrelang hab ich das gehört«, kommentiert die Zeugin seine Mitleid-Show.
Doch wie deutlich hat sie seine Offerten abgelehnt? Klaus K. will den Wunsch nach Kontaktabbruch nicht bemerkt haben. Auch habe er der ehemaligen Schulkameradin nicht aufgelauert. Er würde eben im selben Supermarkt einkaufen und dieselbe Sparkasse aufsuchen.

»Da denkt sie, ick hab uff sie jewartet.« Dazu sei er aus gesundheitlichen Gründen gar nicht in der Lage. Nur an ihrem Briefkasten sei er täglich gewesen – um ihr Geld und Zigaretten hereinzustecken.
»Dit fand sie jut.«

Hinter verschlossenen Türen beschließt das Gericht die Einstellung des Verfahrens: Durch die Annahme seiner Geschenke habe Angelika A. ihren Verfolger über das Verhältnis im Unklaren gelassen.
Während der Beratung warten der Angeklagte und die Zeugin auf dem Flur. Dort schleicht sich Klaus K. an sein Opfer.
»Du, wart mal! Darf ick dir das jeben?«, fragt er und reicht der entgeistert schauenden Angelika einen gelben, klein gefalteten Briefumschlag.
»Klaus! Sprich mich nicht an!«, sagt sie und meldet den Vorfall gleich dem Richter. An dessen Entscheidung ändert das nichts.

Sexualkunde mal anders

Die Anklage klingt verrückt: In einem Krankenhaus soll Olaf O. an seinem erigierten Geschlechtsteil gespielt haben. Anschließend habe er dasselbe im Krankenzimmer einer betagten Seniorin wiederholt. Nicht nur das: Nackt soll der einschlägig vorbestrafte Exhibitionist über den Flur einer Grundschule und eines Gymnasiums getänzelt sein. In Letzterem habe er zuvor einen Stapel mit Flugblättern abgelegt, auf denen seine heimlichsten Sehnsüchte notiert waren. Der Text war mit »Forum Pro Kind e. V.« überschrieben und spricht für sich selbst:

»Öffentlichmachung von Kinderschändern in Schulen«

Aufgrund eines therapeutischen Pilotprojektes werden einschlägig bekannte Kinderschänder Schülerinnen splitternackt überlassen.

Ablauf:
Heute Nachmittag um 15.50 Uhr sollen sich alle interessierten Schülerinnen in der obersten Etage einfinden. Um 16.15 Uhr wird der Kinderschänder völlig nackt in den Flur geschickt.

Beim Eintreffen hat er laut mitzuteilen: »Ich bin ein Kinderschänder und Eigentum der Schülerinnen!« Teilnehmen dürfen Schülerinnen jeden Alters, ausgenommen männliche Schüler! Der Kinderschänder darf von jeder angefasst werden, wo und wie jede möchte. Er hat alles zu machen, was ihm aufgetragen wird, und darf auch festgehalten werden. Sollte ein Klassenzimmer offen sein, kann er dort auf einer Schulbank bearbeitet werden.

Es sind in jedem Fall massive schmerzhafte körperliche Maßnahmen von den Schultern bis zu den Knien anzuwenden. Hierfür dürfen Schülerinnen auch Schlagwerkzeuge und ähnliches anwenden. Keine der Schülerinnen sollte sich von den Schmerzensschreien des Täters beeindrucken lassen. Der Kinderschänder ist auch zur Selbstbefriedigung aufzufordern.

Nach Ablauf der körperlichen Maßnahmen sollten nicht nur rote Flecken auf seinem Körper sichtbar sein, sondern über längere Zeit sichtbare Schlagstellen, da der Täter danach nackt vor Frauengruppen zur Schau gestellt wird. Um 16.45 Uhr darf er den Flur verlassen, sich anziehen und gehen.«

Zum ersten Verhandlungstermin haben sich Schülerinnen und Krankenhaus-Mitarbeiterinnen eingefunden. Sie kamen umsonst: Der Zweiundfünfzigjährige sitzt derzeit in seiner Heimatstadt Gera in Haft. Das erfuhr der Richter erst am Tag der Verhandlung. Um nicht völlig untätig zu sein, beschließt er, die Strafverfolgung für einige Anklagepunkte einzustellen: Darunter fallen die als »Erregung öffentlichen Ärgernisses« eingestuften, in den Schulen verübten Ordnungswidrigkeiten.

Beim nächsten Verhandlungstermin bespricht der Vorsitzende nur noch die Vorfälle im Krankenhaus: Im November 2008, am Ende einer Weight-Watchers-Informationsveranstaltung, erblickte die Ernährungsberaterin Konstanze K. einen bis auf Schuhe und Strümpfe entkleideten Mann.

»Er füllte den Türrahmen aus«, erinnert sich die Zeugin. Er habe an seinem Penis gespielt und verlangte, gewogen zu werden. Mit fester Stimme forderte sie ihn zum Gehen auf, schrie ihn an und wedelte drohend mit einer Plastiktasche.

»Ist doch nichts dabei«, soll der Exhibitionist geantwortet haben. »Ich wollte mich doch nur ein bisschen selbst befriedigen!« Dann suchte er das Weite.

Er verschwand im Treppenhaus, wo er eine Krankenschwester erschreckte. Anschließend begab er sich ins Zimmer einer bettlägerigen Frau, der er ebenfalls sein erregtes Genital präsentierte. Die Dreiundachtzigjährige drückte ihren Notruf-Knopf.

»Das müssen Sie geträumt haben«, versuchten sie die herbeigerufenen Schwestern zu beruhigen. Doch ihre Kollegin intervenierte: »Das hat sie nicht geträumt. Den habe ich eben gesehen!«

Groß und massig sei der Täter gewesen, mit einem extrem behaarten Rücken. An den erinnern sich alle Zeuginnen. Aber das Gesicht? Es könnte der Angeklagte sein, ein großer, kräftiger Mann mit graublondem Kurzhaar. So sicher wie bei der Polizei sei sie nach nunmehr zwei Jahren nicht mehr, bedauert die Ernährungsberaterin. Sie habe ihn nur von hinten gesehen, sagt ihre Kollegin. Die Krankenschwester erblickte ihn nur von der Seite.

»Rücken zeigen« sehe die Strafprozessordnung nicht vor, sagt O.'s Verteidigerin. Das Delikt ist nicht so schwerwiegend, dass man den Angeklagten von einem ärztlichen Gutachter inspizieren lassen würde. So bleibt dem Staatsanwalt nur die Forderung nach einem Freispruch.

»Ich weiß gar nicht mehr, an welchem Ort ich war«, sagt Olaf O. in seinen letzten Worten vor der Urteilsverkündung: »Ich bin ja auch zu hundert Prozent psychisch schwerbeschädigt. Es hätte gar keine Verurteilung geben können.«

»Sie können auch gern noch ein Geständnis abgeben«, ermuntert ihn der Staatsanwalt. Er weiß: Wäre der Angeklagte erwiesenermaßen schuldunfähig, säße er nicht im Gefängnis.

Doch die Verteidigerin schneidet ihrem Mandanten das Wort ab – bevor sich der Richter das mit dem Freispruch noch anders überlegt.

Fälscher fälschen Fälscher

Der Name »Konrad Kujau« hat einen besonderen Klang. Unvergessen bleibt der Skandal um die angeblich aufgetauchten Hitler-Tagebücher, die sich als meisterhafte Fälschungen des Kunstmalers entpuppten. Viereinhalb Jahre Gefängnis kassierte er für den Betrug. Bis zu seinem Tod im September 2000 profitierte der Fälscher von seinem zweifelhaften Ruhm. Zehn Jahre später beschäftigt sich das Landgericht Dresden mit gefälschten Kujaus.

Der Meister selbst hätte sich lachend auf die Schenkel geklopft, hätte er diesen Prozess noch erlebt, meint Petra Kujau. Es hätte ihm nur leidgetan, dass sie jetzt auf der Anklagebank sitzen muss. Die quirlige Blondine hat sich extra für die zum Prozess angereisten Pressefotografen in eine rothaarige Brillenträgerin verwandelt. Die Perücke steht ihr.

Konrad Kujau stellte die Einundfünfzigjährige immer als seine Nichte vor. Der Staatsanwalt ist da äußerst skeptisch. »Der Familienname ist echt«, sagt er im Vorfeld des Prozesses. Das ist ja schon mal was, bei einer angeklagten Betrügerin. »Aber eine nahe Verwandtschaft war nicht ermittelbar.« Petra Kujau holt bei dieser Frage erst einmal tief Luft.

»Die Nichte bin ich nicht«, gesteht sie, um dann den ganzen Stammbaum mit seinen Verästelungen runterzurattern. Summa summarum verbinde sie mit dem Verstorbenen eine zwar »weitläufige, aber ernsthafte Verwandtschaft«: Ihr Urgroßvater und sein Großvater seien Cousins gewesen. Erst nach der Wende hätte sie den gebürtigen Sachsen kennengelernt, der noch vor dem Mauerbau in den Westen übergesiedelt war. Jetzt muss sich die Groß-Groß-Groß-Nichte gemeinsam mit ihrem Lebensgefährten, dem vierundfünfzigjährigen Harald H., wegen Urkundenfälschung und Betruges verantworten. Seit Kujaus Tod soll das Paar mit dem Verkauf von etwa 750 Plagiaten über eine halbe Million Euro ergaunert haben.

Die kuriose Geschichte beginnt in Kujaus Wahlheimat Stuttgart. Hier lebt Christiane C. Als Konrad Kujau 1988 aus der Haft entlassen wurde, lernte sie von ihm die Kunst des Kopierens: Eine legale Sache, wenn neben dem Namen des berühmten Malers der des Kopisten steht. Fünfzehn Jahre später offerierte die Schülerin ihre kopierten Klimts, Cezannes und Gauguins bei eBay. Sie wirbt für sich mit dem Namen ihres Meisters. Bald fiel ihr die Konkurrenz auf: Die von Petra Kujau geführte »Galerie Konrad Kujau« bot gefälschte Meisterwerke mit Kujaus Signatur an, das Stück für 500 bis zu 3 500 Euro. Obwohl der Hitler-Tagebuch-Fälscher bereits mehrere Jahre tot war, schien der Nachschub unproblematisch.

Die Meisterschülerin war skeptisch. Als sie bei einem angeblich echten Kujau eine Jahreszahl hinter der Signatur entdeckte, glaubte sie, einem Betrug auf der Spur zu sein: Eine solche Datierung hätte der Fälscher als plump empfunden. Ende 2005 erstattete sie Anzeige gegen Petra Kujau.

Die Ermittlungen der Dresdener Staatsanwaltschaft erhärte-

ten diesen Verdacht: Im Haus der Großnichte fanden die Beamten stapelweise unsignierte Gemälde und Bilderrahmen sowie fertige Bilder mit Kujaus Schriftzug. Bald stand fest: Die Kunsthändlerin beschaffte sich in Asien Kopien von bekannten Ölgemälden, das Stück für sechs bis dreißig Euro. Dann tackerte sie diese auf Rahmen und signierte sie. Petra Kujau bestritt diese Praxis. Erfolglos.
Anschließend kümmerte sich die Staatsanwaltschaft um die betrogenen Käufer. Sie schickte ihnen einen Brief, dass die ihnen so liebgewordene Fälschung leider auch eine Fälschung sei. Von einem teuren Kunsttransport-Unternehmen ließ man vierzig Bilder von überallher abholen und zur Begutachtung einlagern.
Nun fahndete man nach einem möglichen Gutachter, der die Gewohnheiten des Meisterfälschers kannte. Dabei stieß man auf Theodor T., einen zweiundachtzigjährigen Maler, dem Konrad Kujau einst beibrachte, wie man Expressionisten und Impressionisten kopiert.

Zwei Jahre gingen ins Land. 2008 war die achtundvierzigseitige Anklageschrift fertig. Weil Urkundenfälschung und Betrug nach fünf Jahren verjähren, beschränken sich die Vorwürfe auf die seit 2003 verübten Taten, auf 301 Bilder und 290 000 Euro Schaden. Das reicht für mehrere Jahre Gefängnis.
Im September 2010 hat der Staatsanwalt eine Weile zu tun, um Namen und Verkaufspreise der Wohnzimmer-Klassiker zu verlesen. Es ist alles dabei, angefangen von van Goghs »Selbstportrait mit verbundenem Ohr« über Marcs »Blaues Pferd« bis Monets »Seerosenteich«. Auch gefälschte Kujau-Schöpfungen mit dem Titel »Beim Kartenlegen«, »Pferde in der Provence« oder »Romantisches Venedig« listet der Ankläger auf.

Kaum ist er mit dem Verlesen fertig, bittet der Richter Verteidigung und Staatsanwaltschaft zum Gespräch. Hintergrund seien »Probleme mit dem vorliegenden Fall«, erklärt der Vorsitzende anschließend. Das Ergebnis der Begutachtung sei »nicht eindeutig.« Aufwändig müsste man für jedes Bild feststellen, dass es nicht von Herrn Kujau stammt und dass dieser Umstand den Angeklagten auch bekannt war. Sollten diese also gestehen, jene vierzig Bilder mit einem Gesamtverkaufspreis von etwa 50 000 Euro betrügerisch veräußert zu haben, wolle das Gericht nicht mehr als zwei Jahre Haft verhängen. Diese Strafe werde zur Bewährung ausgesetzt.

Daraufhin gibt Petra Kujau zu, dass sie beim Verkauf jener Bilder wusste, dass diese nicht von ihrem Großonkel stammten oder nicht nur von ihm gemalt wurden. Die Idee mit der Fälschung der Fälschung aber sei schon zu seinen Lebzeiten praktiziert worden. Das bestätigt auch Theodor T., der selbst zum Kreis der Maler gehörte, die für den Fälscher fälschten. Der Verstorbene habe das Ganze dann lediglich signiert. Die fraglichen Bilder habe sie von Kujau-Kunden angekauft, »und zwar ziemlich teuer«, sagt die Angeklagte.

»Ich habe mich gefreut, dass ich noch einen Kujau gekriegt habe.« Zwischen 300 und 1 000 Euro habe sie bezahlt, am teuersten seien Gustav-Klimt-Kopien gewesen. Sie habe die Bilder für echt gehalten, weil sie auf ihnen die Motive erkannte, mit denen der Meisterfälscher bereits gehandelt hatte.

»Aber die Leute hatten nicht immer Zertifikate oder Rechnungen parat. Ich musste das glauben. Kann sein, dass mir da was untergeflutscht ist, was nicht vom Konrad war«, gibt sich die Kunsthändlerin zerknirscht. Ihren Kunden schickte sie neben dem Bild auch ein Echtheitszertifikat mit ihrer Unterschrift und der aufgedruckten ihres Großonkels. »Ich hätte das nicht machen müssen, die Leute hätten das auch so gekauft.

Aber der Konrad hat es gemacht, es gehörte halt dazu, und ich bin ziemlich ordentlich«, sagt die ausgebildete Sängerin und Reproduktionsfotografin.

»Ich hätte es nicht gedurft, das ist mir jetzt klar.«

Seit 1998 lebte sie von den Fälschungen ihres Großonkels, organisierte für ihn Ausstellungen und Vernissagen, vorwiegend im Osten des Landes. 1999 eröffnete sie mit ihm eine »Galerie der Fälschungen« in Berlin.

»Er hat unglaublich viel verkauft«, sagt die Angeklagte. Sein Gesamtwerk schätzt sie auf etwa 1 000 Bilder. Angeblich schuf er fünf Stück am Tag.

»Er hat vor laufender Kamera gemalt, in einer halben Stunde war das Bild fertig. Aber das war ein Picasso, das ging schnell.«

Seine eigenen Werke habe der Meisterfälscher stets mit »K. Kujau« und der Jahreszahl versehen. Bei den Kopien berühmter Maler habe er nur »Kujau« und den Namen des Schöpfers geschrieben, so die Großnichte. Doch wie sah so eine echte Kujau-Unterschrift aus? Klein, gaben Experte Theodor T. und Meisterschülerin Konstanze K. bei der Polizei zu Protokoll. Der Verstorbene habe sich bemüht, seine Signatur zu verstecken. Und auf das »J« sei es angekommen. Aber Petra Kujau winkt ab.

»Jede Unterschrift sieht anders aus, je nach Lust und Laune. Mal ist das ›J‹ so, mal so. Es gibt sogar ›J‹ mit Welle!«

Und was hat Harald H. mit dem Ganzen zu tun, will der Richter wissen. »Eigentlich nichts«, sagt der Angeklagte. Der stämmige, zurückhaltende Computerfachmann will darauf vertraut haben, was man ihm erzählte.

»Er hat bei der Logistik geholfen«, erklärt sein Verteidiger.

Sie müssen mit dem Kunsthandel ziemlich viel Geld verdient haben, resümiert der Vorsitzende. Das bestreiten die Angeklagten gar nicht. Sie hätten das meiste in Kujau-Projekte ge-

steckt. Allein die Unterhaltung des Kujau-Museums in Pfullendorf habe 10 000 Euro Unterhalt im Monat gekostet. Diese Erklärung ist nicht zu widerlegen: Selbst bei der Hausdurchsuchung ergaben sich keine Hinweise auf Reichtum und Luxus.
Allerdings fand man bei dem Paar verdächtig viele Rahmen und Kopien berühmter Maler. Ein Pinsel lag direkt neben einem Bild von Konrad Kujau. Die Kunsthändlerin kann das erklären: Sie habe gewusst, die Werke ihres Großonkels würden irgendwann zur Neige gehen. Darum habe sie ein neues Geschäft aufbauen wollen, eine Bilder- und Rahmen-Großhandlung. Das bei ihr gefundene Material seien Proben gewesen, die sie auf Messen erworben hatte. Die Pinsel dagegen stammten aus dem Pfullendorfer Museum, das im Winter wegen seiner fehlenden Heizung geräumt werden musste.
Warum aber speicherte sie den Namenszug des Malers Gustav Klimt auf ihrem Rechner, fragt der Richter. Ganz einfach: Sie habe eine Fälscherwerkstatt für Kinder betrieben, antwortet die Angeklagte. Die Kinder hätten die Namenszüge nachgemalt. »Die haben auch Kujau gefälscht, da gibt es sogar einen Fernsehbeitrag darüber.«

Auf jede Frage hat die Großnichte eine schlüssige Antwort.

Das Gericht beschließt, in diesem Verfahren keine Zeugen zu hören, mit Ausnahme des leitenden Ermittlers. Der berichtet, die angeblich geprellten Kunden hätten ihre »schönen Bilder« trotz des Betrugsverdachts »im Großen und Ganzen« nicht hergeben wollen. Dennoch ist Schluss mit dem Kujau-Geschäft – nicht nur für die Angeklagten, auch Theodor T. bekäme seit Beginn der Ermittlungen keine Aufträge mehr.

Am Ende des Prozesses gibt sich der Staatsanwalt zwar vom Betrug überzeugt, nicht aber von der Verwandtschaft mit dem Meisterfälscher. Er beharrt: »Sie habe ihre Namensgleichheit für ihre betrügerischen Absichten missbraucht!«
Auch der Richter spricht von einem »knallharten Betrug« und verurteilt Petra Kujau zu zwei Jahren Haft auf Bewährung. Ihrem Lebensgefährten droht er vier Monate weniger an. Außerdem müssen beide Sozialstunden ableisten: Sie 150 Stunden im Kindergarten, er 120 im Altersheim.

Viel klären konnten die Juristen nicht. Nur eines: Die Narreteien des berühmten Schlitzohrs waren weit größer als man ihm bislang unterstellt hatte.

Wundertüten-Jobs

Im Frühjahr 2004 fuhr Rita R. voller Hoffnung nach Berlin-Neukölln zu ihrer neuen Arbeitsstelle bei der Firma »Schöne Arbeit«. Die private Personalvermittlung »Jobstitut« hatte die gelernte Friseurin dorthin geschickt. Gemeinsam mit dreißig anderen Produktionshelfern wartete die zierliche Frau mit dem korrekt geföhnten Blondhaar stundenlang, bis sie in eine leere Halle mit dreckigen Wänden, »ohne Tische, ohne Stühle, ohne Material« eingelassen wurde. Im Baumarkt besorgte der Vorarbeiter Yassir Y. Plastikstühle, billige Werkzeugsets sowie Kanthölzer und Holzplatten. Daraus bauten die Arbeiter Tische, die aber viel zu hoch gerieten. Lächerlich sah es aus, wenn man sitzend an ihnen arbeiten wollte. Doch erst einmal musste wieder gewartet werden – diesmal auf das Material. Da wunderte sich der Vorarbeiter das erste Mal.
»Welcher Arbeitgeber bezahlt seine Leute fürs Herumsitzen?« Zwei Tage dauerte es, bis endlich Kabel, Schuko-Stecker und -Kupplungen eintrafen. Aus denen sollten sie Verlängerungskabel herstellen. Wieder wunderte sich Yassir Y.: Wieso dürfen Ungelernte wie seine neue Kollegin Rita elektrische Geräte produzieren? Wieso gab es keine nach Geschlechtern getrenn-

ten Toiletten und Umkleideräume? Und wieso wechselte sein Chef, der sich ihm mit »Mario Krüger« vorgestellt hatte, ständig seine Handynummern?
Der Vorarbeiter ahnte nicht, dass Jörn J. alias »Mario Krüger« sowohl hinter »Jobstitut« als auch hinter »Schöne Arbeit« steckte. Bundesweit vermittelte er 129 Arbeitslose an seine eigenen Firmen und forderte dafür Provisionen von den Arbeitsagenturen. Diese zahlten 2 500 Euro in zwei Raten. Bis Ende 2004 bekamen die Vermittler die ersten 1 000 Euro bei Abschluss eines Arbeitsvertrages, also sofort.
Schnelles Geld, wie Jörn J. meinte. Er begnügte sich aber nicht nur mit den Provisionen, er prellte seine Untergebenen auch um ihren Lohn. Als er dann noch in Berlin und Hamburg Potemkin'sche Arbeitsplätze schuf, an denen 78 Arbeiter völlig sinnfreie Tätigkeiten verrichteten, dauerte es nur noch wenige Wochen, bis sein perfides System zusammenbrach. Am Ende teilt er sich mit seinen drei engsten Vertrauten die Anklagebank.

Der Vierzigjährige ist ein Frauentyp. Er hat ein auffallend ebenmäßiges Gesicht und langes, volles Haar, das er sorgfältig zum Zopf gebunden hat. Vor seiner Verhaftung soll er noch besser ausgesehen haben: Damals wölbten sich dicke Muskeln unter seinem Hemd. Kinnlanges, künstlich gelocktes Haar rahmte sein Gesicht, eine kurz gestutzte Bartlinie akzentuierte Wangen, Mund und Kinn.
Im Prozess lässt er sich nicht anmerken, dass die Vorwürfe etwas mit seiner Person zu tun haben. Er schüttelt höchstens seinen Kopf oder tritt an den Rand seiner Kabine, um seinen beiden Anwälten etwas zuzuflüstern. Meist aber macht er sich Notizen und antwortet mit einem kräftigen »Ja«, wenn der Vorsitzende Richter ihn fragt, ob der befragte Zeuge jetzt entlassen werden kann.

Während sich seine drei Mitangeklagten, Prokuristin Dagmar D., Justitiarin Scarlett S. und Geschäftsführer Arjen A. wegen der Aussicht auf einen kurzen Prozess und milde Strafen zu einem Geständnis durchringen, verweigert Jörn J. den justizüblichen Kuhhandel. So sitzt der gelernte Koch, Konditor und Eisenflechter schon nach wenigen Verhandlungstagen allein auf der Anklagebank und hört, wie Dutzende Zeugen ihn einhellig als Drahtzieher und Initiator eines dreisten Betruges identifizieren. Zu ihnen gehört auch Rita R.

»Die Enttäuschung war groß«, sagt die Mittfünfzigerin im Zeugenstand. »Man hat sich ja gefreut über den Job. In meinem Alter nimmt man alles an und denkt, es ist rechtens.«

Zwei Wochen lang waren sie damals mit den Verlängerungskabeln beschäftigt. Ab der dritten Woche fädelten die Arbeiter kleine Armbänder und Ketten aus billigen Plastikperlen – angeblich zum Bestücken von Wundertüten. In Wahrheit wurden diese abends zerschnitten, um am nächsten Tag erneut aufgefädelt zu werden. Das erlebte Rita R. nicht mehr.

»Ich hab ja schon nach vier Tagen gemerkt, dass da was nicht stimmt.« Sie ging zur Arbeitsagentur. »Die wussten auch schon vom Betrug.«

Nicht jedem betrogenen Arbeitnehmer gelang eine solch problemlose Rückkehr in den Status der Arbeitslosigkeit. Etlichen wurden die Bezüge gesperrt, weil sie angeblich durch eigenes Verschulden ihren neuen »Arbeitsplatz« verloren hätten.

Im Juli 2003 gründete der Mann, der wegen Diebstahls, Unterschlagung, Betruges und Steuerhinterziehung schon fünfzehnmal vor Gericht stand und über dem damals drei Bewährungsstrafen schwebten, eine Arbeitsvermittlung. »Jobstitut« nannte er die Firma, das klang nach »Job-Institut«, so bezeichnen es auch manche Zeugen vor Gericht. Ein klangvoller Name inmitten der Angst vor Hartz IV.

Für »Jobstitut« stellte er ein paar Bürokräfte ein, unter anderem die Prokuristin Dagmar D. Die achtunddreißigjährige Kauffrau wollte nach der Geburt ihrer beiden Kinder wieder in den Beruf zurückkehren, vielleicht sogar Karriere machen. Sie geriet über ihren Mann, einen KfZ-Sachverständigen, an Jörn J. Sie selbst will nicht vom Betrug profitiert haben. Es war wohl J.'s Charme, der die Blondine dazu brachte, eine Affäre mit ihm einzugehen, ihm ihr Privatkonto für seine Firma zur Verfügung zu stellen und auch sonst tatkräftig seine kriminellen Machenschaften zu unterstützen. So bestätigte sie als angebliche Vertreterin einer nichtexistenten Eisenflechterei mit unleserlichen Unterschriften die Vermittlung von siebzehn bis dato arbeitslosen Bauhelfern, Eisenflechtern und Betonbauern. Diese schickte »Jobstitut« nach Minden, Hattingen, Hamm oder Holland, wo J. einige Baustellen leitete. Für die Vermittlung an sich selbst kassierte er die Provisionen. Obendrein behielt er den Lohn seiner Bauarbeiter. Etliche standen selbst in der Weihnachtszeit ohne Geld da.

»Ich habe drei Monate nichts bekommen«, sagt ein Eisenflechter dem Gericht. »Da können Sie sich vorstellen, wie zu Hause die Laune ist.«

Einige der angeworbenen Arbeiter bauten »Jobstitut«-Filialen in Hamburg, Lünen, Düsseldorf, Köln und Aachen aus. J. hatte nämlich seine damalige Freundin überredet, sie solle als »Private Arbeitsvermittlung« möglichst viele Bürokräfte für »Jobstitut« anheuern und dafür von den Arbeitsämtern Provisionen fordern, die sie ihm übergeben musste. Für ihre Mitwirkung am Betrug wurde die junge Frau zu zwei Jahren Haft auf Bewährung verurteilt.

Zu den neuen »Jobstitut«-Mitarbeiterinnen gehörte auch Regine R. Selbst nach über drei Jahren kann sie sich an viele Einzelheiten erinnern. Solche Zeugen liebt das Gericht. Zu ihren Aufgaben gehörte es, Arbeitssuchende an eine Firma »Bewehrungstechnik Lünen« zu vermitteln. Die hatte der Angeklagte von einem Strohmann gründen lassen – einem epilepsiekranken Frührentner, der sich ein wenig dazu verdienen wollte. Vorher allerdings musste er 4 000 Euro an Jörn J. übergeben – als Firmen-Einlage. Statt dafür die ersehnte Heimarbeit zu bekommen, wurde der Schwerbehinderte zum Ansprechpartner für nicht gezahlte Löhne und Sozialabgaben. Zwischen 40 000 und 70 000 Euro fordern Arbeitsämter und Krankenkassen inzwischen von ihm, berichtet der Zeuge. Möglicherweise werden ihm nach J.'s Verurteilung die Schulden erlassen. Ob er sich bei dem Gelinkten entschuldigen wolle, erkundigt sich der Richter bei dem Angeklagten. Der antwortet kalt: »Ich stelle noch einen Beweisantrag.«

Ende 2003 zelebrierte der Firmen-Chef in Berlin eine Weihnachtsfeier für alle »Jobstitut«-Mitarbeiter. Denen war angesichts ihres ausstehenden Dezember-Gehalts nicht nach Feiern zumute. Kündigen könne man jedoch erst, wenn man drei Monate lang kein Geld gesehen habe, so hat es Regine R. erfahren. Andernfalls riskiere man eine Sperre der Arbeitslosenbezüge.

»Es hat sich keiner getraut, bei der Weihnachtsfeier nach dem Geld zu fragen«, erinnert sich die ehemalige Mitarbeiterin. Stattdessen hörten sie sich drei, vier Seiten mit Durchhalteparolen an, welche die im Herbst eingestellte Justitiarin Scarlett S. vortrug. Die Zweiunddreißigjährige hatte ihr zweites Staatsexamen nur mit »Ausreichend« bestanden. Über das Arbeitsamt war sie an »Jobstitut« geraten und suchte nun dessen Mitarbeiter für die Zukunft zu motivieren.

Bei Kaffee, Kuchen und Gebäck verkündete Jörn J.: »Alles wird besser.« Er wolle noch mehr Firmen gründen, Fördergelder und Lohnkostenzuschüsse beantragen. Außerdem solle »Jobstitut« als Limited und Co. KG neu gegründet und nicht mehr von ihm, sondern von seiner Prokuristin, seiner Justitiarin und dem Geschäftsführer Arjen A. geführt werden.
»Wir fangen noch einmal von vorn an, und alles bleibt wie vorher«, beschreibt eine seiner damaligen Mitarbeiterinnen die Umfirmierung vor Gericht. Einzig der Firmengründer tauchte nun physisch ab. Dabei ging er merkwürdig konspirativ vor: Alte Unterlagen ließ er schreddern und benutzte den Decknamen »Mario Krüger«, weil er an den Ausweis dieses ihm entfernt ähnlich sehenden Mannes gelangt war. In dieser Rolle gab er seinem Stab telefonische Anweisungen. Aus Angst vor abgehörten Telefonleitungen benutzten er und seine Vertrauten nur noch Handys, deren Nummern dauernd wechselten. Um für den Unsichtbaren stets erreichbar zu sein, lief Dagmar D. mit »Knopf im Ohr« durchs Büro.
Seine Mitarbeiter wunderten und amüsierten sich darüber, konnten sich aber den Sinn dieses Versteckspiels nicht erklären. Misstrauisch wurden sie erst, als sie ihr Gehalt auch in den folgenden Wochen nicht erhielten und Gerichtsvollzieher sowie wütende Arbeitnehmer ins Büro kamen. Einer der Geprellten begab sich in das Berliner Büro der Geschäftsleitung und beschlagnahmte einen Laptop. Die Angestellten alarmierten die Polizei. Ein Gericht ahndete die Verzweiflungstat später als »unberechtigte Pfandnahme« mit einer Geldstrafe von 1 200 Euro (60 Tagessätze).
Im Januar 2004 wandte sich die »Jobstitut«-Mitarbeiterin Regine R. an die Arbeitsagentur.
»Sie müssen das Ganze beenden. Da fließt eine Menge Geld für krumme Geschichten.« Daraufhin besuchten zwei Mitar-

beiter der Arbeitsagentur das Berliner »Jobstitut«-Büro. Anzeige erstatteten sie nicht. Überhaupt befremdet das Verhalten der Behörde.

»Das verfolgen wir jetzt weiter«, soll eine Sachbearbeiterin des Arbeitsamtes Merseburg zu einem Mann gesagt haben. Dem hatte Jörn J. zuvor wegen Rufschädigung gekündigt: Der Arbeiter hatte berichtet, er hätte keinen Lohn erhalten. Die großen Worte der Sachbearbeiterin fielen im November 2003. Ihnen folgte lediglich eine interne Warnung.

Am 8. Juni 2004 zeigte dann der Vorarbeiter Yassir Y. seinen Chef an, als er neben vielen anderen Ungereimtheiten erfuhr, dass die »Schöne Arbeit«-Arbeiter nach fünf Wochen immer noch nicht bei den Krankenkassen angemeldet waren. Das war das Ende von J.'s Imperium: Seine Prokuristin, die Justitiarin und der Geschäftsführer wurden verhaftet. Mit ihrer Hilfe hatte er die Arbeitsagenturen um 51 000 Euro betrogen, hinzu kommen noch die einbehaltenen Löhne. 20 000 Euro wurden auf dem Konto von »Jobstitut« sichergestellt. Doch bis zum Ende des Prozesses fordert die Arbeitsagentur dieses Geld nicht zurück.

Jörn J. selbst tauchte im Sommer 2004 bei einer hübschen, langhaarigen Hamburgerin unter, die er kurz zuvor auf Ibiza kennengelernt hatte. Um seinen Unterschlupf nicht zu verlieren, verfolgte er die junge Frau auf Schritt und Tritt. Sie versuchte ihn zu beschäftigen, kaufte einen Dachgeschoss-Rohling und hoffte, er würde mit dem Baugeschehen ausgelastet sein. Doch stattdessen stritt sich Jörn J. mit Nachbarn und Handwerkern.

»Am Ende hatte ich nur noch mehr Arbeit und Ärger«, sagt die Zeugin.

Dann sperrte der einst so unwiderstehliche Charmeur sie in der Wohnung ein und schlug sie. Im Dezember 2005 wollte

die junge Frau die Beziehung beenden. Da sprang ihr Jörn J. an den Hals und würgte sie.
»Ich habe gedacht, ich sterbe«, sagt die Zeugin. Aus einem Impuls heraus strich sie über die Wange ihres Peinigers. Der ließ los. Mit einem Handy, das sie sich heimlich besorgt hatte, informierte sie die Polizei.
Die kam in ihre Wohnung und suchte zunächst vergeblich nach dem Frauenschläger. Eine angelehnte Balkontür wies den Beamten den Weg. Barfuß war J. auf das Spitzdach des Fünfgeschossers geklettert. Plötzlich rutschte er ab und fiel achtzehn Meter tief. Er hatte Glück: Eine Baumkrone bremste ihn, ein Erdhügel dämpfte den Aufprall. Mit gebrochenen Rippen und zerrissener Milz kam er ins Krankenhaus.

Im September 2006 beginnt dann sein Prozess. Vereint sitzten J. und seine obskure Bürogemeinschaft vor den Richtern. Obwohl Dagmar D., Scarlett S. und Arjen A. den Betrug tatkräftig unterstützten, fühlen sich die bislang Unbescholtenen mehr als Opfer von J. denn als Täter. Möglicherweise haben sie recht: Die Grenze zwischen Wissen und Ahnen war im »Jobstitut«-Imperium fließend.

Die beiden Frauen werden wegen gewerbs- und bandenmäßigen Betruges zu zwei Jahren auf Bewährung verurteilt. Scarlett S., die ein halbes Jahr in Untersuchungshaft saß, zahlt eine Geldstrafe von 2 700 Euro (180 Tagessätze). Ihre Zulassung als Rechtsanwältin gibt sie zurück. Nach dem Prozess heiratet sie und flüchtet sich mit Mann und Kind ins Private.
Dagmar D. muss 9 000 Euro (360 Tagessätze) zahlen. Dem neunundzwanzigjährigen KfZ-Schlosser Arjen A. droht der Richter achtzehn Monate Freiheitsentzug an, obendrauf kommt eine Geldbuße von 4 800 Euro.

26 Tage verhandelt das Gericht gegen Jörn J., darüber vergehen elf Monate. Erst kurz vor Prozessende ist ihm danach, das Wort zu ergreifen. Nicht etwa, um sich bei den Betrogenen zu entschuldigen. Es geht ihm vielmehr um sich selbst. Seine beiden Verteidiger sollen entpflichtet werden. Er findet, sie hätten ihn schlecht beraten. Und er möchte erneut psychiatrisch begutachtet werden, um zu beweisen, dass er im Tatzeitraum nicht schuldfähig war.

»Ich fühle mich anders als der, der ich vorher gewesen bin«, begründet er sein Anliegen.

»Das könnte man beinahe so interpretieren, als würden Sie die Vorwürfe einräumen«, provoziert ihn der Richter. J. lässt sich darauf nicht ein.

»Ich habe die Anträge ohne anwaltlichen Beistand geschrieben und bin mir nicht bewusst, etwas zuzugeben.«

Das Gericht lehnt beide Anträge ab. J. begreift die Unabwendbarkeit einer langjährigen Haftstrafe. Gegen Zusicherung einer Strafobergrenze lässt er seinen Verteidiger ein dürres Geständnis formulieren.

»Obwohl ich mich nicht sehr wohl dabei fühle«, wie er anmerken muss.

Nun geht der Prozess ganz schnell zu Ende: »Karikatur eines normalen wirtschaftlichen Prozesses«, nennt der Staatsanwalt die Geschäftstätigkeit des Angeklagten. J.'s Verteidiger, die zu keiner Zeit in diesem Prozess glänzten, vertreten allen Ernstes folgende Meinung: »Das Geld lag in dieser Zeit auf der Straße, der Angeklagte hat es aufgehoben.« Die Richter urteilen auf fünf Jahre und zehn Monate – so war es ausgemacht.

In der Justizvollzugsanstalt lässt Jörn J. wieder seinen Charme spielen: Anfangs beschäftigt man ihn in der Bibliothek, später in der Abteilung Einkauf.

»Dort, wo man vorbestrafte Betrüger eben einsetzt«, kommentiert ein Insider diese Entscheidung. Im Sommer 2010 wurde der Häftling aus dem Gefängnis entlassen. Er soll jetzt zusammen mit seiner Bewährungshelferin in Berlin leben.

Die schwarzen Scheine

Rumpelstilzchen« heißt das Märchen vom Stroh, das zu Gold gesponnen wird. Die moderne Version nennt sich »wash-wash« und wird von Männern aus Kamerun erzählt. Sie machen ihren Zuhörern weis, sie würden Leute kennen, die viel Geld aus dubiosen Quellen ihres Heimatlandes nach Europa gebracht hätten. Vor der Ausfuhr seien die Scheine schwarz gefärbt worden – wegen der Scanner am Zoll. In einer aufwändigen Prozedur könne man das Geld entfärben. Dafür würden jedoch echte, ungefärbte Scheine als Katalysatoren benötigt. Für den, der die Kameruner mit Geld unterstützt, verdopple sich der Einsatz. Dieses Märchen geht nicht gut aus. Besonders schlimm erwischte es den pakistanischen Asylbewerber Amir A. Er verlor nicht nur 80 000 Euro, die er sich geborgt hatte. Als sich dem Geprellten die Möglichkeit eines Wiedersehens mit seinem wortbrüchigen Rumpelstilzchen bot, wurde daraus eine handgreifliche Entführung mit Lösegeldforderung.

Die Verhandlung im April 2007 vor dem Berliner Landgericht gerät zum Familientreffen. Seit sieben Monaten befinden sich Geschwister, Eheleute und Freunde in Haft. Ganz vorn hat

Amir A. Platz genommen. Der Achtundzwanzigjährige ist der Jüngste der sechs Angeklagten. Ihm verdanken sein Freund Labeed, 38, und seine Geschwister, die siebenunddreißigjährige Sania und der achtunddreißigjährige Adnan, die ganze Misere. Deshalb lädt er die größtmögliche Schuld auf sich.

Bis März 2006 war Amir A. ein glücklicher Mensch. Seine Familie gehört einer in Pakistan verfolgten Sekte namens »Ahmadya« an. 1997 kam der Abiturient nach Deutschland, wo schon zahlreiche Familienmitglieder lebten. Er wohnte in einem brandenburgischen Asylbewerberheim in Guben. Mit drei anderen teilte er sich dort ein Zimmer. 2003 heiratete er eine Frau, die in Stuttgart lebt. Arbeit fand er in einem türkisch-italienischen Imbiss. Dort war er Kellner, Koch und Geschäftsführer in einer Person. »Brüderlich« sei das Verhältnis zu seinem Chef gewesen. Er verdiente 362 Euro im Monat, die mit 199 Euro Sozialgeld aufgestockt wurden.

»Ich war sehr zufrieden«, sagt Amir A. dem Gericht.

Im Asylbewerberheim lebte ein Kameruner, der protzte mit neuem Schmuck und Klamotten. Er zeigte dem Pakistani ein Foto. Auf dem sieht man, wie der Farbige in einem leeren Raum voller Geld sitzt. Er kenne Leute, die Geld vermehren können, sagte der Kameruner und sorgte dafür, dass sein Landsmann »Peer« dem skeptischen Amir A. die wunderbare Methode präsentierte.

Dafür zogen sich die beiden in die winzige Personaltoilette des Imbisses zurück. »Peer« entnahm seiner Aktentasche Handschuhe, Mundschutz, Watte sowie ein Stück Aluminiumfolie. Er legte einen echten Geldschein zwischen zwei schwarze, packte diese in die Folie, färbte und entfärbte das Ganze. Großzügig überreichte er dem Staunenden drei Zehn-Euro-Noten. Sie waren echt. Nach dieser überzeugenden

Show beschloss der Pakistani, 10 000 Euro als Katalysator zur Verfügung zu stellen.

»Ich wollte ein bisschen Geld haben«, sagt er dem Gericht. 30 000 Euro sollten sie nach dem Waschen in den Händen halten: Das waren nach Abzug des eingesetzten Geldes 10 000 Euro für den Geldwäscher und 10 000 Euro für den Geldgeber. Die Summe borgte sich Amir A. von seinen in Deutschland lebenden Verwandten. Akribisch notierte er auf einer Liste die Registriernummern von 500 Banknoten.

Am Tag der Geldvermehrung reisten sein Bruder Adnan und seine Schwester Sania aus Frankfurt am Main zum Gubener Asylbewerberheim. A.'s Mitbewohner waren an diesem Wochenende nicht da. Im Zimmer verteilte »Peer« Mundschutz und Latexhandschuhe – wegen der giftigen Chemikalie. Die Brüder bestäubten die Scheine mit Babypuder. Der Kameruner stapelte diese, wickelte sie in Aluminiumfolie und spritzte dunkle Flüssigkeit hinein.

Sie warteten ein, zwei Stunden. Jetzt müsse das Paket unter hohem Druck gepresst werden, erklärte der Zeremonienmeister. Die Brüder räumten Schränke und Tische beiseite, schoben das Geldpaket mal hierhin, mal dorthin. Dazu murmelte »Peer«: »Alles muss im Gleichgewicht sein.« Es war ein Ablenkungsmanöver, um die Stapel auszutauschen. Das erfuhren die Pakistani aber erst später.

Sie müssten jetzt sechs, sieben Stunden warten, erklärte ihnen der Farbige. Da war es ein Uhr nachts. Eine Stunde später wurde »Peer« unruhig. Ihm sei eingefallen, sein Berliner Hotelzimmer mit Geld und hochwertigen Chemikalien stünde offen. Die Putzfrau könnte die Polizei alarmieren. Amir A. entgegnete, sein Gast käme aus dem Raum nicht heraus, solange das Geld nicht gewaschen sei.

Schließlich fuhren sie doch zu viert in die 150 Kilometer ent-

fernte Hauptstadt. Der Kameruner verschwand in einem Hotel. Zehn Minuten später rief er an: Er habe Probleme mit der Polizei. Aber sein Boss würde sich bei ihnen melden. Enttäuscht kehrten die drei Geschwister nach Guben zurück.
Tatsächlich rief der Boss an. Er erkundigte sich bei Amir A., ob er die Pakete schon geöffnet hätte. Das sollte er auf keinen Fall tun: Die Chemikalie sei giftig. Außerdem klappe das Waschen nicht, wenn Luft an die Scheine gekommen sei, erklärte der Mann, der sich »James« nannte. In der Frankfurter Küche von A.'s Schwester demonstrierte er den Geschwistern die Entfärbung einzelner Scheine aus dem 10 000-Euro-Paket. Die Registriernummern stimmten. Doch die Geldscheine wiesen schwarze Pünktchen auf.
»Wir müssen uns beeilen, die Farbe wird alt«, sagte »James«. Das wirksame Gegenmittel sollte 50 000 Euro kosten. Das lohne sich für 10 000 Euro nicht, bedauerte der teuer gekleidete Farbige. Er müsse auf den nächsten Kunden warten. Amir A. beschloss, diese Rolle selbst zu übernehmen. Mit seinen Geschwistern startete er eine Geldsammelaktion.
»Es ist eine gute Familie, eine große Familie«, sagt er dem Richter. Keiner der Verwandten wusste, wofür er das Geld brauchte. Sie vertrauten ihm. Er trug auch den Goldschmuck seiner Frau und von seinen beiden Schwestern im Wert von mehr als 18 000 Euro ins Leihhaus. So sammelte er 50 000 Euro. Sein Chef, der Imbissbesitzer aus Guben, beteiligte sich mit 20 000 Euro.
Wieder wurden Scheine gepudert und gestapelt. Diesmal packten sie die Pakete in die Wanne. Ins Badewasser kippte »James« eine nach Ammoniak riechende Flüssigkeit. Anschließend sollten die Brüder Wachs in die Wanne geben. Es schwamm wie ein Sichtschutz an der Wasseroberfläche. Nun wollte der Gast duschen, angeblich, um das Ammoniak von

seinem Körper abzuspülen. Widerwillig ließ ihn Amir A. für einige Minuten allein.
Gegen drei Uhr nachts versuchte der Kameruner, die Wohnung unter allerlei Vorwänden zu verlassen. Mal benötigte er zum Entfärben noch ein Medikament mit einem seltsam klingenden Namen aus der Nachtapotheke. Dann versuchte er, aus dem Fenster zu klettern. Schließlich behauptete »James«, jemand würde ihm zum Frankfurter Hauptbahnhof eine Chemikalie liefern, die er abholen müsse. Auf der Fahrt dorthin wandte sich der Farbige an eine Polizeistreife und erzählte den Beamten von einem angeblichen Streit. Amir A. schwieg, denn er spürte: »Entweder nehmen sie mich mit oder ihn, aber mein Problem wird nicht gelöst.« Die Beamten baten die Herren, getrennte Wege zu gehen.

Einige Wochen später machten dann »alle Stress wegen dem Geld«. Unter Pakistani gilt es als eine Frage der Ehre, Geborgtes zurückzugeben. Der Imbissbesitzer, der Amir einst wie einen Bruder behandelt hatte, mutierte zum Feind. Wie aber sollte der Geprellte seine Lage erklären? Er wollte nicht glauben, dass sein Geld zusammen mit »James« verschwunden war. Es musste doch noch in den Päckchen sein, nur eben schwarz verfärbt! Verzweifelt versuchte er, die Scheine selbst zu waschen. Doch der herbeigerufene Chemielehrer seines Neffen sagte mit Blick auf die Stapel: »Das ist wahrscheinlich nur Papier.«
Ende Juli 2006 fuhr Amir A. nach Berlin. Zufällig sah er »Peer« in einem Einkaufscenter. Er sagte: »Komm, Peer, lass uns reden!« Der Angesprochene floh. »Da war ich sicher, das sind Betrüger«, schlussfolgerte der Pakistani. Im Internet fand er Informationen über »schwarz gefärbtes Geld«. Dennoch wollte er nicht wahrhaben, dass seines weg war.

Vier Wochen später erzählte man ihm von einem Landsmann, einem Boutique-Besitzer. Dem sei ebenfalls die Geldvermehrung angeboten worden. Amir A. besaß auf seinem Handy ein Foto von »James«. Der Boutique-Besitzer erkannte ihn und erklärte sich bereit, den Kameruner an einen vereinbarten Ort zu locken.

Am Abend des 4. September 2006 versteckten sich Amir A., sein Freund Labeed sowie die Geschwister Adnan und Sania in einer Berliner Wohnung. Als »James« die Toilette aufsuchen wollte, sprühte ihm der Boutique-Besitzer Pfefferspray ins Gesicht. Die drei anderen Männer stürzten sich auf den Betrüger und fesselten ihn. Amirs Schwester Sania biss ihm in den Finger. Es fällt der Kopftuch-Trägerin sehr schwer, dies später vor Gericht zuzugeben: Aus religiösen Gründen darf sie eigentlich keinen fremden Mann berühren.

In Todesangst benannte das Opfer zwei Verstecke mit je 20 000 Euro. Doch nachdem Amir A. auf »James'« Konto nur sechs Euro Guthaben fand, glaubte er nicht an die Existenz von 40 000 Euro. Er befürchtete ein Ablenkungsmanöver, das der Kameruner zur Flucht nutzen könne. Stattdessen setzten die Geschwister auf die schwarzen Scheine, die seit Monaten in Frankfurt am Main lagerten. »James« sollte sie endlich waschen. Darum beschlossen die Pakistani, den Betrüger mit nach Frankfurt in die Wohnung von Amirs Schwester zu nehmen. Sie flößten ihm Schlaftabletten ein, verklebten ihm Augen und Mund, wickelten ihn in einen Teppich und fuhren los. In Frankfurt zeigten sie dem Gefesselten die Stapel. Der erklärte ihnen dasselbe wie zuvor der Chemielehrer: Es sei nur schwarzes Papier. Für diese Antwort schlug ihn Amir A.

Der Pakistani war fassungslos. Er wollte nun alles wissen. Der Betrüger erklärte ihm, dass sie genau wissen, wie groß die bei ihren Opfern gestapelten Geldpakete werden, dass sie die Pakete heimlich tauschen, dass sie über der Unterhose eine Turnhose tragen, um dort das Geld zu verstecken.

»Das ist unsere Arbeit. Wir können nichts anderes!« Die Beute hätte er sich mit fünf Landsleuten geteilt, auch der angeberische Kameruner aus dem Asylbewerberheim habe etwas bekommen.

Für jede seiner Antworten wurde »James« geschlagen. Mit einem Messer ritzte ihm Amir A. in die Brust und drohte, seinem Opfer den Penis abzuschneiden. Der Verschleppte musste seinen Bruder und Freunde anrufen. Die sollten 130 000 Euro auftreiben – für den Schaden plus Zinsen, welche die Entführer seit Monaten für den beliehenen Schmuck zahlten. Andernfalls wollten sie ihr Opfer in ebenso viele Stücke schneiden.

Bei seinen Telefonaten sollte der Kameruner laut ins Telefon schreien. Einer der Angerufenen verständigte die Polizei. Die lockte die Pakistani am Abend des 7. September 2006 zur »Geldübergabe« in den Frankfurter Bahnhof. Die Beamten verhafteten die drei Geschwister, den Mann von Amirs Schwester und später seinen Freund Labeed sowie den Boutique-Besitzer.

Stunden benötigt Amir A., um den Richtern die komplette Geschichte zu erzählen.

»Ich war sehr blöd«, resümiert er. Seine Schwester Sania berichtet unter Tränen von der verlorenen Familienehre und der ruinierten Zukunft ihrer drei Töchter: Die können ohne Schmuck nicht heiraten.

»James« gibt in diesem Prozess die Rolle des Opfers. Wohl ist ihm dennoch nicht. Die Schweißflecken unter seinen Achseln werden größer, je länger seine Aussage dauert. Ständig bittet er um eine Unterbrechung, weil er sich mit seiner Anwältin beraten muss. Aus Sorge, sich selbst zu belasten, verweigert der Einunddreißigjährige auf viele Fragen die Antwort.

In seinem Plädoyer spricht der Staatsanwalt von einem minderschweren Fall des erpresserischen Menschenraubes. Dieser wird mit höchstens fünf Jahren bestraft. Doch für die Pakistani geht es auch um ihr Bleiberecht: Verhängt das Gericht eine Strafe von drei Jahren Haft und mehr, kann die Ausländerbehörde sie aus Deutschland abschieben.
Amir A., der »spiritus rector des verzweifelten Versuchs, zu seinem Recht zu kommen«, so der Richter, muss vier Jahre in Haft verbringen. Bei seinem Bruder Bruder Adnan A. sind es zwei Jahre und neun Monate.
»Es muss dem besonnenen älteren Bruder vorgehalten werden, dass er sich leider ohne Widerstand dem jugendlichen Sturm von Amir A. angeschlossen hat«, so der Vorsitzende. Der Boutiquebesitzer, seine Schwester Sania und deren Mann bekommen Bewährungsstrafen. Endlich können sie wieder zu ihren fünf Kindern zurück. Bei dieser Aussicht lächeln beide.

Ein Jahr später wird »James« wegen des Betruges an den Pakistani zu zwei Jahren und vier Monaten Haft verurteilt. Vor der Urteilsverkündung gelobt der vielfach vorbestrafte Trickbetrüger: »Ich will nie wieder straffällig werden.« Drei Monate später nimmt er den nächsten Opfern Geld ab. Dafür kassiert er drei Jahre Haft. Und wird Deutschland wohl verlassen müssen.

Liebe gegen Zahnbürsten

Für Linus L. lassen sich die Überbleibsel seiner Beziehung auf zwei Buchstaben reduzieren. »ww« steht auf dem schwarzen Aktenordner, der vor dem Angeklagten liegt. Das Kürzel steht für Wiebke W. Drei Jahre waren die beiden ein Paar. Zum Schluss verbanden sie nur noch elektrische Zahnbürsten. Im Mai 2009 führt sie letztmalig eine Anklage zusammen. Die Staatsanwältin spricht von gewerbsmäßigem Betrug: Das Paar soll Zahnbürsten für eine Arztpraxis bestellt, die Ware abgefangen und bei eBay verkauft haben. Die Praxis sei auf unbezahlten Rechnungen in Höhe von 24 000 Euro sitzengeblieben.

Neben seinem Verteidiger sitzt der dunkelblonde Linus L., dessen Name der Richter irrtümlich »Li-nus« ausspricht. »Leinis« werde er genannt, korrigiert der Angeklagte. Er tut dies wohl nicht zum ersten Mal. Der Einunddreißigjährige ist lässig gestylt: Zur Jeans trägt er ein sattbraunes Jackett mit kariertem Hemd. Seine halblangen Haare mit Ponyfransen rahmen ein ebenmäßiges Gesicht, sein Mund wirkt sinnlich. Man könnte ihn als hübsch bezeichnen, würden seine Augen nicht etwas zu eng beieinanderstehen und wäre da nicht der ver-

ächtliche Zug, der sich in seinen Mundwinkeln eingegraben hat.
Vor ihm sitzt Wiebke W., eine zurückhaltende, etwas pummlige Neunundzwanzigjährige mit rundem, mädchenhaftem Gesicht und dazu passender, weicher Stimme. Schonungslos gegen sich selbst erzählt sie dem Gericht die Geschichte eines gemeinsamen Geschäftsmodells, für dessen Scheitern sie allein haftet.

Sie sei Agrarökonomin, erzählt die Angeklagte dem Richter. Nach ihrem Studium fand sie keine Anstellung. Im Sommer 2006 ergatterte sie einen Minijob bei einer Zahnarztpraxis. Dort war sie unter anderem für die Bestellung von Prophylaxe-Artikeln zuständig, zu denen auch elektrische Zahnbürsten zählten, die in der Praxis verkauft wurden. Bei einem Gespräch erzählte Wiebkes neuer Chef von einer Kollegin, die mit dem Verkauf solcher Zahnbürsten bei eBay ein gutes Nebeneinkommen erwirtschaftete. Der Zahnarzt meinte, er habe nichts dagegen, wenn die Aushilfe sich ebenfalls als Zahnbürsten-Verkäuferin betätigen würde. Er erlaubte ihr sogar, die benötigten Waren über die Praxis zu bestellen.
Die Mini-Jobberin dachte an ihre finanziellen Schwierigkeiten und an die ihres arbeitslosen Freundes. Diese belasteten permanent die Beziehung. Schon seit geraumer Zeit wollte Linus sie verlassen.
»Ich war emotional abhängig von ihm gewesen«, sagt die Angeklagte und fügt hinzu: »Es wäre besser gewesen, die Beziehung wäre früher gescheitert.« Statt sich zu trennen, berichtete sie ihrem Freund von dem Vorschlag des Zahnarztes.
Linus L. setzte einen Vertrag auf. »Wir haben viele Kooperationsvereinbarungen getroffen«, sagt die Angeklagte. Diesmal verabredeten sie, dass Wiebke W. elektrische Zahnbürsten,

Aufsteckzahnbürsten und Mundduschen besorgen sollte, die Linus L. über den eBay-Account und das PayPal-Konto seiner damaligen Freundin vertreiben wollte. Für seine Arbeit stellte er entsprechende Rechnungen. Etwa 15 000 bis 17 000 Euro seien im Laufe der halbjährigen Geschäftspartnerschaft an ihren Ex-Freund geflossen, erinnert sich die Angeklagte. 2 000 Zahnbürsten hätten sie verkauft.

Ihr Geschäftsmodell wäre auch erfolgreich gewesen, hätte Linus L. bei eBay nur jene Zahnbürsten angeboten, die ihm bereits geliefert worden waren, berichtet seine Ex-Freundin. Doch der Power-Seller wollte einen Mengenrabatt für die an das Internetkaufhaus zu zahlende Gebühr nutzen und offerierte wesentlich mehr Waren, als ihm zur Verfügung standen. Auch das hätte noch kein Scheitern begründen müssen. Plötzlich aber gab es Lieferschwierigkeiten bei den Großhändlern. Diese wuchsen, je näher das Weihnachtsfest rückte. Wiebke W. traute sich nicht, ihrem Freund von diesen Problemen zu berichten.

»Es war Herrn L. egal, woher die Geräte kamen«, sagt die Angeklagte. Er habe mit dem Auszug aus der gemeinsamen Wohnung gedroht, wenn sie ihn nicht beliefern würde. Das war nicht das Einzige, vor dem sich die junge Frau fürchtete: Sie wollte negative Bewertungen von unzufriedenen eBay-Kunden vermeiden, da diese die Absatzmöglichkeiten schmälern würden. In ihrer Verzweiflung und »weil die Sache für Herrn L. so wichtig war«, erwarb die junge Frau die benötigten Waren im Einzelhandel. Dort aber kosteten die elektrischen Zahnbürsten doppelt so viel wie beim Großhändler. Mit der überteuerten Beschaffung verpulverte Wiebke W. innerhalb eines Monats etwa 10 000 Euro.

»Ich dachte, dass die Mehrkosten wieder hereinkämen, zumal täglich mehrere 1 000 Euro auf das Konto eingingen«, sagt die

Angeklagte. »Ich dachte, man könne die Weihnachtszeit überbrücken.« Es sei ihr alles über den Kopf gewachsen, auch überblickte sie nicht die Menge der fehlenden Waren. Das hätte nur Linus L. gekonnt.
So sehr sie sich auch um die Kunden bemühte, sie mit beigelegten Ersatz-Aufsteckbürsten und Porto-Rückerstattungen zu besänftigen suchte – es half nichts. Die Käufer, die sich im Oktober durchaus mal zwei Wochen geduldeten, ohne mit negativen Bewertungen zu reagieren, waren in der Weihnachtszeit nicht mehr kompromissbereit.
»Wenn sie am 22. 12. bestellt hatten, wollten sie bis zum 24. 12. ihre Ware haben«, erzählt Wiebke W. Ihre teuren Verzweiflungsmanöver führten zu einem Schuldenberg, in dessen Folge sie die Rechnungen der Großhändler nicht mehr bezahlen konnte. Im Dezember 2006 brachte die Post die ersten Mahnungen in die Zahnarztpraxis, welche die Minijobberin ihren Chefs verheimlichte. Die ahnten nicht, in welchem Ausmaß ihre Aushilfe ins Zahnbürsten-Geschäft eingestiegen war. Im März 2007 platzte die Blase: Die Chefs erfuhren von den unbezahlten Rechnungen ihrer ansonsten äußerst zuverlässigen Mitarbeiterin und trennten sich von ihr.
Drei Wochen gelang es der jungen Frau noch, ihrem Freund den Verlust ihres Arbeitsplatzes zu verschweigen. Nachdem er dann vom Versiegen seiner Zahnbürsten-Quelle erfuhr, beendete Linus L. die Beziehung. Er verdiene heute 1 800 Euro im Monat als Selbstständiger »im Online-Marketing und -Handel«, gibt der Angeklagte gegenüber dem Richter an. Der Ex-Freund verkaufe weiterhin Zahnbürsten, erwähnt Wiebke W. auf dem Gerichtsflur.
»Nur jetzt macht er es eben richtig.«

An der Rückzahlung des gemeinsamen Lehrgeldes wird sich Linus L. nicht beteiligen. Seine Ex-Freundin begleiche die Schulden in kontinuierlichen Raten von ihrem schmalen Gehalt als Angestellte einer Unternehmensberatung.
»Ich bin finanziell ruiniert«, sagt sie über sich.
Vor Gericht nimmt die Angeklagte ihren Ex-Freund in Schutz: Er habe weder von den Lieferschwierigkeiten noch von ihren überteuerten Verzweiflungskäufen gewusst. Er habe auch keine Waren oder Rechnungen abgefangen, wie ihm die Staatsanwältin in ihrer Anklage vorwirft. Mit diesen Angaben entlässt Wiebke W. ihren Ex-Freund aus der strafrechtlichen Verantwortung. Die moralische Verantwortung steht hier nicht zur Debatte. Darum beantragt die Staatsanwältin für Linus L. den Freispruch. Wiebke W. dagegen habe keinen Betrug, sondern gewerbsmäßige Urkundenfälschung begangen, als sie im Namen ihrer Chefs Bestellungen in einem Maß tätigte, die diese nicht gebilligt hatten. Sie soll dafür eine Freiheitsstrafe von sechzehn Monaten zur Bewährung bekommen. W.'s Verteidiger beschreibt die damalige Lage seiner Mandantin, als »unglückliche Verknüpfung zwischen eBay und ihrer Beziehung«. Sie habe keinen Nutzen aus der Sache gezogen, sei vielmehr »ganz böse auf die Nase gefallen«. Kaltschnäuzig gibt sich dagegen L.'s Verteidiger. »Es drängt meinen Mandanten nicht, die alte Beziehung aufzuarbeiten.«

Bange Minuten vergehen für die beiden Angeklagten, während der Richter und seine beiden Schöffinnen über das Urteil diskutieren. Ängstlich presst die junge Frau ihre große Handtasche an die Brust, während Linus L. immer wieder aufspringt, auf dem Gang hin und her läuft, um sich wieder zu setzen. Seine Ex-Freundin würdigt er keines Blickes. Ungewöhnlich lange dauert die Beratung der drei Richter.

Das liegt nicht an der vierzehnmonatigen Bewährungsstrafe, die das Gericht über die junge Frau verhängt. Es ist der Freispruch für Linus L., mit dem die Richter sich schwertun. Mit einem Siegerlächeln verlässt der junge Mann den Gerichtssaal.

Ein gutes Jahr vergeht. Dann erfahre ich etwas, das mich sprachlos macht: Während sich Wiebke W. im Mai 2009 noch vom Gericht inklusive aller Prozessbeobachter bedauern ließ, räumte sie schon die Konten einer Unternehmensberatung ab.

Mit einem gefälschten Diplomzeugnis als Agrarökonomin arbeitete die Studienabbrecherin dort als Buchhalterin und trieb die junge Firma fast in den Ruin: 174 000 Euro zweigte sie von Januar 2008 bis Januar 2010 für sich ab. Gegenüber ihren betrogenen Chefs jonglierte sie nicht nur mit gefälschten Kontoauszügen, sondern auch mit diversen Legenden – bis eine Bankerin bei den Unternehmensberatern nachfragte, wann diese endlich ihre Schulden begleichen wollten.

Diesmal sitzt die Betrügerin vor dem Landgericht. Sie sagt, das Geld habe sie komplett ausgegeben.

»Ich habe davon gelebt, habe Schulden und Miete bezahlt.«

Obendrein hatte sie wieder einmal versucht, sich die Zuneigung und Anerkennung eines Mannes zu erkaufen: Einige tausend der veruntreuten Euros gingen an ihren neuen Freund. Nachdem er dessen wahre Herkunft erfuhr, zahlte er das Geld zurück.

Eine psychiatrische Gutachterin bescheinigt der jungen Frau eine »kombinierte Persönlichkeitsstörung mit depressiv-abhängigen, selbstunsicher-hystrionischen (geltungsbedürftigen), emotional instabilen und zwanghaften Zügen«. Das bewahrt die inzwischen Einunddreißigjährige nicht vor dem Gefängnis: Zusammen mit der Strafe für die unbezahlten Zahnbürsten muss Wiebke W. für viereinhalb Jahre hinter Gitter.

Zehn Jahre ohne

Die Nacht zum 24. November 1999 hat Rene R. nicht vergessen. Es war 0 Uhr und ein Jahr ohne Fahrerlaubnis lag hinter ihm. Freudig fuhr er mit seinem Auto eine Runde ums Haus, denn nun – so glaubte der junge Mann damals – sei er berechtigt, wieder am Straßenverkehr teilzunehmen. Er irrte, doch das erfuhr er erst neun Jahre später. Als er im Mai 2008 in Berlin geblitzt wurde und ein Fahrverbot über ihn verhängt werden sollte, fiel den Beamten vom Kraftfahrt-Bundesamt auf, dass R. seit zehn Jahren keinen gültigen Führerschein mehr besaß.

Per Brief konfrontierte die Berliner Bußgeldstelle den schmächtigen, dunkelblonden Lockenkopf mit dieser Erkenntnis. Der war fassungslos.

»Ich habe das erst einmal nicht geglaubt«, sagt der Achtunddreißigjährige. War er doch in den zurückliegenden Jahren regelmäßig in Verkehrskontrollen geraten, war geblitzt worden, hatte Punkte kassiert und sogar monatsweise den Führerschein abgegeben, ohne das irgend jemand sein Dokument beanstandet hätte. Und nun dieses Schreiben!

Vier Anklagen rollten auf Rene R. zu, weil die Behörden sämtliche dokumentierten Fahrverstöße der vergangenen Jahre zur Grundlage für Ermittlungen wegen Fahrens ohne Fahrerlaubnis nahmen. Stendal, Potsdam, König-Wusterhausen, Berlin – jede Staatsanwaltschaft leitete ein Verfahren ein. Drei wurden eingestellt, doch über den Ausgang des letzten Verfahrens entscheidet eine grauhaarige, strenge Richterin. An ihrem Urteil hängt nicht nur R.'s Führerschein, sondern auch sein Job. Seit vier Monaten kann der Jalousien-Monteur nicht mehr arbeiten. Von Hartz IV kann er weder den Unterhalt für seine Tochter bezahlen noch seine Berliner Dienstwohnung, die er mittlerweile aufgeben musste.

Wie aber kam es dazu? 1997 vermisste Rene R. seinen Führerschein und beantragte Ersatz. Ein Jahr später erfuhr er von der Führerscheinstelle Burg, sein Flensburger Konto habe die magische Grenze von achtzehn Punkten überschritten. Er müsse den Führerschein abgeben. In Burg soll Eckehard E., der Sachgebietsleiter für Straßenverkehr, R.'s Papiere »ungültig« gestempelt und ihm erklärt haben, er sei jetzt für ein Jahr gesperrt.

Kurz vor Ablauf seines führerscheinfreien Jahres fand der junge Mann sein altes, verkramtes Dokument. Er eilte mit diesem wieder zu Eckehard E. und fragte ihn, ob er seinen Führerschein neu beantragen müsse. Der Sachgebietsleiter, der damals kurz vor der Pensionierung stand, soll R. geantwortet haben: Nein, er könne den gefundenen Führerschein benutzen, solle aber die einjährige Sperrfrist abwarten. Daran will sich der Verkehrssünder gehalten haben.
»Man freute sich ja in dem Moment. Ich habe mir keine weiteren Gedanken gemacht«, sagt der Angeklagte. Er habe damals angenommen, er besäße einen gültigen Führerschein.

Kronzeuge Eckehard E. bestreitet diese Version kategorisch. Der Name »Rene R.« sage ihm zwar nichts – so wie viele andere Details seiner damaligen Tätigkeit, die er seit zehn Jahren nicht mehr ausübt. Aber eine solche Information will er niemals gegeben haben.
»Nein, das kann gar nicht sein. Eine Entziehung ist endgültig.«
»Sie schließen absolut aus, dass ihm der Führerschein nur für ein Jahr entzogen wurde«, fragt die Richterin.
»Das schließe ich absolut aus!«, sagt der dicke Siebzigjährige. »Ich war nicht für meine Großzügigkeit bekannt.« Verkehrssünder, die bei ihm einen neuen Führerschein beantragten, habe er gerne mit Auflagen wie Führungszeugnis, Erste-Hilfe-Kurs oder Sehtest bedacht. Ungesetzliches Handeln habe es bei ihm nicht gegeben. »Wäre mir so etwas bekannt geworden, hätte der Mitarbeiter gehen müssen.« So wie die Mitarbeiterin, die einem Bekannten mit der Ausgabe eines identischen Kennzeichens das Vertuschen eines Totalschadens ermöglichen wollte.

Die Richterin bittet den weißhaarigen Brillenträger, sich R.'s Fahrerlaubnis-Akte an ihrem Tisch anzuschauen. Dort platzt das dicke Blätterwerk erst einmal auseinander. Mühsam heftet es die schrill zeternde Richterin wieder zusammen, während Eckehard E. vorwurfsvoll murmelt »Bei mir wäre die …« Als er dann die Akte wieder zu berühren wagt, sagt er: »Es geht ja alles bunt durcheinander, wie ich das sehe.« Allein dreimal sei die Seitenzahl »35« vergeben worden. Er will das aber nicht gemacht haben.
Zu der fraglichen Zeit seien gerade zwei Landkreise zusammengelegt worden, erinnert ihn R.'s Verteidiger. Vielleicht gab es damals zwei Akten oder die Unterlagen seien gewandert?

»Eine Fahrerlaubnis-Akte wandert nicht«, kontert Eckehard E. »Die Akte wurde schlampig geführt«, kritisiert der Verteidiger. »Sie können keinen Vermerk zeigen, wann der Führerschein abgegeben wurde. Das ist ein widerrechtliches Geschehen!« Das kann der ehemalige Sachgebietsleiter nicht auf sich sitzen lassen.
»Es ist eine Fahrlässigkeit, keine Widerrechtlichkeit«, sagt er.

Wie kann nun Rene R. dem Gericht beweisen, dass er einer falsch gegebenen oder falsch verstandenen Information aufgesessen ist? Vielleicht kann sein Vater helfen. Der habe vor zehn Jahren seine Freude über den wiedererlangten Führerschein mitbekommen.
»Was soll uns der Herr bezeugen?«, fragt die Richterin. »Er kann uns die Freudenrunde bestätigen, aber nicht den guten Glauben!« Der Verteidiger hält dagegen.
»Er kann das äußere Geschehen des inneren guten Glaubens bekunden.« Reinhard R. wird ins Gericht bestellt.
Doch außer dem nächtlichen Jubel weiß der ehemalige Schlosser nur wenig über den Führerschein seines Sohnes. Auch kennt er nicht den Unterschied zwischen einem Fahrerlaubnisentzug und einer Fahrerlaubnissperre. Er fragt sich nur, warum Eckehard E. nicht zugeben will, sich möglicherweise geirrt zu haben. »Meine Mutter hat immer gesagt, wenn man einen Fehler gemacht hat, muss man auch dazu stehen«, sagt der Rentner. Er will keine Fahrkosten vom Gericht erstattet bekommen. »Ich möchte nur, dass mein Sohn sein Recht bekommt. Er liegt uns auf der Tasche, er hat ja auch seine Kredite abzuzahlen.« Mit dem schroffen Hinweis, man sei hier nicht bei »Wünsch dir was!« entlässt ihn die Richterin.

Nun zieht der Verteidiger einen neunseitigen Beweisantrag aus der Tasche: Er fordert einen Sachverständigen, der den Fall R. und die zwölf Gesetzesverstöße beurteilen soll, die allein beim Studium von dessen Fahrerlaubnis-Akte sichtbar werden.

»Mitnichten ging in der Führerscheinstelle Burg alles mit rechten Dingen zu«, sagt der Verteidiger. Auch ein Schriftsachverständiger soll kommen und die Aussage von Eckehard E., er habe alle umkreisten Seitennummerierungen selbst vorgenommen, als unwahr entlarven.

Wie eine Waffe schwebt der Antrag im Raum. Die Richterin denkt nicht an Kapitulation, ist aber zu Friedensverhandlungen bereit: Hinter der verschlossenen Tür einigt sie sich mit dem Verteidiger und dem Staatsanwalt auf eine Geldstrafe von 250 Euro (25 Tagessätze) wegen fahrlässigen Fahrens ohne Führerschein. Sie versichert jedoch, es gäbe keinen Anlass, dem Angeklagten zu attestieren, er sei zum Führen von Kraftfahrzeugen ungeeignet.

»Das erleichtert ihm den Weg zur Wiedererteilung des Führerscheins«, sagt der Verteidiger.

Nach seiner Verurteilung verlässt Rene R. mit breitem Lächeln den Gerichtssaal. Führerschein und Job sind näher gerückt. Gleich am nächsten Tag will sein Anwalt den Antrag auf Erteilung eines neuen Führerscheins abschicken.

Vergebung vom himmlischen und irdischen Richter

Es war eigentlich ein Tag wie jeder oandere«, sagt Stefan S. über jenen Tag im März, als er unweit von seinem Hostel auf einer Parkbank saß. Er sinnierte über sein Leben, das vor sechsunddreißig Jahren in Graz begonnen hatte, in einem Elternhaus mit einem trinkenden Vater und einer Mutter, »die zwoa gute Buben haotte«. 2002 verließ er sein »ordentliches, bürgerliches Leben mit Oarbeit, Oauto und einem kleinen Plus oauf dem Giro-Konto«, wie er es beschreibt. Dem jungen Bäckermeister verlangte es nach einem »Toapetenwechsel«. Er zog Richtung Wien und tauchte dort in die Homosexuellen- und Drogenszene ein. Obendrein wurde er spielsüchtig und fing an zu klauen, was ihn seinen Job und etliche Freunde kostete.

Von Österreichs Polizei gesucht und Berlins liberaler Haltung gegenüber Schwulen gelockt, beschloss er vor zwei Jahren, in die Hauptstadt zu ziehen. Geld hatte er keins. Seine Unterkunft in billigen Hostels und seinen Kokain-Konsum finanzierte er mit dem Diebstahl von Figuren, Statuen und Ikonen. Doch ein gutes Jahr nach seiner Ankunft in Berlin beschloss der Katholik, reinen Tisch zu machen.

»Ich hielt es seit längerer Zeit nicht mehr aus, so mit meinem Mitmenschen umzugehen«, lässt er von seinem Verteidiger vortragen.
In Konsequenz dieser Entscheidung sitzt er nun vor dem Schöffengericht. Scheu und aufgeregt wirkt der schmächtige Mann, der von zwei Wachtmeistern in den Verhandlungssaal gebracht wird. Vor Beginn der Verhandlung dreht er sich zu den Zuhörern um. Er nickt einem untersetzten Mann zu, der freundlich durch seine Brille schaut. Es ist der Pfarrer der Gemeinde St. Ludwig: Dort stahl der Angeklagte einen Messkelch, den er für 20 Euro verkaufte.

An jenem Märztag, an dem Stefan S. einen Schlussstrich unter sein bisheriges Leben ziehen wollte, erkundigte er sich bei einer »Würstelbude« nach dem Weg zur nächsten Polizeidienststelle. Vor deren Eingang rauchte er noch ein, zwei Zigaretten. Dann gab er sich einen Ruck und bekundete dem erstaunten Beamten sein Anliegen.
»Der Polizist hoat auf die Schnelle nur einen Toankbetrug in seinem Computer gefunden«, erinnert sich der Angeklagte. Diesen hatte er vor zwei Jahren in Münster begangen, da war ihm das Geld für die Heimfahrt nach Wien ausgegangen. Mehr lag gegen den Österreicher nicht vor. Um dem Beamten seine Ernsthaftigkeit zu verdeutlichen, berichtete der Reumütige vom entwendeten »Triton mit Muschelhorn« aus der Königlichen Porzellan Manufaktur. Die Figur im Wert von 6 500 Euro war sein größter Coup.
Bei einer späteren Ausfahrt zeigte er den Beamten die Läden, die er bestohlen hatte und diejenigen, denen er das Diebesgut mit der Erklärung gebracht hatte, es sei geerbt oder stamme aus Haushaltsauflösungen. Von den meisten Straftaten hörte die Polizei zum ersten Mal, viele Besitzer hatten auf eine An-

zeige verzichtet. Zu einundzwanzig Kunstdiebstählen bekannte sich Stefan S., in vielen Fällen konnte das Diebesgut wieder zurückgegeben werden.

»Ich hoffe, dass ich mit meinem Verhalten zur Gerechtigkeit beitragen kann«, verliest der Verteidiger für seinen aufgeregten Mandanten.

»Die Geschädigten sind sehr nette Leute«, sagt der Angeklagte. Mit einem von ihnen sei er »goanz lieb ins Gespräch gekommen, der kommt oauch oaus Graz.« Bei diesen Worten fängt er so sehr an zu weinen, dass ihm sein Verteidiger ein Taschentuch reicht. Schon bald sind seine Augen verquollen, sein schmales Gesicht wirkt verheult. Er sei im Reinen mit Gott, obwohl es gerade »die kirchlichen Soachen sind, die ich noch mehr bereue oals die oanderen Toaten«, sagt der Mann, der eigentlich das Priesterseminar hatte besuchen wollen, wenn er nicht seiner schwerkranken Mutter hätte helfen müssen. »Die kirchlichen Sachen«, das sind eine unbemalte Holzfigur des Heiligen St. Josef aus der St. Norbert Gemeinde und der Messkelch aus der Gemeinde St. Ludwig.

Deren Pfarrer erinnert sich gut an jenen Novembersonntag, an dem ein junger Kaplan aus Graz darum bat, an der Messe teilnehmen zu dürfen. Stefan S. habe auch überzeugend mitgetan.

»Plötzlich bemerkten wir, wie er zu einer anderen Tür herausging, obwohl wir ihn zum Kaffee eingeladen hatten«, sagt der Geistliche im Zeugenstand. Als dann der Messkelch und eine Geldbörse vermisst wurden, war schnell klar, wer sie gestohlen haben musste. Über die Rückgabe des Kelches habe sich die Gemeinde sehr gefreut. Der Pfarrer ließ dem Häftling sogar seine Visitenkarte zukommen.

»Ich wollte wissen, was das für ein Mensch ist, der so handelt.« Der Messkelch-Dieb freute sich, dass jemand mit ihm Kontakt habe wollte. Er habe dem Geistlichen viele Briefe geschrieben, zweimal wurde er von ihm besucht. Auch das schwarze Hemd, das Stefan S. zur Verhandlung trägt, verdankt er ihm. Ob der Pfarrer verzeihen könne, will der Richter wissen.

»Das habe ich schon aufgrund der sehr persönlichen und ehrlichen Briefe, die ich bekommen habe«, antwortet der Befragte. Er empfinde die Reue als echt. Stefan S. hofft fest auf eine Vergebung seiner Taten. Er habe in der Haft seinen Glauben vertieft und Abstand zu seinem früheren, »schlechten Leben« gewonnen. Dennoch drohe ihm die Exkommunion durch dic Kirchc.

»Ich werde das hinnehmen, obwohl es mir sehr schwerfallen wird«, sagt sein Verteidiger für ihn.

Drogen nehme er schon seit einigen Monaten nicht mehr, obwohl er diese auch im Knast beziehen könnte.

»Ich bin nicht gewillt, wieder so einen Tagesablauf zu hoaben«, sagt der Angeklagte über die Zeit seiner Beschaffungskriminalität. Eine Therapie habe er wegen seiner ungeklärten Zukunft noch nicht begonnen. »Ich mecht schau'n, doass ich oalles wieder ins Lot krieg«, sagt er. »Und wenn's nur a kleine Wohnung is mit einer Motroatzen. Etwoas, wo ich soagen koann, doas is mein Reich.« Er wünsche sich das normale Leben zurück, das er einmal geführt habe und die Versöhnung mit seinem in Krakau lebenden Bruder.

»Wenn der mir wieder die Hoand reicht. Mir is kloar, dass er Zeit braucht. Ich koann ihn nicht zwingen«, sagt Stefan S. und fügt hinzu: »Doass oausgerechnet ich derjenige in der Foamilie sein muss, der stroaffällig wird – doas poasst nicht.«

Er weiß, dass er nach der Verhandlung an sein Heimatland ausgeliefert wird: Vor dem Salzburger Landgericht müssen ebenfalls noch einige Vermögensdelikte gesühnt werden. Doch er fürchtet sich vor dem Unbekannten. Am liebsten

würde er weiterhin in Haft bleiben – hier in Deutschland, wo er Arbeit in der Küche der Beamten-Kantine gefunden hat, die ihm sehr gut gefällt.
Diesen Wunsch kann ihm der Richter nicht erfüllen: Wegen gewerbsmäßigen Diebstahls verurteilt er Stefan S. zu zwei Jahren Haft, die zur Bewährung ausgesetzt werden. So hatte es auch die Staatsanwältin gefordert. Großen Einfluss auf das milde Urteil hätte das Geständnis gehabt, sagt der Richter, der dem Angeklagten seine Reue glaubt.
»Sie haben alles getan, was man tun kann«, sagt er zu ihm. Obendrein habe sich Stefan S. in der Haft sehr gut geführt. Dann aber mahnt der Richter.
»Auch wenn es Ihnen dort gutgeht, dürfen Sie sich dort nicht zu sehr einnisten. Sie müssen auf Dauer draußen zurechtkommen.«
Stefan S. wird nun nach Salzburg gebracht – »verschuben« heißt diese strapaziöse Form des Reisens im Strafvollzugs-Jargon. Nach weiterer Untersuchungshaft und einem Strafprozess in Salzburg wird der reuige Dieb entlassen.
Heute arbeitet Stefan S. an der Pforte vom irdischen zum himmlischen Richter – als Bestatter.

Danksagung

Ich möchte mich bedanken …

… bei den Richtern, Verteidigern, Staats- und Amtsanwälten, die mich bei der Suche nach lustigen und spannenden Fällen unterstützten.

… bei Felix, Jochen und Gesine für Ideen und gemeinsames Tüfteln an »knackigen« Überschriften.

… bei meiner Lieblingskollegin Barbara Keller, die mich mit ihrem Mutterwitz immer wieder zum Lachen bringt.

… beim früheren Leiter des stern.de-Ressorts Politik, Wirtschaft und Panorama, Dr. Florian Güßgen, für die freundliche Zusammenarbeit.

… bei meiner Lektorin Alexandra Kosian-Krishnabhakdi, die mich auch in schwierigen Phasen aufgemuntert hat.

Florian Meimberg
Auf die Länge kommt es an
Tiny Tales. Sehr kurze Geschichten
Band 19237

»Ned hatte noch nie etwas Schöneres gesehen.
Das Korallenriff schimmerte wie eine außerirdische Stadt.
An seinen Füßen zerrte der Betonklotz.«

Vom Psychothriller bis zum Endzeitepos, von der Liebesgeschichte bis zum historischen Roman: Grimme-Preisträger Florian Meimberg braucht nur 140 Zeichen für die ganz großen Geschichten. Tiny Tales ist Literatur im Twitter-Format. Verdichtet auf ihre Essenz. Der Spannungsbogen ist reduziert auf maximal drei Sätze. Der Twist explodiert im allerletzten Wort. Eine neue Form der Literatur.

»Hintersinnig. Böse. Lustig.«
Frankfurter Rundschau

fi 19237 / 1

Marco Kratzenberg

Schicht im Schacht

Die dämlichsten Todesfälle

Band 19137

Verlierer im Roulette des Lebens

Es ist kaum zu glauben, was manche Menschen für tödliche Dummheit anstellen und sich dadurch mehr oder minder freiwillig aus dem Genpool der menschlichen Gemeinschaft eliminieren. Marco Kratzenberg hat sich – inspiriert von den amerikanischen Darwin Awards, die jährlich für die spektakulärsten unfreiwilligen Todesfälle verliehen werden – auf die Suche nach unseren Landsleuten gemacht, die der Lehre der natürlichen Auslese folgend mit einem unglaublichen Abgang von uns geschieden sind.

Nichtschwimmer ertrinkt beim Angeln
Verteilerkastendieb erliegt Stromschlag
Bauer zieht Weidezaun in Hochspannungsleitung

Die besten Fälle von darwinpreis.de

Judith Schalansky

Taschenatlas der abgelegenen Inseln

Fünfzig Inseln, auf denen ich nie war
und niemals sein werde

Band 19012

Der gefeierte Atlas – jetzt als Taschenbuch neu gestaltet!

Mit diesem Atlas entführt uns Judith Schalansky zu 50 entlegenen Orten – von Tristan da Cunha bis zum Clipperton-Atoll, von der Weihnachts- bis zur Osterinsel – und erzählt absurd-abgründige Geschichten, wie sie nur die Wirklichkeit sich auszudenken vermag. Es sind Geschichten von freiwilligen und unfreiwilligen Robinsons, die beweisen, dass die abenteuerlichsten Reisen immer noch im Kopf stattfinden: mit dem Finger auf der Landkarte.

»Ein Atlas der Sehnsüchte! Eine Kostbarkeit!«
Christine Westermann

Fischer Taschenbuch Verlag

fi 19012 / 1

Lisa Seelig
Elena Senft
Wir waren jung und brauchten das Gel
Das Lexikon der Jugendsünden
Band 18987

Von Arschgeweih bis Tamagotchi, von Lambada bis Tutti Frutti – alle Jugendsünden von A bis Z

Jeder hat sie begangen, jeder! Jugendsünden wie XXXL-Pullover, toupierte Haare, idiotische Ferienjobs, ganz zu schweigen von den Fettnäpfchen bei Flaschendrehen und Klammerblues. Hier sind alle Peinlichkeiten versammelt: gruselige Aushilfsjobs als Hostessen, staubige Ansammlungen von Joy-Gläsern, unverwüstliche Kuschelrock-CDs, grauenhafte Baywatch-Poster, vergessen geglaubte Radlerhosen ...

Die größten »Verbrechen« der Jugendzeit – zum Lachen, Erinnern und Schämen.

»Erschütternd und sehr, sehr lustig. Die Gefahr, die eigene Jugend zu verklären, ist damit endgültig gebannt.«
Christian Ulmen

Fischer Taschenbuch Verlag

fi 18987 / 1